リスク管理実務マニュアルシリーズ

内部通報・内部告発対応実務マニュアル

リスク管理体制の構築と人事労務対応策Q＆A

第2版

阿部・井窪・片山法律事務所
石嵜・山中総合法律事務所 ｜ 編

発行 ⊛ 民事法研究会

第 2 版はしがき

　2004年（平成16年）に制定され、2006年（平成18年）に施行された公益通報者保護法が、2020年（令和 2 年） 6 月に改正され、2022年（令和 4 年） 6 月 1 日より施行された。

　改正前の公益通報者保護法では、内部通報を理由とする労働者の不利益取扱いの禁止に重点がおかれ、内部通報窓口の設置等の内部通報体制の整備は事業者の自主的な取組みに委ねられた。

　その後、特に大企業を中心に、多くの企業で内部通報制度の整備が進んだものの、内部通報制度が十分に活用されず、社会問題化する不祥事が発覚するケースも多く見受けられた。

　このような状況を踏まえ、改正後の公益通報者保護法では、公益通報者の保護とともに法令遵守を図る観点から、常時300人を超える労働者を使用する事業者に対し、内部公益通報に適切に対応するために必要な体制の整備を義務付けるとともに、内部公益通報にかかる通報対象事実を調査し、その是正に必要な措置をとる業務に従事する者を定めることが義務付けられた（公益通報者保護法11条 1 項・ 2 項）。

　また、これを受けて、消費者庁は、「公益通報者保護法第11条第 1 項及び第 2 項の規定に基づき事業者がとるべき措置に関して、その適切かつ有効な実施を図るために必要な指針」（令和 3 年内閣府告示第118号）（指針）を策定するとともに、指針に沿った対応がとれるよう事業者において行う検討を後押しするための「公益通報者保護法に基づく指針（令和 3 年内閣府告示第118号）の解説」（指針の解説）を公表している。そして、指針の解説では、内部公益通報には該当しない、事業者が定める内部規程等に基づく通報についても、解説で規定する内容に準じた対応を行うよう努めることが望ましいとされている。

　初版では、わが国で多くを占めるにもかかわらず、内部通報制度の導入が進まない中小企業にも利用しやすいようにするなどの配慮を加えたが、第 2

版では、それらに加え、各企業において、今般の改正の趣旨を踏まえた適切
な内部通報体制が構築できるよう、指針や指針の解説の定めにも留意しつ
つ、内容を改めている。

　本書が、多くの企業の内部通報体制整備にあたっての手がかりとなり、コ
ンプライアンス経営の推進の一助となれば、幸いである。

　最後に、本書の改訂にあたっては、民事法研究会の南伸太郎氏をはじめと
する編集部の方々に多大なご協力をいただいた。この場を借りて篤く御礼申
し上げる。

令和 4 年 6 月

編者代表

原　田　崇　史

本　多　広　和

藤　松　　　文

須　崎　利　泰

はしがき

　2006年（平成18年）4月1日に公益通報者保護法が施行されて以来、10年以上が経過した。しかし、この間、内部通報者と企業との間で紛争が生じたケースや内部告発によって企業の不祥事が明るみになったケースは枚挙に暇がない。

　公益通報者保護法は、公益通報者の保護とともに、内部通報により企業が不正を早期に発見し、自浄作用を働かせることによって、無用のダメージを被ることを避けることを期待したものであるが、この間にみられた数々のケースは、そのような法の意図が十分に企業に浸透していないことを物語るものといえる。

　このような状況を踏まえ、2016年（平成28年）12月、消費者庁は、事業者のコンプライアンス経営への取組みを強化するため、それまでの「公益通報者保護法に関する民間事業者向けガイドライン」を見直し、新たに「公益通報者保護法を踏まえた内部通報制度の整備・運用に関する民間事業者向けガイドライン」を公表した。その中では、通報者の匿名性の確保など通報者が安心して通報できる環境を整備するための具体的な措置や、現状、内部通報制度の導入が進んでいない中小企業について適切な取組みを促進するための具体的な方法、さらには、内部通報制度を整備する経営者の責務などが明記されている。

　本書は、消費者庁が実施した実態調査（「平成28年度　民間事業者における内部通報制度の実態調査報告書」、「平成28年度　労働者における公益通報者保護制度に関する意識等のインターネット報告書」）などを参考に、企業における内部通報制度導入の現状を紹介したうえで、内部通報制度が有効に機能するための設計・導入・運用上の工夫を検討したものである。検討にあたっては、中小企業を念頭においた内部通報取扱規程例を示すなど、わが国で多くを占める中小企業にも採用しやすいような配慮を加えたつもりである。また、内部通報制度が有効に機能するには、制度の存在が周知されるとともに、制度

が信頼に値するものである必要があるが、そのためには、なによりも企業の
トップである経営者が制度の有用性・重要性を自覚し、従業員に対し、その
メッセージを発信することが重要である。本書は、新ガイドライン同様、こ
の点にも十分な配慮を加えたつもりである。加えて、内部通報や外部通報に
かかわる人事労務上の対応について、具体的な設例をもとにした Q&A を設
け、解説を行っている。

　本書が、企業において内部通報制度を導入する際の参考の一助とされ、従
業員に信頼される制度が構築されることにより、コンプライアンス経営推進
の一助になれば、これに勝る喜びはない。

　最後に、本書の出版にあたっては、民事法研究会の近藤草子氏に多大な尽
力をいただいた。この場を借りて深く御礼申し上げる。

平成29年8月

編者代表

原　田　崇　史

本　多　広　和

藤　松　　　文

須　崎　利　泰

『内部通報・内部告発対応実務マニュアル〔第2版〕』
目　次

第1部　内部通報制度の意義と現状

目 次

第2部　公益通報者保護法の改正

第3部　内部通報制度の構築と運用

目　次

第4部　Q&Aによる内部通報・外部通報（内部告発）・公益通報と人事労務

〈本文中収録【ケース・スタディ】一覧〉

〈本文中収録《裁判例》一覧〉

凡 例

〈法令等〉

法	公益通報者保護法
改正法	公益通報者保護法の一部を改正する法律（令和2年法律第51号）
指針	公益通報者保護法第11条第1項及び第2項の規定に基づき事業者がとるべき措置に関して、その適切かつ有効な実施を図るために必要な指針（令和3年内閣府告示第118号）
指針の解説	公益通報者保護法に基づく指針（令和3年内閣府告示第118号）の解説
民間事業者向けガイドライン	公益通報者保護法を踏まえた内部通報制度の整備・運用に関する民間事業者向けガイドライン
Q&A集	民間事業者向けQ&A集（平成29年2月版）
景品表示法	不当景品類及び不当表示防止法
独占禁止法	私的独占の禁止及び公正取引の確保に関する法律
個人情報保護法	個人情報の保護に関する法律
下請法	下請代金支払遅延等防止法
労働施策総合推進法	労働施策の総合的な推進並びに労働者の雇用の安定及び職業生活の充実等に関する法律
男女雇用機会均等法	雇用の分野における男女の均等な機会及び待遇の確保等に関する法律
高年齢者雇用安定法	高年齢者等の雇用の安定等に関する法律
不正アクセス禁止法	不正アクセス行為の禁止等に関する法律
労働者派遣法	（旧法）労働者派遣事業の適正な運営の確保及び派遣労働者の就業条件の整備等に関する法律
パート有期法	短時間労働者及び有期雇用労働者の雇用管理の改善等に関する法律

〈文献・資料〉

逐条解説	消費者庁消費者制度課編『逐条解説　公益通報者保護法』（商事法務、2016年）
規程集	消費者庁消費者制度課「民間事業者における内部通報制度に係る規程集」（平成23年9月）

平成28年度民間事業者実態調査
　　　　　　　　　　　　　消費者庁「平成28年度　民間事業者における内部
　　　　　　　　　　　　　通報制度の実態調査報告書」
平成28年度労働者インターネット調査
　　　　　　　　　　　　　消費者庁「平成28年度　労働者における公益通報
　　　　　　　　　　　　　者保護制度に関する意識等のインターネット調査
　　　　　　　　　　　　　報告書」
消費者庁ヒアリング調査　消費者庁消費者制度課「公益通報者保護制度に関
　　　　　　　　　　　　　する実態調査報告書」（平成25年6月）

〈判例集〉
民集　　　　　　　　　　　最高裁判所民事判例集
高刑集　　　　　　　　　　高等裁判所刑事判例集
判時　　　　　　　　　　　判例時報
判タ　　　　　　　　　　　判例タイムズ
労判　　　　　　　　　　　労働判例
労経速　　　　　　　　　　労働経済判例速報
裁判所HP　　　　　　　　最高裁判所ホームページ「裁判例情報」
判例秘書　　　　　　　　　判判秘書 INTERNET

第1部

内部通報制度の
意義と現状

第1章 内部通報制度とは
——内部告発、公益通報との異同

Ⅰ 内部通報とは

　内部通報制度とは、勤務先で生じている法令違反行為などについて、役職員等が勤務先に設けられた窓口や勤務先が委託した窓口などに対して通報できるよう、「相談窓口」「ヘルプライン」「ホットライン」などの名称で各企業に設けられている通報制度をいい、これらの窓口を利用して行われる通報を、職制上のレポーティングラインにおける上司等に対する通報とあわせて「内部通報」という。

　実効性のある内部通報制度が整備・運用されている企業では、不正につながる事実を早期に把握し、自浄作用を働かせることによって、不正の未然防止や早期発見につなげることができる[1]。そして、そのような企業は、安心・安全な製品やサービスを提供する企業として社会的にも評価される対象となることが考えられる[2]。

　内部通報制度にはこのような意義があることから、すでに多くの企業において、制度の導入が図られている[3][4][5]。

　また、その中には、自社において実効性のある内部通報制度を導入しているという事実を対外的にもアピールするため、会社法上の事業報告や金融商

---

(1)　平成28年度民間事業者実態調査（58頁）および平成28年度労働者インターネット調査（71頁）によれば、社内の不正の発見の端緒として多いものや発見する手段として効果的だと思われるものとして、「従業員等からの内部通報（通報窓口や管理職等への通報）」（58.8％）、「従業員からの情報提供や通報・相談（通報窓口や管理職等への通報等を含む）」（53.7％）の割合が最も高い。

(2)　平成28年度労働者インターネット調査（76頁）によれば、（1人の消費者として）他の条件が同じ場合、実効性が高い内部通報制度を整備している事業者の提供する商品・サービスを購入したいと思う者の割合は「そう思う」（29.6％）と「どちらかといえばそう思う」（56.0％）を合わせると85.6％に上る。

品取引法上の有価証券報告書・内部統制報告書などで外部の利害関係者に公表している企業もある[6]。

Ⅱ　内部告発（外部告発・外部通報）とは

　従前より、内部通報制度は設けられていたものの、それが機能せず、重大な不祥事につながった事案が後を絶たない[7]。それらの事案では、不正に係る事実が事業者内部の者から行政機関や報道機関などの外部の者へ伝えられた結果、当該企業の企業価値が大きく毀損されることとなった。

　このように、勤務先で生じている問題について、役職員が行政機関や報道

---

(3)　会社法362条4項6号は、「取締役の職務の執行が法令及び定款に適合することを確保するための体制その他株式会社の業務並びに当該株式会社及びその子会社から成る企業集団の業務の適正を確保するために必要なものとして法務省令で定める体制の整備」について規定し、会社法施行規則100条3項4号は、「監査役への報告に関する体制」について規定する。また、同項5号は、4号の報告をした者が当該報告をしたことを理由として不利益な取扱いを受けないことを確保するための体制の整備を求めている（監査等委員会設置会社について、会社法399条の13第1項ハ、会社法施行規則110条の4第4号・5号。指名委員会設置会社について、会社法416条1項1号ロ、会社法施行規則112条1項4号・5号）。

(4)　コーポレート・ガバナンスコード【原則2−5．内部通報】では、「上場会社は、その従業員等が、不利益を被る危険を懸念することなく、違法または不適切な行為・情報開示に関する情報や真摯な疑念を伝えることができるよう、また、伝えられた情報や疑念が客観的に検証され適切に活用されるよう、内部通報に係る適切な体制整備を行うべきである。取締役会は、こうした体制整備を実現する責務を負うとともに、その運用状況を監督すべきである」とされている。また、補充原則2−5①では、「上場会社は、内部通報に係る体制整備の一環として、経営陣から独立した窓口の設置（例えば、社外取締役と監査役による合議体を窓口とする等）を行うべきであり、また、情報提供者の秘匿と不利益取扱の禁止に関する規律を整備すべきである」であるとされている。

(5)　一般社団法人日本経済団体連合会が制定する「企業行動憲章　実行の手引き（第8版）」（令和3年12月14日）「第10章　経営トップの役割と本憲章の徹底」10−4では、経営トップに対し、「通常の指揮命令系統から独立した企業倫理ヘルプライン（相談窓口）を整備・活用し、企業行動の改善につなげる」ことが求められている。

(6)　企業の中には、内部通報制度を導入していることについて、商談室のすべての机上に名刺サイズの「お知らせ」を設置したり、主要取引先を招いた説明会で公開するなどの方法で対外的にアピールする企業もある（消費者庁「平成24年度　民間事業者における通報処理制度の実態調査報告書」43頁）。

(7)　たとえば、不適切な会計処理の発覚や第三者委員会等による調査を受けて東芝が公表した「改善計画・状況報告書（原因の総括と再発防止策の進捗状況）」には、「今回の不適切な会計処理について、事前に当社の内部通報制度を利用した内部通報はなく、内部通報制度は十分に活用されている事実はありませんでした」との記載がある。

機関などの外部の第三者に対して行う告発（通報）を「内部告発」という。外部告発、外部通報という用語が内部告発と同様の意味で用いられることもある。

Ⅲ 公益通報とは

内部通報や内部告発に類似するものとして「公益通報」がある。

公益通報とは、公益通報者保護法に定められた通報、すなわち、労働者、退職後1年以内の者および役員が、「不正の利益を得る目的、他人に損害を加える目的その他の不正の目的でなく」、「労務提供先」または「当該労務提供先の事業に従事する場合における[8] その役員、従業員、代理人その他の者」について、「通報対象事実」（法2条3項）が「生じ、又はまさに生じようとしている旨」を、

① 当該役務提供先もしくは当該役務提供先があらかじめ定めた者（以下、「役務提供先等」という。勤務先の上司、勤務先や外部の法律事務所などに設けられた通報窓口などがこれにあたる）に対して通報すること（法3条1号。以下「内部公益通報（1号通報）」という）

② 通報対象事実について処分もしくは勧告等をする権限を有する行政機関もしくは当該行政機関があらかじめ定めた者（以下、「行政機関等」という）に対して通報すること（法3条2号。以下、「行政機関通報（2号通報）」という）

③ その者に対し当該通報対象事実を通報することがその発生またはこれによる被害の発生を防止するために必要であると認められる者に対して通報すること（法3条3号。以下、「報道機関等通報（3号通報）」という）

をいう（法2条1項）。

---

[8] このため、事業と全く関係のない私生活上の犯罪行為や法令違反行為は、公益通報者保護法の対象外である。

Ⅳ　内部通報・内部告発・公益通報の異同

　内部通報と内部告発（外部告発、外部通報）は、通報または告発の対象となる事実に限定がない点が共通しており、この点が、通報の対象となる事実が、「通報対象事実」（法２条３項）に限定されている公益通報と異なるところである。また、内部通報と内部告発は、通報者や告発者に限定がないのに対し、公益通報者保護法によって保護される公益通報者は、労働者および派遣労働者（以下、「労働者等」という）、退職後１年以内の者および役員に限定されているという点にも差異がある。

　他方、公益通報は必ずしも通報先が限定されていないのに対し、内部通報が、勤務先の上司、勤務先が設けた窓口に対するものであり、内部告発が、勤務先の上司や勤務先が設けた窓口以外の外部に対するものである点で異なる。

　以上のような公益通報、内部通報および内部告発の異同の概要を図示すると、〈図１〉のように整理できる。

〈図１〉公益通報・内部通報・内部告発（外部告発、外部通報）の異同

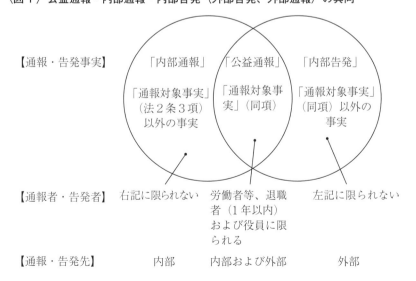

5

第2章　内部通報制度の意義と効用
——公益通報者保護法との関係を踏まえつつ

Ⅰ　公益通報者保護法の制定・施行・改正

　公益通報者保護法は、公益通報をしたことによる解雇の無効等を定めることにより、公益通報者の保護を図るとともに、企業の法令遵守を図り、もって国民生活の安全および社会経済の健全な発展に資することを目的して、平成16年に制定され、平成18年4月1日より施行された法律である。そして、その後、後述のとおり（第2部第1章）、令和2年6月、公益通報者保護法の一部を改正する法律（令和2年法律第51号）（以下、「改正法」という）が成立し、令和4年6月1日より施行されている。

　後述のとおり（第2部第1章Ⅱ）、改正法では、常時300人を超える労働者を使用する事業者に対し、内部公益通報対応体制の整備その他の必要な措置をとることが義務づけられることとなったが、公益通報者保護法が対象とするのは、あくまで、労働者等、退職後1年以内の者および役員による、「役務提供先」または「当該役務提供先の事業に従事する場合におけるその役員、従業員、代理人その他の者」について生じる通報対象事実に関する内部通報に限られる。

　そのため、退職後1年を超えた者や退任した役員、取引先による通報に対応する体制の整備その他の必要な措置をとることは義務付けられない。また、また、役務提供先において生じる法令違反行為であっても、通報対象事実（法2条3項）に該当しない事実に関する通報[9]に対応する体制の整備そ

---

(9)　公益通報者保護法は、通報対象事実を「国民の生命、身体、財産その他の利益の保護にかかわる法律」に規定する罪の犯罪行為の事実としていることから、公職選挙法違反、政治資金規正法違反、各種税法（所得税法、法人税法、消費税法など）違反などの事実に関する通報は、公益通報者保護法の保護の対象とならない。

の他の必要な措置をとることも義務付けられない。

Ⅱ コンプライアンス経営推進に不可欠な内部通報制度

　このように、公益通報者保護法によって事業者に課される内部公益通報対応体制の整備義務の範囲は限定されている。

　しかし、企業としては、これに限らず、社内で生じうる不正行為について、社内外からの通報を広く受け付け、通報者を保護する姿勢を明確にすることが、コンプライアンス経営を推進する上で今や不可欠である。

Ⅲ 企業防衛の一助としての内部通報制度

　公益通報者保護法は、公益通報者の保護要件を、内部公益通報（１号通報）、行政機関通報（２号通報）、報道機関等通報（３号通報）の順に厳格なものとしており、内部公益通報（１号通報）を行った者を、行政機関通報（２号通報）や報道機関等通報（３号通報）を行った者よりも緩やかな要件で保護する設計がされている（法３条１号〜３号）。

　これは、通報対象事実が外部へ通報されることによる企業の風評被害を考慮し、企業と公益通報者の利益および公益の実現とのバランスを図ったものであるが、通報者の視点からみると、行政機関通報（２号通報）や報道機関等通報（３号通報）よりも内部公益通報（１号通報）を選択しやすい設計がされているといえる。

　そして、このことと、公益通報者保護法が、行政機関通報（２号通報）や報道機関等通報（３号通報）の前に内部公益通報（１号通報）を行うことを義務づける、いわゆる内部通報前置主義（第４部Ｑ１−１参照）を採用していないことをあわせて考えると、内部通報制度を設けている企業では、内部通報制度を設けていない企業と比べ、通報対象事実が生じた場合に、内部公益通報（１号通報）がなされることなく、行政機関通報（２号通報）や報道機関等通報（３号通報）が行われるリスクが相対的に低くなることが想定さ

れる。

　現に、法令違反行為等がなされていることを知った場合、労務提供先に内部通報窓口が設置されている企業では、約7割の者が、最初に「労務提供先（上司を含む）」に通報すると回答し、他方、内部通報窓口が設置されていない企業においては、最初に「労務提供先（上司を含む）」に通報すると回答した者は4割にも満たないという結果（半数を超える割合の者が「行政機関」に報告するという結果）が報告されている[10]。

　このような実態を踏まえると、内部通報制度は、企業のコンプライアンス経営を推進するうえで不可欠の要素であることはもとより、社内の法令違反行為等が社外へ通報されることにより企業価値が著しく毀損されることを回避するという企業防衛の視点からも有益な制度ということができる[11]。

---

(10)　平成28年度労働者インターネット調査(22頁)。また、最初に行政機関へ通報すると回答した者の割合は、内部通報窓口が設置されている企業では26.5％であるのに対し、設置されていない企業では54.6％であり、その割合の差は2倍以上となる(22頁)。さらに、労務提供先で不正行為に関する内部通報・相談窓口が設置されていると回答した者のうち実際に「通報・相談したことがある」と回答した者の81.0％が「労務提供先」に通報していることが報告されている（「行政機関」は25.4％、「その他(報道機関、消費者団体、労働組合等)」は4.8％)(41頁)。

(11)　平成28年度民間事業者実態調査(15頁)によれば、内部通報制度を導入した事業者の18.5％が「内部の自浄作用によって違法行為を是正し、外部(行政機関、報道機関等)に持ち出されないようにするため」を導入の理由としてあげている。また、内部通報制度を導入したことにより、「従業員等による違法行為への抑止力として機能している」(49.4％)、「内部の自浄作用によって違法行為を是正する機会が拡充された」(43.3％)、「従業員にとって安心して通報を行う環境が整備された」(43.3％)などの効果があったことが報告されている(55頁)。

第3章　内部通報制度の現状

Ⅰ　事業者における導入状況（中小企業における取組みの必要性）

　前述のとおり、内部通報制度はコンプライアンス経営の推進や企業防衛という視点から企業にとって今や不可欠な制度である。平成28年度民間事業者実態調査（11頁・15頁）によれば、全体の46.3％の事業者において内部通報制度が導入され、その約88％の事業者が、同制度を導入した理由として、「違法行為その他の様々な経営上のリスクの未然防止・早期発見に資するため」という理由をあげている。

　もっとも、内部通報制度を導入している企業の内訳をみると、従業員数が1000人を超える事業者では約94％、3000人を超える事業者では約99％もの事業者が同制度を導入しているのに対し、従業員数が50人以下、51人以上100人以下、101人以上300人以下の事業者で同制度を導入しているのはそれぞれ約9％、約25％、約40％にとどまるなど、従業員数が少ないほど、制度を導入している割合が低い傾向が見受けられる。また、従業員数が50人以下、51人以上100人以下、101人以上300人以下の事業者では、今後も導入する予定がないとする事業者の割合がそれぞれ約74％、約55％、約40％と高い割合を占めている（〈図2〉参照）。

　このように、特に中小企業において、内部通報制度の導入が進んでいない現状が認められるが、コンプライアンス経営の推進や企業防衛は、大企業のみならず、中小企業にとっても無視できない重大な課題である。

　平成28年度民間事業者実態調査（11頁）によれば、内部通報制度を導入していない企業が同制度を導入していない理由としてあげた事由は、「どのような制度なのか分からない」（30.5％）が最も多く、これに「どのようにして導入すればよいのか分からない」（25.7％）などが続いている（〈図3〉参

〈図２〉 内部通報制度の導入の有無

出典：平成28年度民間事業者実態調査11頁

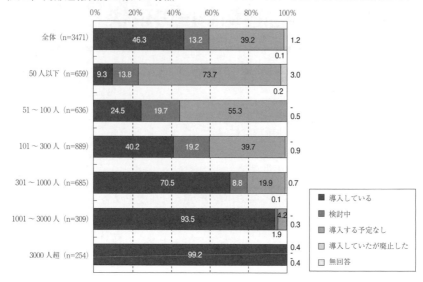

〈図３〉 内部通報制度を導入していない理由（複数回答）

出典：平成28年度民間事業者実態調査17頁

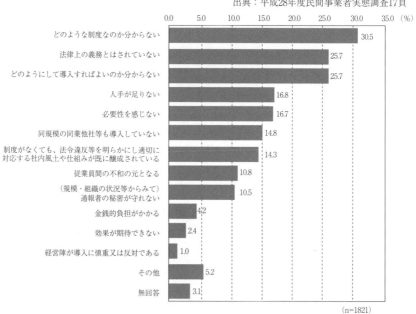

照）。

しかし、たとえば、消費者庁は、公益通報者保護法に関する各種情報を提供しており、ウェブサイトにおいて、公益通報者保護法の概要や事業者に求められる主な事項などをQ&A集とともに掲載している[12]。また、消費者庁は、「公益通報ハンドブック」（平成29年9月）を公開するとともに、平成28年12月には、それまでの「公益通報者保護法に関する民間事業者向けガイドライン」（平成17年7月19日内閣府国民生活局）を見直し、民間事業者が自主的に取り組むことが推奨される事項を具体化・明確化し、従業員等からの法令違反等の早期発見・未然防止に資する通報を事業者内において適切に取り扱うための指針としての「公益通報者保護法を踏まえた内部通報制度の整備・運用に関する民間事業者向けガイドライン」（以下、「民間事業者向けガイドライン」という）[13]を公表するなど、継続して、公益通報者保護法や内部通報に関するさまざまな情報を提供し、制度の周知・普及を図ってきた。

このように、現在は、中小企業でも、特段のコストや手間をかけることなく、内部通報制度や公益通報者保護法に関する知識を得ることができるような体制が整備されている状況にある。そのため、中小企業であっても、法令違反等の不祥事が発生した際に、内部通報制度を導入していなかった理由を問われた場合に、上述のような「どのような制度なのかわからない」「どのようにして導入すればよいのかわからない」などといった主張は、もはや社会的に到底受け入れられないものであることをあらためて認識する必要がある。

通報窓口の設置に要するコストに関しても、経営者自身が通報・相談窓口を兼任することや、同業の複数の事業者で共通の通報窓口を設置したり、共同で法律事務所や民間の通報受付の専門会社等に委託したりするなど、中小

---

[12]　消費者庁「公益通報者保護制度」〈https://www.caa.go.jp/policies/policy/consumer_partnerships/whisleblower_protection_system/〉参照。

[13]　令和2年の公益通報者保護法の改正に伴い策定された「公益通報者保護法に基づく指針（令和3年内閣府告示第118号）の解説」には、民間事業者向けガイドラインの規定の内容が盛り込まれている（第2部第2章注(16)参照）。

事業者におけるコスト削減を図るための工夫にはさまざまな余地がある。

　前述のように、改正法で、内部公益通報対応体制の整備義務を負うのは、常時300人を超える労働者を使用する事業者に限られており、小規模事業者については努力義務にとどめられているが、公益通報者保護法や内部通報制度を積極的に評価するこれまでの動向を踏まえれば、中小事業者を中心としたいまだ内部通報制度を導入していない事業者においても、内部通報の効用をあらためて確認し、内部通報制度の導入について検討する機会が到来しているといえる。

Ⅱ　内部通報窓口の設置場所——社内窓口と社外窓口

　内部通報窓口には、総務部門や法務・コンプライアンス部門などの企業の内部に設ける社内窓口と法律事務所、民間の専門会社、親会社や関連会社など企業の外部に設ける社外窓口がある。

　平成28年度民間事業者実態調査（28頁）によれば、内部通報制度を導入している企業の中では、社内外いずれにも設置しているとする企業が最も多く（59.9%）、社内のみに設置している企業が32.1%、社外のみに設置しているとした企業は7.0%である。

　また、内部通報窓口を社内に設置している企業が窓口を設置している部門としては、総務部門におく企業が最も多く（38.7%）、これに次いで、法務・コンプライアンス部門（32.9%）、人事部門（19.5%）、監査部門（17.0%）の割合が高い（29頁）。

　さらに、内部通報窓口を社外に設置している企業が窓口を設置している場所としては、法律事務所（顧問弁護士）の割合が最も高く（49.2%）、親会社や関連会社（22.7%）、法律事務所（顧問でない弁護士）（21.6%）がこれに続く（31頁）。

　平成28年度民間事業者実態調査（32頁）によれば、内部通報窓口を社外に設置している理由としては、「通報内容について社内事情に左右されずに中立・公正な対応をとりやすい」が68.7%と最も高く、次いで「直接の面識が

ないので、従業員が心理的に通報しやすい」（51.8%）、「通報者の匿名性を確保しやすい」（48.3%）、「通報への対応に専門性がある」（48.0%）、「通報先の選択肢が多い方が、より多くの通報が寄せられる可能性が高い」（44.4%）が続いている。

Ⅲ　通報者の範囲

　平成28年度民間事業者実態調査（36頁）によれば、内部通報制度を導入している企業の8割超が、正社員（88.7%）、契約社員・パート・アルバイト（84.9%）を、約7割が派遣社員（69.5%）を、内部通報制度を利用できる者としている。これらの者はいずれも公益通報者保護法でも保護の対象となる者であり、多くの企業が通報者の範囲に含めているのは当然といえる。これらの者以外にも、取締役[14]（43.4%）、グループ企業の従業員（43.1%）、グループ企業の役員（31.9%）、取引先の従業員（21.1%）、退職者[15]（19.7%）などを通報者の範囲に含める企業もあり、通報者の範囲を限定していない企業（10.0%）もある。

　また、平成28年度民間事業者実態調査（38頁）によれば、内部通報制度を導入している企業のうちの8.0%の企業は匿名での通報を受け付けていないが、75.8%の企業が匿名による通報を受け付けており、通報内容によっては受け付けるとした企業（13.1%）と合わせると約9割（88.9%）に上る。

Ⅳ　通報対象事実の範囲

　公益通報者保護法は、同法によって保護される通報の内容を493本の法律に違反する通報対象事実（令和4年6月1日現在）に限定しているが[16]、内部通報制度の目的が、企業が不正につながる事実を早期に把握し、不正の未

---

(14)　後述のとおり（第2部第1章Ⅰ1）、改正法は、退職後1年以内の者および役員も公益通報者となりうるものとしている（法2条1項1号・4号）。

(15)　前掲注(14)参照。

(16)　消費者庁「公益通報者保護法と制度の概要」〈https://www.caa.go.jp/policies/policy/consumer_partnerships/whislebrower_protection_system/overview/〉参照。

然防止や早期発見につなげ、コンプライアンス経営を推進することにあることからすれば、業務上想定される不正に関する事実については、できるだけ広く受け付けることが望ましい。

　平成28年度民間事業者実態調査（39頁）によれば、内部通報制度を導入している企業が、内部通報制度で対象とする通報内容として、「公益通報者保護法の対象となる法令違反行為」（20.7％）のほか、「会社のルールに違反する行為（就業規則等に違反する行為）」（68.9％）、「法令違反行為（公益通報者保護法の対象となる法令違反行為に限定していない）」（68.4％）、「職場環境を害する行為（パワハラ、セクハラなど）」（65.7％）をあげているが、かかる実態は、各企業において、上述のような内部通報制度の目的に沿った運用がなされていることを裏付けるものといえる。なお、内部通報の対象を「限定していない」企業も24.5％の割合で存在する。

Ⅴ　通報の方法（受付媒体）

　内部通報を窓口で受け付ける方法としては、電話、ファクシミリ、電子メール、書面（封書）の提出・郵送、面談が考えられる、このほかにも、社内イントラネットやウェブサイト内の専用フォームにおいて通報を受け付ける方法も考えられる。

　消費者庁において事業者が実際に用いている内部通報に係る規程を取りまとめた「民間事業者における内部通報制度に係る規程集」（規程集）（1頁）によれば、多くの企業が、通報の受付方法として、電話、電子メール、ファクシミリ、書面（「封書」「郵便」等と規定しているものを含む）、面談・口頭などのうち複数の方法を通報の受付方法として規定している。また、これらの中では、電子メールを採用している例が最も多く、次いで、電話、書面、面談・口頭、ファクシミリと続いている。通報受付のための専用回線や専用メールアドレスを設けている例、書面で受け付ける場合の様式を内部規程においてあらかじめ定める例もあるようである。

第2部

公益通報者保護法の
改正

第1章 改正の概要

　令和2年6月、改正法が成立し、令和4年6月1日に施行された（第1部第2章I）。改正の内容は多岐にわたるが、その概要としては、以下のとおり、①通報者の範囲の拡大等を含む公益通報者保護の充実、②事業者に対する内部公益通報対応体制整備の義務付け、③行政機関に対する公益通報対応体制整備の義務付けがあげられる[(1)]。

I 公益通報者保護の充実

1 通報者の範囲の拡大

　改正前の公益通報者保護法は、公益通報者として保護される対象を労働者[(2)] に限定していた（法2条）。

　改正法は、その範囲を拡大し、労働者に加え、退職後1年以内の者（以下、「退職者」という)[(3)] および役員も公益通報者となりうるものとしている（法2条1項1号・4号）。

　ただし、後述のとおり（I3）、労働者と退職者の保護要件は同じであるが、役員は、会社に対し、委任契約に基づく善管注意義務を負うことから、行政機関通報（2号通報）および報道機関等通報（3号通報）について、労働者および退職者よりも保護の要件が加重されている。

---

(1)　法の改正以外のものとして、消費者庁に、公益通報に関する「一元的相談窓口」を設置することとされ、令和3年3月から「公益通報者保護制度相談ダイヤル（一元的相談窓口）」（電話番号：03-3507-9262／受付時間：平日9：30～12：30、13：30～17：30（土日祝日および年末年始を除く））の運用が開始されている。
(2)　労働基準法9条に規定する労働者。
(3)　派遣労働終了後1年以内の者（法2条1項2号）、取引先での業務終了後1年以内の者（法2条1項3号）も同様である。

2 通報対象事実の範囲の拡大

改正前の公益通報者保護法は、通報の対象となる事実（以下、「通報対象事実」という）を、犯罪行為または最終的にその実効性が刑罰により担保されている行為に限定していた（法2条3項）。

改正法は、これに加え、行政罰（過料）の対象となる行為についても通報対象事実に加えている（法2条3項）[4]。

3 保護要件

(1) 労働者──保護要件の緩和

(A) 内部公益通報（1号通報）

内部公益通報（1号通報）の保護要件に変更はない（法3条1号）。

(B) 行政機関通報（2号通報）

改正前の公益通報者保護法は、行政機関通報（2号通報）の保護要件として、「通報対象事実が生じ、又はまさに生じようとしていると信ずるに足りる相当の理由がある場合」（以下、「真実相当性」という）であることを必要としていた。

改正法は、この場合に加えて、「通報対象事実が生じ、又はまさに生じようとしていると思料した場合」には、真実相当性がなくても、①氏名・住所等、②通報対象事実の内容、③通報対象事実が生じ、またはまさに生じようとしていると思料する理由、④通報対象事実について法令に基づく措置その他適当な措置がとられるべきと思料する理由、を記載した書面（電子的、磁気的方式等でつくられる記録を含む）を行政機関等へ提出する場合も保護の対象としている（法3条2号）。

---

(4) 自動車メーカーにおいて、無資格者による完成品検査が行われている事案が判明し、過料の対象の行為であっても、通報制度によって是正の必要があるものが明らかとなったことなどから、拡大されたものである。

(C) 報道機関等通報（3号通報）

　改正前の公益通報者保護法は、報道機関等通報（3号通報）の保護要件として、真実相当性の要件に加え、行政機関通報（2号通報）や報道機関等通報（3号通報）をすれば、「解雇その他不利益な取扱いを受けると信ずるに足りる相当の理由がある場合」（法3条3号イ）や、内部公益通報（1号通報）をすれば、「当該通報対象事実に係る証拠が隠滅され、偽造され、又は変造されるおそれがあると信ずるに足りる相当の理由がある場合」（法3条3号ロ）など、法律が定める特別な事情（法3条3号イ〜ホ。以下、「特定事由」という）のいずれかに該当することを必要としていた（法3条2号）。

　改正法は、これらの特定事由に加え、内部公益通報（1号通報）をすれば、「役務提供先が、当該公益通報者について知り得た事項を、当該公益通報者を特定させるものであることを知りながら、正当な理由がなくて漏らすと信ずるに足りる相当の理由がある場合」（法3条3号ハ）と、「個人（事業を行う場合におけるものを除く。）の財産に対する損害（回復することができない損害又は著しく多数の個人における多額の損害であって、通報対象事実を直接の原因とするものに限る。）が発生し、又は発生する急迫した危険があると信ずるに足りる相当の理由がある場合」（法3条3号ヘ）を特定事由として追加することによって、保護要件を緩和している。

(2) 退職者

　労働者と同一の要件で保護される。

(3) 役　員

(A) 内部公益通報（1号通報）

　労働者および退職者と同一の要件で保護される。

(B) 行政機関通報（2号通報）

　役員による行政機関通報（2号通報）や報道機関等通報（3号通報）といった社外への公益通報は、会社の不利益となりうる行為である。そのため、そのような公益通報は、役員が委任契約に基づいて会社に負っている善管注意義務に抵触するおそれがある。また、役員の善管注意義務は、労働者

の会社に対する誠実義務よりも重いものと考えられる。

そのため、役員による行政機関通報（2号通報）および報道機関等通報（3号通報）に関しては、労働者と退職者よりも保護要件が加重され、真実相当性に加え、原則として[5]、あらかじめ調査是正措置[6]をとることに努めたことが求められる（法6条2号イ）。

(C) 報道機関等通報（3号通報）

上記(B)と同様の理由から、報道機関等通報（3号通報）に関しては、真実相当性の要件と特定事由[7]のいずれかに該当することに加え、原則として[8]、あらかじめ調査是正措置をとることに努めたことが求められる（法6条3号イ）。

(4) 保護の効果

(A) 労働者

改正前の公益通報者保護法は、労働者が公益通報をしたことを理由とする、解雇の無効（法3条）、労働者派遣契約の解除の無効（法4条）、降格、減給その他の不利益取扱いの禁止（法5条）を規定していた。

改正法は、これに加え、事業者は公益通報によって損害を受けたことを理由とする賠償を請求できないものとしている（法7条）。

---

(5) 「個人の生命若しくは身体に対する危害又は個人（事業を行う場合におけるものを除く。）の財産に対する損害が発生し、又は発生する窮迫した危険があると信ずるに足りる相当の理由がある場合」には、緊急性の高さから、行政機関通報（2号通報）および報道機関等通報（3号通報）について、調査是正措置をとることに努めたことは求められない（法6条2号ロ・3号ロ）。

(6) 「善良な管理者と同一の注意義務をもって行う、通報対象事実の調査及びその是正のために必要な措置をいう」（法6条2号イ）。たとえば、取締役会への付議、監査役・監査役会等への報告等が想定される。

(7) 労働者や退職者と異なり、役員は会社に対して、善管注意義務を負い、また、本来、自ら調査是正にあたるべき立場であることから、「役務提供先が、当該公益通報者について知り得た事項を、当該公益通報者を特定させるものであることを知りながら、正当な理由がなくて漏らすと信ずるに相当の理由がある場合」（法3条3号ハ）や、「書面により第1号に定める公益通報をした日から20日を経過しても、当該通報対象事実について、当該役務提供先等から調査を行う旨の通知がない場合又は鄧役務提供先等が正当な理由がなくて調査を行わない場合」（法3条3号ホ）は特定事由とされていない。

(8) 前掲注(5)参照。

(B) 退職者

退職者に対する退職金の不支給その他の不利益取扱いが禁止（法5条1項）されるとともに、事業者は公益通報によって損害を受けたことを理由とする賠償を請求できないものとしている（法7条）。

(C) 役 員

役員に対する報酬の減額その他の不利益な取扱い（解任を除く[9]）が禁止されるとともに（法5条3項）、公益通報をしたことを理由として解任された役員は、事業者に対し、解任によって生じた損害の賠償を請求することができるものとしている（法6条）。また、労働者および退職者と同様、事業者は公益通報によって損害を受けたことを理由とする賠償を請求できないものとしている（法7条）。

Ⅱ 事業者に対する内部公益通報対応体制整備の義務付け

1 内部公益通報対応体制整備義務

改正前は、内部通報窓口の設置等、内部公益通報（1号通報）に対応する体制の整備等は、事業者の自主的な取組みに委ねられていた。

しかし、近年も社会問題化する不祥事が後を絶たないことから、改正法は、公益通報者の保護と法令遵守を図る観点から、常時300人を超える[10]労働者を使用する事業者[11]に対し、内部公益通報（1号通報）に応じ、適切に

---

(9) 会社と役員との契約は、高度な信頼関係に基づく委任関係であり、信頼関係が失われた場合にこれを維持することは適当でないことから、除外されている。

(10) 常時使用する労働者の数が300人以下の事業者（以下、「小規模事業者」という）については努力義務にとどめられている（法11条3項）。

(11) 法人その他の団体および事業を行う個人をいう（法2条1項本文）。指針の解説第2では、「『事業者』とは、法第2条第1項に定める『事業者』をいい、営利の有無を問わず、一定の目的をもってなされる同種の行為の反復継続的遂行を行う法人その他の団体及び事業を行う個人であり、法人格を有しない団体、国・地方公共団体などの公法人も含まれる」と定義される。

対応するために必要な体制（以下、「内部公益通報対応体制」という）の整備その他の必要な措置をとることを義務付けている（以下、「内部公益通報対応体制整備義務」という）（法11条2項）。

2　公益通報対応業務従事者の指定義務と刑事罰付きの守秘義務

内部公益通報対応体制整備義務の一環として、内部公益通報に係る通報対象事実を調査し、その是正に必要な措置をとる業務（以下、「公益通報対応業務」という）に従事する者（以下、「従事者」という）を定めることを義務付けている（法11条1項）。

従事者には、正当な理由なく、公益通報対応業務に関して知り得た事項であって公益通報者を特定させるものを漏らさない守秘義務が課されており（法12条）、この守秘義務に違反した場合には、30万円以下の罰金に処するとされている（法21条）。

3　内閣総理大臣による指針の策定

内部公益通報対応体制の整備や従事者の指定に関しては、後述（第2章Ⅰ）のように、内閣総理大臣[12]による指針が定められている（法11条4項）。

そこで、事業者は、指針に沿った対応をとるための主体的な検討を行ったうえで、内部公益通報対応体制を整備・運用することが求められる。

4　報告の徴収ならびに助言、指導および勧告、公表

内閣総理大臣は、事業者の内部公通報対応体制の整備および従事者の指定に関し、必要があると認める場合には、事業者に対して、報告の徴収ならびに助言、指導および勧告をすることができるとされている（法15条）。

また、内閣総理大臣は、内部公通報対応体制整備義務および従事者の指定

---

[12]　政令で定めるものを除き、内閣総理大臣は、法による権限を消費者庁長官に委任している（法19条）。

義務に違反している事業者について、勧告にもかかわらず、これに従わない場合には、その旨を公表できるものとしている（法16条）。

Ⅲ 行政機関に対する公益通報対応体制整備の義務付け

改正前の公益通報者保護法は、行政機関通報（2号通報）を受けた行政機関に対し、必要な調査や法令に基づく措置その他適当な措置をとることを求めていたものの（法10条1項）、行政機関通報（2号通報）に対応する体制の整備等は、行政機関の自主的な取組みに委ねられていた。

しかし、行政機関の中には行政機関通報（2号通報）を受け付ける窓口すら設置していないところが多くみられたことから、改正法は、上述の必要な調査や法令に基づく措置等の適切な実施を図るため、公益通報に適切に対応するために必要な体制の整備その他の必要な措置をとることを求めている（法13条2項）。

第2章　指針および指針の解説の概要

Ⅰ　指針の位置付け

　公益通報者保護法は、内閣総理大臣に対し、従事者の指定や内部公益通報対応体制の整備に関して事業者がとるべき措置に関して、その適切かつ有効な実施を図るために必要な指針を定めることを求めている（法11条4項）[13]。

　そして、これを受け、消費者庁が「公益通報者保護法第11条第1項及び第2項の規定に基づき事業者がとるべき措置に関して、その適切かつ有効な実施を図るために必要な指針（令和3年内閣府告示第118号）」（以下、「指針」という）（参考資料2）を策定している[14]。

　法的義務を負う事業者は、指針に定めるすべての内容を実施することが求められる[15]。

　ただし、指針は、事業者がとるべき措置の個別具体的な内容を示すものではなく、事業者がとるべき措置の大要を示すにとどまる。事業者がとるべき措置の具体的な内容は、事業者の規模、組織形態、業態、法令違反行為が発生する可能性の程度、ステークホルダーの多寡、労働者等および役員や退職者の内部公益通報対応体制の活用状況、その時々における社会背景によって異なりうるからである。

　そのため、措置の個別具体的な内容については、それぞれの事業者が、その規模や実情に応じ、指針に沿った対応がとれるよう、主体的な検討を行う

---

[13]　法11条4項では、「第1項及び第2項（これらの規定を前項の規定により読み替えて適用する場合も含む。）」とされていることから、指針は小規模事業者も想定して策定されている。

[14]　改正法および指針を踏まえ、「公益通報者保護法を踏まえた国の行政機関の通報対応に関するガイドライン」および「公益通報者保護法を踏まえた地方公共団体の通報対応に関するガイドライン」も改正されている。

[15]　小規模事業者については、事業者の規模や業種・業態等の実情に応じて、可能な限り、指針の解説に記載された事項に従った内部公益通報対応体制を整備・運用するよう努める必要がある（指針の解説第1Ⅰ注2）。

必要がある。

Ⅱ 指針の解説の位置付け

　「公益通報者保護法に基づく指針（令和 3 年内閣府告示第118号）の解説」
（以下、「指針の解説」という）（参考資料 3 ）は、事業者が前述のような主体的
な検討を行うにあたり、これを後押しするために策定されたものである[16]。

　指針の解説では、指針に定められた以下の規定ごとに、①指針の本文、②
指針の趣旨、③指針を遵守するための考え方や具体例、④その他に推奨され
る考え方や具体例が示されている。

Ⅰ　従事者の定め（法11条 1 項関係）

　1　従事者として定めなければならない者の範囲（指針第 3 ・ 1 ）

　2　従事者を定める方法（指針第 2 ・ 2 ）

Ⅱ　内部公益通報対応体制の整備その他の必要な措置（法11条 2 項関係）

　1　部門横断的に公益通報対応業務を行う体制の整備（指針第 4 ・
　　1 ）

　⑴　内部公益通報受付窓口の設置等（指針第 4 ・ 1 ⑴）

　⑵　組織の長その他幹部からの独立性に関する措置（指針第 4 ・ 1
　　⑵）

　⑶　公益通報対応業務の実施に関する措置（指針第 4 ・ 1 ⑶）

　⑷　公益通報対応業務における利益相反の排除に関する措置（指針
　　第 4 ・ 1 ⑷）

　2　公益通報者を保護する体制の整備（指針第 4 ・ 2 ）

　⑴　不利益な取扱いの防止に関する措置（指針第 4 ・ 2 ⑴）

　⑵　範囲外共有等の防止に関する措置（指針第 4 ・ 2 ⑵）

　3　内部公益通報対応体制を実効的に機能させるための措置（指針第

---

[16]　従前の民間事業者向けガイドラインは、その記載事項を原則として指針の解説に盛り込むこ
とで統合されている。

4・3）

(1)　労働者等及び役員並びに退職者に対する教育・周知に関する措置（指針第4・3(1)）

(2)　是正措置等の通知に関する措置（指針第4・3(2)）

(3)　記録の保管、見直し・改善、運用実績の労働者等及び役員への開示に関する措置（指針第4・3(3)）

(4)　内部規程の策定及び運用に関する措置（指針第4・3(4)）

　第3部（内部通報制度の構築と運用）では、指針の解説の内容を踏まえつつ、内部通報に関して⑰、事業者がとるべき具体的な内容について詳述する。

⑰　指針は、内部公益通報（1号通報）への対応体制等について記載したものであり、内部公益通報（1号通報）には該当しない、事業者が定める内部規程等に基づく通報を対象とするものではない。もっとも、指針の解説（第1Ⅰ注4）では、公益通報に該当しない内部通報についても、指針の解説で規定する内容に準じた対応を行うよう努めることが望ましいとされている。

第3部

内部通報制度の
構築と運用

第1章 内部通報制度の位置付け・必要性（有用性）

Ⅰ これまでの内部通報制度——鳴らない警報機

　これまでに発覚した企業不祥事の中に、企業内部の者からの内部告発によって明らかになったものがあることはすでに指摘したところであるが、不祥事が発覚した企業の中には、社内に通報窓口を設けていた企業もある。しかし、現実にはその制度が機能することなく、外部への告発が行われた結果、企業は多大なダメージを被ることとなった。要するに、企業に警報を発する役割を期待されて設置されたはずの内部通報制度は、結局のところ、「鳴らない警報機」で終わってしまったのである。

　内部告発が増加した原因としては、企業内でのコンプライアンスに対する意識が高まったことに加え、長年、わが国の雇用システムであった終身雇用制が崩壊し、労働者の企業に対する忠誠心や帰属意識が希薄になってきたことが指摘される。

　他方、内部通報制度が利用されなかった原因としては、制度の存在が周知されていなかったことや、制度自体は周知されていたものの、内部通報制度を利用して不祥事に関する事実を通報しても、無視されたり、場合によっては退職を要求されたり、就業禁止命令を受けたりするなどのおそれがあるなど、制度そのものに対する不信感が存在したこと（内部通報制度に対する信頼性の欠如）、さらには、内部通報を「チクリ」「密告」、内部通報制度を「密告制度」というように、きわめて消極的なものとしてとらえる雰囲気が社会にあったことなどを指摘することができる。

Ⅱ 望まれる内部通報制度

　法令違反行為等の不正に係る事実を外部に告発することは、企業の不正を

是正するための最善の方法ではない。内部通報を端緒として、不正が企業の自浄作用によって是正され、企業が有形・無形の多大なダメージを被ることなく、また、通報者も不利益な取扱いを受けることなく解決が図られることが最善である。

内部通報制度が設けられている企業において、不正に関する事実を認知した役職員は、まずは内部通報窓口に通報するものと考えられるが（前述（第1部第2章Ⅲ）のとおり、平成28年度労働者インターネット調査では、約7割の者が、最初に「労務提供先（上司を含む）」に通報する、との調査結果が得られている）、そのためには、内部通報制度が周知され、内部通報制度に対する信頼が醸成されていることが何よりも重要である。そして、そのような企業では、不祥事に関する事実が、行政機関等や報道機関等へ通報されるリスクが相対的に低くなり、不祥事を企業内部の自浄作用により是正する機会を得ることができる。

このように、内部通報制度の適切な運用は、企業価値の維持・向上にも寄与しうるものである。

このような事実を踏まえると、企業にとって重要なことは、内部通報制度の導入はもちろんのこと、それ以上に、制度導入後の制度の周知・定着、制度の信頼性の醸成・向上を図ることであるといえる。

そして、その際には、経営トップ自らが、内部通報制度の有用性・重要性を自覚するとともに、役職員に対しても、「通報をすることは悪ではなく、不正を見て見ぬふりをする行為こそ、企業の存続を揺るがすことにもなりかねない悪である。むしろ通報することは義務である」といった強いメッセージを発することによって、役職員の自覚を促したり、内部通報に対する認識をあらためさせることが何よりも重要である。また、同時に、内部通報者に対する法律上・事実上の不利益取扱いは許されないこと、内部通報に対して、会社は真摯に対応する旨のメッセージを発信することが、内部通報制度の信頼性の維持・向上には不可欠であることを強く認識する必要がある。

平成28年度民間事業者実態調査（34頁）によれば、通報窓口を設置してい

る事業者が内部通報制度の信頼性や安心感を向上させるためにとっている方策として、「秘密が守られることを従業員に周知している」（82.7%）、「窓口担当者に守秘義務を課している」（81.9%）、「匿名の通報を受け付けるようにしている」（70.0%）、「一般従業員への教育・研修を実施している」（39.1%）に「経営トップ自らがコンプライアンス経営推進や内部通報制度の意義・重要性についてのメッセージを継続的に発信している」（34.8%）が続いている。

第2章　内部通報制度の設計・導入と運用上の留意点

Ⅰ　はじめに

　内部通報制度は、企業価値の維持・向上に寄与しうるものであり、企業はその導入を積極的に検討すべきといえる。そして、その際には、内部通報制度が前述のような「鳴らない警報機」となることのないよう、従業者に周知され、また、信頼される制度となるような設計と運用がなされるべきである。

　そこで、本章では、内部通報制度を、企業における不祥事を早期に発見・是正するためのツールとして有効に機能させるという観点から、その設計上の工夫について個別に検討する。

　その際、企業が抱えるリスク要因は業種や従業員数などに応じてさまざまであるし、内部通報制度の設置には相応のコストを要するものであることから、企業の実情に応じた制度設計という観点や指針の解説の内容にも配慮しつつ、内部通報に関して、事業者がとるべき具体的な内容について検討する。

Ⅱ　内部通報制度の実効性の要件

　内部通報制度の実効性を確保するため、設計・導入・運用にあたっては、以下の要件[1]が満たされているかを確認すべきである。

①　正当性　　内部通報制度が利用者から信頼され、通報の受付、調査、是正措置などの予定される手続が公正に遂行される制度となっているか。

②　利用可能性　　内部通報制度が利用者すべてに認知されるとともに、

---

(1)　国際連合「ビジネスと人権に関する指導原則：国際連合『保護、尊重及び救済』枠組実施のために」31（非司法的苦情処理メカニズムのための実効性の要件）参照。

利用に際しての相談窓口が設置されるなど、利用者にとって利用しやすい制度となっているか。

③ 予測可能性　利用者にとって、通報の受付、調査、是正措置などの予定される手続が明確な制度となっているか。

④ 公平性　内部通報を行うための手続に関する情報や助言が、利用者すべてに対し、公平に提供される制度となっているか。

⑤ 透明性　通報受付後の調査の進捗状況を継続的に知らせるなど、利用者に対し、十分な情報が提供される制度となっているか。

⑥ 権利適合性　通報の受付、調査、是正措置などの予定される手続が国際的に認められた人権に適合しているか。

⑦ 継続的学習源　内部通報制度のさらなる改善に活用できるような運用が予定されているか。

⑧ 利用者とのエンゲージメントと対話　内部通報制度の設計や実効性について、利用者と協議し、対話することが予定される制度となっているか。

Ⅲ　内部通報制度の設計・導入

1　通報の義務化

　内部通報制度は、企業内部による自浄作用の向上、コンプライアンス経営の推進のための重要な制度であり、かかる制度を適切に利用して内部通報を行うことは、リスクの早期発見や企業価値の向上に資するものである。社内の問題点の発見は、役員や監査部門だけで行うものではなく、全従業員が日常の業務や見聞きしたことを契機とすることも多い。したがって、企業としては、経営トップや主管部署において、従業員に対し、日頃からこのような内部通報制度の重要性を説くとともに、内部通報を行うことは後ろめたい行為ではなく、不正を認識した場合にはむしろ積極的に内部通報を行うべきであることを理解してもらうことが重要である。

　このような観点から、企業が従業員に対して内部通報制度の利用について周知する際に、内部通報制度の存在や利用方法を「案内」したり、通報を行うことを「推奨」したりするにとどまらず、通報は従業員の「義務」「責務」である、とする企業もある（規程集2頁参照）。不正行為等を知った従業員や、その従業員から相談を受けた上司は、自らの立場や人間関係、事なかれ主義などの要素があいまって、あえて問題としない、見て見ぬふりをする、といった態度に出ることも考えられるが、通報は「義務」「責務」であるという姿勢を社内に示すことは、不正行為等の放置や横行を予防する有効な手段になると思われる。また、通報者に対する不利益取扱いは多くの企業で規程により禁止されているが、内部通報が「義務」であることを明確に示すことにより、不利益取扱いのおそれが少なくなることも期待できる。さらに、義務であるとの位置付けが明確にされれば、一種の密告であるという印象を抱かれかねない内部通報に対する抵抗感も少なくなるであろう。

　ただし、内部通報を義務化するといっても、他の禁止行為等と同等に厳格な義務としたり、その違反自体に対して懲戒処分等の制裁を課したりすることは、弊害も伴う。従業員にとっては、無断欠勤や暴力などの明確な禁止行為とは異なり、「内部通報すべき案件は何か」ということについて必ずしも判断がつかないところであり、処分を恐れて無用な通報が多発するという懸念もある。

　したがって、内部通報制度の規程において、内部通報の利用を従業員の「義務」あるいは「責務」と定める場合であっても、内部通報をしなかったことは直ちに懲戒処分等の対象としない、という位置付けとするのが第一歩であろう。制裁がなければ意味がないというわけではなく、たとえば、不正行為等が後日問題となった場合に、内部通報ができたのにそれを怠った従業員について、義務違反があった、責務を果たさなかった、という形で指摘することができるのは重要なことと思われる。

　なお、規程としては、「義務」「責務」といった表現ではなく、たとえば「不正行為を認知したときは、その是正・通報に努めなければならない」と

いったよりソフトな言い回しとすることも考えられる。また、規程にはそうした点は定めず、制度の周知の場面において、従業員の義務や責務といった点に触れるという方法もあろう（第4部Q1－2参照）。

2　通報窓口

(1)　通報窓口と部署および責任者の設置

　従業員が内部通報を行う通報先として「通報窓口」を設けるのが一般である。公益通報の面においても、指針において、事業者は、部門横断的な公益通報対応業務を行う体制の整備として、内部公益通報受付窓口（内部公益通報を部門横断的に受け付ける窓口）を設置しなければならないとする（第4・1(1)）。「部門横断的に」受け付けるとは、特定の部門からだけではなく、全部門ないしこれに準ずる複数の部門から受け付けることを意味する（指針の解説第3Ⅱ1(1)注9）。

　また、通報への対応を実効的に行うには責任の所在を明確にする必要がある。公益通報の面においても、指針において、内部公益通報受付窓口に寄せられる内部公益通報を受け、調査をし、是正に必要な措置をとる部署および責任者を明確に定めなければならないとしている（第4・1(1)）。部署および責任者とは、内部公益通報受付窓口を経由した内部公益通報に係る公益通報対応業務について管理・統括する部署および責任者をいう（指針の解説第3Ⅱ1(1)注10）。したがって、通報窓口を設置するとともに、通報窓口に寄せられた通報への対応業務を管理・統括する部署および責任者を定めることが必要である。

　なお、上司や役員が、職制上のレポーティングライン（組織内において指揮監督権を有する上長等に対する報告系統）を通じた報告によって内部通報を受けることがある。公益通報においては、指針の解説において、職制上のレポーティングラインにおける報告（いわゆる上司等への報告）やその他の労働者等および役員に対する報告についても内部公益通報にあたりうるとされている（第3Ⅱ1(1)注11）。指針の解説においては、こうした内部公益通報窓口

を経由しない内部公益通報を受けた場合も、事案の内容等に応じて、自ら事実確認を行い是正する、公益通報者の秘密に配慮しつつ調査を担当する部署等に情報共有する等の方法により、調査や是正に必要な措置を速やかに実施することが望ましい、とされている（第3Ⅱ1(3)④）。この点、調査や対応を確実に行うべく、職制上のレポーティングラインにおける報告等を通じた内部通報も、上記の通報窓口への通報の対応業務を管理・統括する部署へ報告することを求める体制とすることも考えられる。

(2) 社内窓口と社外窓口

窓口の設置場所については、いくつかの選択肢がある。社内の部門におく場合（社内窓口）のほか、外部に委託する場合（社外窓口）、社内窓口と社外窓口の双方を設置する場合がある[2]。

コンプライアンスの推進については、他の手法によって十分充足されている、と判断されれば、内部通報制度はあくまで補完的な位置付けとし、社内窓口のみを設ける、という考え方もある。

もっとも、従業員としては、社内に窓口があるというだけでは、通報しても真摯に対応してもらえるのか、すぐに上司などに伝わってしまい、場合によると単に不満があるとか密告していると受け取られて不利益を被るのではないか、という不安を抱く可能性もある。そして、そのような場合には、結局、内部通報制度が利用されない結果となりやすい。そのような懸念がある場合、法律事務所や民間の専門会社に通報窓口業務を委託し、従業員にはそうした外部の窓口に通報してもらうよう案内する、という方法がある。こうした社外窓口で対応することにより、従業員も情報漏洩等の疑念を抱く可能性がより低くなり、相談・通報が積極的に行われることが期待される。

(3) 社内窓口の設置場所

社内窓口は、総務部門、法務部門、コンプライアンス部門、人事部門など

[2] 平成28年度民間事業者実態調査(28頁)によれば、内部通報制度を導入している企業の中では、社内外いずれにも設置しているとする企業が最も多く(59.9%)、社内のみに設置している企業が32.1%、社外のみに設置しているとした企業は7.0%である。

35

におかれることが一般である⁽³⁾。前述のとおり、内部通報制度は、コンプライアンス経営推進の一環として設けられるものであるため、コンプライアンス推進を担当する部署やこれに関連した部門が所管するケースが多いと考えられる。セクシャル・ハラスメント（以下、「セクハラ」という）問題を受け付ける場合には、担当者として、男性・女性をともに配置することも行われる。

　また、公益通報に関しては、指針において、組織の長その他幹部に関係する事案について、これらの者からの独立性を確保する措置をとらねばならないとし（第４・１(2)）、こうした独立性を確保する方法として、指針の解説では以下のような考え方や具体例があげられている（第３Ⅱ１(2)③）。

① 　社外取締役や監査機関（監査役、監査等委員会、監査委員会等）にも報告を行うようにする。

② 　社外取締役や監査機関からモニタリングを受けながら公益通報対応業務を行う。

③ 　内部公益通報受付窓口を事業者外部（外部委託先、親会社等）に設置する。

④ 　事業者の規模に応じた方法をとる（単一の内部公益通報受付窓口を設ける場合には当該窓口を通じた公益通報に関する公益通報対応業務について独立性を確保する方法のほか、複数の窓口を設ける場合にはそれらのうち少なくとも１つに関する公益通報対応業務に独立性を確保する方法等）。

　このような例を参考に、各社において、内部通報事案に関係するトップや幹部等からの独立性を確保する措置をとることが求められる。

　なお、この点に関し、上場企業においては、コーポレートガバナンス・コードの補充原則を考慮すべき場合がある。補充原則２－５①では、「上場会社は、内部通報に係る体制整備の一環として、経営陣から独立した窓口の

---

(3)　平成28年度民間事業者実態調査(28頁)によれば、内部通報窓口を社内に設置している企業が窓口を設置している部門としては、総務部門におく企業が最も多く(38.7％)、これに次いで、法務・コンプライアンス部門(32.9％)、人事部門(19.5％)、監査部門(17.0％)の割合が高い(29頁)。

設置（例えば、社外取締役と監査役による合議体を窓口とする等）を行うべきであり、また、情報提供者の秘匿と不利益取扱の禁止に関する規律を整備すべきである」とされており、原則を遵守（comply）するのであれば、このような「経営陣から独立した窓口」の設置も検討対象となる。

　また、グループ会社の場合、親会社等の部門にグループ会社共通の窓口を設けることもある。その場合、共通の窓口のみ（あるいは親会社が委託した社外窓口）とするか、さらにグループ会社各社の内部にも社内窓口を設けるか、という選択肢がある。ただし、公益通報に関しては、子会社や関連会社において、企業グループ共通の窓口を自社の内部公益通報受付窓口とするためには、その旨を子会社や関連会社自身の内部規程等において「あらかじめ定め」ることが必要である（法2条1項柱書参照）。また、企業グループ共通の窓口を設けた場合であっても、当該窓口を経由した公益通報対応業務に関する子会社や関連会社の責任者は、子会社や関連会社自身において明確に定めなければならない（指針の解説第3Ⅱ1(1)注13）。

(4)　社外窓口の設置場所

　社外窓口を設ける場合の選択肢としては、法律事務所と民間の専門会社が考えられる[4]。法律事務所については、常時相談・通報のしやすい体制が作れるか、自社の組織、業務内容などを十分に把握したうえで相談を受けられる先かを吟味すべきである。他方、専門会社については、法律事務所に比べて敷居が低く、相談・通報がしやすい印象がある、というメリットがあるが、十分な回答や対応が得られるかどうか、具体的なサービスの内容についてよく確認する必要がある。

　いずれの場合も、中立性・公正性に疑義が生じるおそれや、利益相反が生じるおそれがある先は避けるべきである。

　また、セクハラやメンタルヘルスに関する問題は、事柄がセンシティブで

---

(4)　平成28年度民間事業者実態調査（31頁）によれば、法律事務所（顧問弁護士）に委託している事業者が49.2％、法律事務所（顧問でない弁護士）に委託している事業者が21.6％、通報受付の専門会社に委託している事業者が14.9％である。

あるゆえ、それらの分野を専門とする業者等に委託し、窓口を別に設けるという選択肢もある。

【ケース・スタディ①】 社外窓口としての顧問弁護士の適否

前述（前掲注(4)）のとおり、社外窓口を採用する企業の約半数が、法律事務所（顧問弁護士）に委託している。

顧問企業の相談に日常的に応じている顧問弁護士は、その企業の業務内容や当該企業の人間関係を含めた組織の実態、企業風土についても通じていることが多い。そのため、まったくの外部の者が内部通報を受けるより、顧問弁護士が内部通報を受けるほうが、通報に係る事実関係の把握や調査の要点を把握しやすく、調査が迅速に行われることが期待できる面がある。また、通報者としても、人となりを知った顧問弁護士であれば、相談・通報しやすいといったこともありうるところである。

このように、顧問弁護士に社外窓口を委託することには、相応のメリットがあり、顧問弁護士に社外窓口を委託する企業が多いという現状はこのような事情も影響しているものと思われる。

しかし、顧問弁護士は、契約上、会社の利益を擁護する立場にある。そのため、たとえば、内部通報の内容に関する認識や評価が通報者と会社との間で異なったり、対立したりする場合には、会社の利益と通報者の利益が相反する場合も想定される。そして、このような場合に、顧問弁護士が内部通報の窓口として期待される役割を担うことができるかという点については疑問なしとしない。また、この問題は、内部通報制度の信頼性ひいては実効性にもかかわる。

したがって、顧問弁護士に社外窓口を委託している企業が多いという現状を必ずしも否定するものではないが、顧問弁護士に社外窓口を委託すれば、あらゆる内部通報に対応できるというものではなく、上述のような一定の限界があることには留意が必要である。かかる観点からは、弁護士に社外窓口を委託する場合には、顧問弁護士以外の弁護士も有力な選択肢として検討されてよいものと思われる[5]。

---

(5) 中小企業の場合

(A) 社外窓口の要否

前述（第1部第3章Ⅱ）のとおり、内部通報制度を導入している企業で

は、社内外のいずれにも設置している企業の割合が最も多い（59.9％）。

　しかし、従業員数の比較的少ない中小企業において内部通報制度を導入する場合に、社内外のいずれにも窓口を設置することは負担が重く、現実的でない場合がありうる。現に、平成28年度民間事業者実態調査（28頁）によれば、内部通報制度を導入している企業の中では、従業員数の少ない企業ほど、通報窓口を社内のみに設置する割合が高い傾向が見受けられる（42.6％（50人以下）、41.7％（51人～100人））。

　内部通報制度はコンプライアンス経営のツールであり、コンプライアンス経営の実現という視点を軸にしつつ、各企業の実情に応じた柔軟な設計がなされるべきものである。かかる観点から、特に、中小企業においては、社内窓口のみを設置することも想定されるところである。

Ⓑ　社内窓口の設置部門

　前述（第1部第3章Ⅱ）のとおり、内部通報窓口を社内に設置している企業がこれを設置している部門としては、総務部門（38.7％）、法務・コンプライアンス部門（32.9％）、人事部門（19.5％）、監査部門（17.0％）が多い。ただし、従業員数の少ない企業では、経営トップ（社長等）自身が直轄する割合が高くなる傾向が見受けられる（30.2％（50人以下））。

　経営トップにコンプライアンスに対する強い意識があり、内部通報をしたことにより、不利益を課されることがないという安心感をもって通報できる企業風土が醸成されている企業であれば、経営トップ（社長等）自身が社内窓口を直轄することも考えられる。

　ただし、公益通報に関しては、指針の解説に、法11条2項について努力義務を負うにとどまる中小事業者においても、組織の長その他幹部からの影響力が不当に行使されることを防ぐためには、独立性を確保するしくみを設け

---

(5)　平成28年度民間事業者実態調査（65頁）によれば、「顧問弁護士を公益通報の窓口とすることは利益相反の観点から問題も指摘される」といった指摘に対し、19.1％の事業者が対策を講じているとのことである。対策の内容としては、「顧問弁護士には窓口業務のみを委託」「顧問契約とは別途に内部通報受付業務に関する契約を締結し、対応について明確にしている」「事務所自体は同じでも当社担当でない弁護士に依頼している」などがあげられている。

る必要性が高いことに留意する必要がある、との指摘がある（第3Ⅱ1⑵注16）。

⒞　社外窓口を設置する場合の工夫

　社外窓口を設置する場合、コストの観点から、たとえば、単独で法律事務所へ委託するのは困難な場合が想定される。そこで、その場合には、同業の複数の事業者（商店街や組合等を活用することも考えられる）で共通の通報窓口を設置したり、共同で法律事務所や民間の通報受付の専門会社等に委託したりするなどの方法でコストの低減をしつつ、制度の整備を図ることも選択肢の1つである。指針の解説においても、「中小企業の場合には、何社かが共同して事業者の外部（例えば、法律事務所や民間の専門機関等）に内部公益通報受付窓口を委託すること」や「事業者団体や同業者組合等の関係事業者共通の内部公益通報受付窓口を設けること」が例としてあげられている（第3Ⅱ1⑴④）。

⑹　従事者

⒜　従事者として定めなければならない者の範囲

　改正法の最も重要な事項の1つとして、事業者が、「公益通報を受け、当該公益通報に係る通報対象事実の調査をし、及びその是正に必要な措置をとる業務（公益通報対応業務）に従事する者（公益通報対応業務従事者）」（従事者）を定める義務を負うこととなった（法11条1項）。従事者は、正当な理由がなく、その公益通報対応業務に関して知り得た事項であって公益通報者を特定させるものを漏らしてはならないとの守秘義務を負う（法11条2項）。

　この従事者について、指針は、「内部公益通報受付窓口において受け付ける内部公益通報に関して公益通報対応業務を行う者であり、かつ、当該業務に関して公益通報者を特定させる事項を伝達される者を、従事者として定めなければならない」とする（第3・1）。

　まず、従事者として指定すべきなのは、「内部公益通報受付窓口において受け付ける」内部公益通報に関して公益通報対応業務を行う者、としている。たとえば、職制上のレポートラインによって部下から報告を受けた上司

は、「内部公益通報受付窓口において受け付ける」内部公益通報に関して公益通報対応業務を行う者ではないので、その上司を従事者として指定する必要はない。

　内部公益通報を「受け付ける」とは、内部公益通報受付窓口のものとして表示された連絡先（電話番号、メールアドレス等）に直接内部公益通報がされた場合だけではなく、たとえば、公益通報対応業務に従事する担当者個人のメールアドレスあてに内部公益通報があった場合等、実質的に同窓口において内部公益通報を受け付けたといえる場合を含む（指針の解説第３Ⅰ１注５）。

　次に、公益通報の受付、調査、是正に必要な措置について、主体的に行っておらず、かつ、重要部分について関与していない者は、「公益通報対応業務」を行っているとはいえないことから、従事者として定める対象には該当しない。たとえば、社内調査等におけるヒアリングの対象者、職場環境を改善する措置に職場内において参加する労働者等、製造物の品質不正事案に関する社内調査において品質の再検査を行う者等であって、公益通報の内容を伝えられたにとどまる者等は、公益通報の受付、調査、是正に必要な措置について、主体的に行っておらず、かつ、重要部分について関与していないことから、たとえ調査上の必要性に応じて公益通報者を特定させる事項を伝達されたとしても、従事者として定めるべき対象には該当しない。ただし、このような場合であっても、事業者における労働者等および役員として、内部規程に基づき範囲外共有（Ⅲ 8 ⑴）をしてはならない義務を負う（指針の解説第３Ⅰ１注８）。

　さらに、「公益通報者を特定させる事項」とは、公益通報をした人物が誰であるか「認識」することができる事項をいう。公益通報者の氏名、社員番号等のように当該人物に固有の事項を伝達される場合が典型例であるが、性別等の一般的な属性であっても、当該属性と他の事項とを照合させることにより、排他的に特定の人物が公益通報者であると判断できる場合には、該当する。「認識」とは刑罰法規の明確性の観点から、公益通報者を排他的に認識できることを指す（指針の解説第３Ⅰ１注６）。

　事業者は、内部公益通報受付窓口において受け付ける内部公益通報に関して公益通報対応業務を行うことを主たる職務とする部門の担当者を、従事者として定める必要がある（包括指定）。コンプライアンス部、総務部等の所属部署の名称にかかわらず、前述の指針本文で定める事項に該当する者であるか否かを実質的に判断して、従事者として定める必要がある（指針の解説第3Ⅰ1③）。

　また、それ以外の部門の担当者であっても、事案により前述の指針本文で定める事項に該当する場合には、必要が生じた都度、従事者として定める必要がある（個別指定）（指針の解説第3Ⅰ1③）。この個別指定はさまざまな場面でなされる可能性がある。たとえば、調査担当部署以外の者で、個別の案件に限り部分的に調査を担当するよう依頼されて調査を行う者や、法令違反行為について調査報告を受け、懲戒処分や是正措置等を決定する賞罰委員会、コンプライアンス委員会の委員等は、指針に定める要件に該当する場合には従事者として指定されなければならない。

(B) 従事者を定める方法

　従事者を定める際には、書面により指定をするなど、従事者の地位に就くことが従事者となる者自身に明らかとなる方法により定めなければならない（指針第3・2）。

　従事者に対して個別に通知する方法のほか、内部規程等において部署・部署内のチーム・役職等の特定の属性で指定することが考えられる。後者の場合においても、従事者の地位に就くことを従事者となる者自身に明らかにする必要がある。従事者を事業者外部に委託する際においても、同様に、従事者の地位に就くことが従事者となる者自身に明らかとなる方法により定める必要がある（指針第3・2③）。

(C) 従事者の能力・適性と従事者への教育

　実効性の高い内部公益通報制度を運用するためには、公益通報者対応、調査、事実認定、是正措置、再発防止、適正手続の確保、情報管理、周知啓発等に係る担当者の誠実・公正な取組と知識・スキルの向上が重要であるた

め、必要な能力・適性を有する者を従事者として配置することが重要である（指針の解説第3Ⅰ1注7）。

そのうえで、指針においては、「従事者に対しては、公益通報者を特定させる事項の取扱いについて、特に十分に教育を行う」とされており（第4・3(1)イ）、指針の解説では、「公益通報対応業務を担う従事者は、公益通報者を特定させる事項について刑事罰で担保された守秘義務を負うことを踏まえ、法及び内部公益通報対応体制について、特に十分に認識している必要がある」とされている（第3Ⅱ3(1)②）。

従事者に対する教育については、指針の解説において、以下のような要請や指摘がなされている（第3Ⅱ3(1)③）。

① たとえば、定期的な実施や実施状況の管理を行う等して、通常の労働者等および役員と比較して、特に実効的に行うことが求められる。

② 法12条の守秘義務の内容のほか、たとえば、通報の受付、調査、是正に必要な措置等の各局面における実践的なスキルについても教育すること等が考えられる。

③ 従事者に対する教育については、公益通報対応業務に従事する頻度等の実態に応じて内容が異なりうる。

社内窓口の場合には、窓口専門の担当者をおくことは多いとは思われず、窓口をおいた部門の従業員が、他の業務と兼任しつつ、時折入る通報に対応する、という形となろう。そのため、担当者がいざ実際の通報を受けて円滑に対応できるようにするためには、手順を十分に理解し、応対についても意識して訓練を行うことが求められる。規程や詳細なマニュアルを準備して担当者に熟読、反復理解を求めるのみならず、たとえば模擬的な通報を行い、これに対応するといった訓練を行うことも考えられる。特に、電話や面談による通報を受け付ける場合、短時間で口頭での通報内容を整理し、必要に応じてその場で質問や確認を行うといったスキルが求められるので、研修やセミナー等での訓練が必要となる場合もある。

社外窓口の場合は、外部の人間が担当することから、まずは外部委託先の

担当者に対し、自社の組織、業務内容などを説明し、十分に把握してもらうことが必要である。外部であるゆえ、スキルアップ等についてコントロールすることは困難であるが、通報処理の実績を踏まえ、不十分と思われる点は明確に指摘して改善を促すことでレベルの維持向上を図るべきであろう。

【書式1】従事者指定書の例　　　　　　出典：消費者庁ウェブサイト

（包括指定の例）

年　　　月　　　日

○　○　○　○　殿

従事者指定書
（包括指定）

株式会社○○○○

○　○　○　○　○㊞

従事者指定日：　　　年　　　月　　　日

　当社は、［公益通報者保護法第11条第1項 or ○○規程第○条第○項］に基づき、貴殿がコンプライアンス部に設置する○○窓口の担当者である期間、当該窓口に通報された公益通報者保護法に定める内部公益通報に該当する事案の処理に関し、貴殿を公益通報対応業務従事者として指定する。

以上

（個別指定の例）

年　　　月　　　日

○　○　○　○　殿

従事者指定書
（個別指定）

株式会社○○○○

○　○　○　○　○㊞

従事者指定日：　　　年　　　月　　　日

　当社は、［公益通報者保護法第11条第1項 or ○○規程第○条第○項］に基づき、コンプライアンス部に設置する○○窓口に通報された№○○○○の対象事案に関し、貴殿を公益通報対応業務従事者として指定する。

以上

3　通報者の範囲

⑴　通報者の範囲の定め方

(A)　基本的な考え方

　内部通報制度は、不正につながる事実を早期に把握し、自浄作用を働かせることによって、不正の未然防止や早期発見につなげることを主な目的として設けられるものである。

　このような内部通報制度の目的からすれば、通報者の範囲は、正社員などに限定するのではなく、自社の事業に関係する者を広く含めることが望ましい。また、通報者の範囲を限定しすぎた場合、社内の法令違反行為等がいきなり外部へ通報されるというリスクを増幅することにもなりかねない。そのためか、上述の対象者以外にも、従業員などの家族、出向者、消費者・顧客などを通報者の範囲に含める企業もある。セクハラやパワー・ハラスメント（以下、「パワハラ」という）による精神的ダメージから被害者自らの通報が期待できない場合も想定され、家族や親族を通報者の範囲に加えている企業はそのような事態も考慮しているものと思われる。

(B)　不正を認識し得ない者

　もっとも、他方で、通報者の範囲を、不正を具体的に認識し得ない者にまで広げてしまうと、思い込みやさらには虚偽の通報などにより、内部通報制度の適切な運用が阻害される可能性を否定できない。

　業務上想定される不正の内容やその不正を認識できる者の範囲は、企業の事業形態によって区々であるから、通報者の範囲は企業の実情に応じて個別に検討すべきである。通報者の範囲を検討するにあたっては、個々の企業において起こりうる不正とともに、当該不正を具体的に認識しうる者の洗い出しが必要である。

(C)　通報者の範囲に含めるか検討を要する者

　内部通報制度において、通報を行うことのできる者をどの範囲とするかは、さまざまな考え方がある。正社員や契約社員は通常は対象とするが、以

下の者について通報者として含めるかどうかは、検討が必要な場合もある。

なお、通報者の範囲は、通報を受け付ける担当者が通報を受理すべきか否かを判断する基準にもなるから、一義的かつ明確に定めるべきである。たとえば、「当社の利害関係者」などとして通報者の範囲を定めることは、制度の運用が不安定になりかねず、適切とはいえない。

(a) パート、アルバイト、派遣労働者

正社員・契約社員でないとか、いわゆる「非正規」であるからという理由で制度の利用を制限すべきではない。むしろ、パート・アルバイト・派遣労働者は、正社員から、コンプライアンスの問題になりうる違法行為や不適切な行為の指示を受けたり、不当な扱いを受けたりする可能性のある立場であり、対象とすべきである。

公益通報者保護法上、公益通報者に公益通報をした「労働者」が含まれるところ、労働者は労働基準法9条に規定する「労働者」をいうものとされている（法2条1項）。そして、労働基準法9条は、「労働者」について「職業の種類を問わず、事業又は事務所（以下『事業』という。）に使用される者で、賃金を支払われる者」と定義する。また、公益通報者保護法2条1項2号は、派遣労働者が労働者派遣の役務の提供を受ける事業者（つまり派遣先企業）における通報対象事実について通報する場合を公益通報の1つとして定義している。このように、同法では、パート、アルバイト、派遣社員も通報者として含めているのであり、内部通報制度の設計にあたっても、これらの者を通報者として対象とすべきである。

(b) 子会社、関連会社の従業員

前述（Ⅲ2(3)）のとおり、通報窓口をグループ会社共通としたり、親会社に一本化したりする場合もある。このような事業者においては、通報者には、子会社や関連会社の従業員も含めることとなろう。また、親会社とグループ会社それぞれに窓口をおく場合でも、企業グループ一体となったコンプライアンス経営の観点から、親会社の窓口にグループ会社の従業員が通報できるようにすることも有益である。

　　(c)　退職者

　従業員が退職前に知った違法・不正行為等について、退職後に通報することを考えることもある。在職中ならば立場等を考慮して通報できない場合でも、退職したことにより通報できる状況になることもある。

　改正法により、通報の日前1年以内に退職した者（労働者であった者または派遣労働者であった者）による通報も、公益通報となりうることとなった（法2条1項）。

　そのため、今後は、内部通報制度の設計にあたり、これらの者を通報者として対象とすべきである。

　　(d)　役　員

　取締役や監査役は、法令違反等を発見したときは、会社法上とりうる手段がある。たとえば、取締役が株式会社に著しい損害を及ぼすおそれのある事実があることを発見した場合の監査役や監査役会への報告義務（同法357条1項・2項）、取締役会の招集請求権・招集権（同法366条2項・3項）、監査役の業務調査権（同法381条2項）、取締役会への報告義務（同法382条）、取締役会での意見陳述権（同法383条1項）、取締役会の招集請求権・招集権（同条2項・3項）などの権限や義務があり、取締役や監査役は適時適切にこのような権限を行使して経営陣に対応を求めるべきである。

　もっとも、これらの権限を行使してもなお法令違反等が是正されないことがある。

　そこで、改正法では、役員（取締役、執行役、会計参与、監査役、理事、監事および清算人ならびにこれら以外の者で法令の規定に基づき法人の経営に従事している者（会計監査人を除く））が通報を行った場合も公益通報となりうるようになった（法2条1項4号）。

　そのため、内部通報制度の設計にあたっては、役員も通報者として対象とすべきである。

　　(e)　取引事業者、下請事業者等の従業員および役員

　取引事業者や、下請事業者等の従業員や役員は、部外者であるが、優越的

地位の濫用、下請法違反など、取引事業者等との関係で違法行為や不正行為が行われる可能性を考えると、取引事業者等の従業員や役員を通報者の範囲に含めることにより、法令違反等の発見、是正の契機とすることも考えられる。

　改正法では、「事業者が他の事業者との請負契約その他の契約に基づいて事業を行い、又は事業を行っていた場合において、当該業務に従事し、又は当該通報の日前1年以内に従事していた労働者若しくは労働者であった者又は派遣労働者若しくは派遣労働者であった者」や「事業者が他の事業者との請負契約その他の契約に基づいて事業を行う場合」における当該事業に従事する役員が「当該他の事業者」やその役員、従業員等についての通報対象事実を通報することも公益通報とされている（法2条1項3号・4号）。

　そのため、今後は、内部規程上は、通報者の範囲に含めない場合でも、取引事業者等の従業員や役員からの通報を受け付ける方法を検討すべきである。

(f)　従業員等の家族等

　家族等を通報者に含める必要があると考えられるのは、たとえば従業員がパワハラやセクハラの被害を受けており、自らが精神的に深く傷ついていて通報ができないような状況にある、といった場合である。こうしたケースで、従業員でないからといって通報を受け付けないとすると、むしろ被害が深刻な事案を放置する結果となりかねない。もっとも、あらゆる事案について通報者として認める必要はなく、規程上、家族等を通報者の定義に含めるべきとまではいえないが、少なくとも、家族が本人に代わって通報をすることがやむを得ないと認められる事案については、窓口において受け付けて対応するような運用を心がけるべきである。

　平成28年度民間事業者実態調査（36頁）によれば、通報者の範囲として家族を含める事業者の割合は6.3%である。

(2)　匿名による相談・通報の取扱い

　通報者の範囲を一定の範囲の者に限定した場合、通報が匿名によって行わ

れると、当該通報が、はたして通報が認められる者からの通報であるのか判断ができない。また、匿名での通報は、事実に基づかず、嫌がらせや誹謗中傷目的で行われる場合もあり、匿名通報を認めることは、内部通報制度の適切な運用を阻害するおそれを否定できない。そのほか、匿名通報を認めた場合には、以下のようなデメリットが考えられる。

①　詳細なヒアリングや補足資料が得られず、事実に基づく通報かどうかの確認や、詳細な調査が困難となる。

②　無関係な第三者による「なりすまし」の可能性がある。

③　通報者に対し、是正措置や再発防止策についてフィードバックをすることができない。

④　通報者が通報をした事実に基づいて不利益取扱いを受けているかどうかの確認ができない。

しかし、一方で、平成28年度労働者インターネット調査（16頁）によれば、労務提供先で法令違反行為等がなされていることを知った場合、労務提供先等に「通報・相談する」または「原則として通報・相談する」と回答した労働者のうち、名前を明らかにして通報すると回答した者は32.5％にとどまり、67.5％の者が匿名で通報すると回答している[6]。通報する側のこのような実態を踏まえれば、匿名通報を一切受け付けないとすることは、かえって内部通報制度が機能しないことになりかねない。

指針の解説においても、「内部公益通報対応の実効性を確保するため、匿名の内部公益通報も受け付けることが必要である。匿名の通報であっても、法第3条第1号及び第6条第1号に定める要件を満たす通報は、内部公益通報に含まれる」とされている（第3Ⅱ1(3)注19）。

したがって、匿名通報には前述のような問題はあるものの、匿名通報を受

---

[6]　平成28年度労働者インターネット調査（20頁）によれば、匿名で通報する理由として、66.9％の者が「不利益な取扱いを受けるおそれがある」こと、59.4％の者が「実名による通報には何となく不安がある」ことをあげている。なお、6.8％の者が「労務提供先が社内に設置している通報・相談窓口が信頼できない」と回答していることには留意する必要がある。

け付けないのは不適切である。不正につながる事実を早期に把握するという内部通報制度の目的に鑑み、匿名通報も通報として受理する必要がある。

匿名の場合には、調査やフィードバックが十分に行えない可能性があり、そうした点を規程等により周知することも考えられる。ただし、指針の解説においては、匿名の公益通報者との連絡をとる方法の例として、受け付けた際に個人が特定できないメールアドレスを利用して連絡するよう伝える、匿名での連絡を可能とするしくみ（社外窓口（内部公益通報受付窓口を事業者外部（外部委託先、親会社等）に設置した場合における当該窓口）から事業者に公益通報者の氏名等を伝えないしくみ、チャット等の専用のシステム等）を導入する等の方法があげられている（第３Ⅱ１(3)③）。また、匿名で公益通報者と事業者との間の連絡を仲介するサービスを提供する事業者も存在する（指針の解説第３Ⅱ１(3)注21）。こうした例を参考に、匿名の通報についてもコミュニケーションをとる工夫を講じることが望ましい。

【ケース・スタディ②】社外窓口の活用

氏名を明らかにして通報を行うことに対する通報者の不安を低減しつつ、匿名通報によって生ずる弊害を避けるための工夫の１つとして、法律事務所などの社外窓口を活用する方法がある。

通報者に対し、社外窓口へ通報する際には、氏名を明らかにすること（顕名）を求め、社外窓口から社内窓口へ通報内容を報告する際には、通報者の氏名を明かさず（匿名）、通報内容のみを報告するという運用である。

通報者の不安は、自分が通報したことが会社に知られるところにあるため、内部通報の窓口として社外窓口を設置する場合には、このような運用をすることにより、内部通報制度の実効性を向上させることが考えられる。

この方法によれば、通報後、通報者に対し、社外窓口を通じて、補充的な説明を求めることやヒアリングを実施することができ、通報された事実に関する効率的な調査が可能となる。また、通報後、通報者が会社から不利益な取扱いを受けていないかを確認することや、通報者に対し、通報を受けて会社がとった是正措置や再発防止策等の内容をフィードバックすることも可能となる。

(3) 対象者以外の者からの通報の取扱い

通報者の範囲を一定の範囲の者に限定した場合でも、実際には、対象者に該当しない者から通報がなされることがある。前述（Ⅲ 3 (1)参照）したような観点から通報者の範囲を検討し、定めたのであれば、対象者以外の者は、当該企業で生じうる不正について具体的に認識し得ない者であり、その者からの通報が事実である可能性は低いと一応考えられる。しかし、通報の内容が企業の不正に関するものであれば、通報者の範囲に含まれないという形式的な理由で拒絶するのは適当ではない。したがって、その場合には、不正につながる事実を早期に把握するという内部通報制度の目的に鑑み、通報として受理するのが適当といえる。

ただし、その場合、通報が虚偽や誹謗中傷等の不当な通報でないかどうかを確認して対応するような運用を心がけるべきである。

4　通報対象事実の範囲

(1) 通報対象事実の範囲の定め方

公益通報者保護法は通報対象事実を刑罰や行政罰が設けられた特定の法令における一定の違反行為に限定している（法 2 条 3 項）が、内部通報制度のもつ違法行為の是正、コンプライアンス経営の促進という目的に鑑みれば、内部通報における通報対象事実は、公益通報者保護法のように刑罰や行政罰が設けられた特定の法令に限定せず、少なくとも広く「法令に違反する行為」を対象とするのが適切である。また、違法行為の是正のみならず、予防・抑止の見地や、公益通報者保護法が、通報対象事実が現に生じている場合に加え、「まさに生じようとしている」場合の通報も保護の対象としてい

る（法２条１項）ことからすれば、現に生じた法令違反行為のみならず、こ
れから発生する可能性のある法令違反行為や、法令違反の疑いのある行為ま
でも含めることも考えられる。

　具体的な法令違反のケースとしては、たとえば、インサイダー取引（金融
商品取引法）、顧客リストの漏洩（個人情報保護法、不正競争防止法）、同業他
社との談合（独占禁止法）、下請先への代金支払いの遅延や受領拒否（下請
法）、長時間の残業（労働基準法）、反社会的勢力とのかかわり（暴力団排除に
関する条例）、取引先への便宜供与とリベート受け取り（刑法）、データの捏
造（関係する各種規制法令）等がある。

　また、コンプライアンスは法令のみならず社内外のさまざまな規範を遵守
することも射程にあるから、法令違反のみならず、就業規則その他の社内規
程、企業行動規範、企業倫理規範等の違反についても、広く相談・通報の対
象とするのが望ましい。たとえば、セクハラ、パワハラはもちろん、勤務時
間中の私用メールや無関係なウェブサイトの閲覧なども対象となりうる。さ
らに、「個人の生命、身体、財産等を害する行為」「当社の業務運営を害する
行為」「その他当社の名誉または社会的信用を害する行為」といった包括的
な行為を規定する例もある。

　このように、法令違反や倫理規範違反の行為を広く対象とし、かつ、従業
員等に、確実な違反行為と断定できなくとも、問題を発見し次第、通報・相
談することを奨励することにより、社内の問題がより早期に発見され、解決
の契機となる効果が期待できる[7]。

　他方で、外見上は通報対象事実に該当すると思われるものの、不正な目的
での通報等については対象とすべきではない。公益通報者保護法でも、「不
正の利益を得る目的、他人に損害を加える目的その他の不正の目的でなく」

通報することを公益通報の要件としている（法2条1項）。社内の規程において、不正の利益を得る目的や、会社や他の従業員等に損害を加える目的、その他不正の目的による通報を禁止し、かかる通報を行った者には、就業規則における処分を課す旨を告知する等の方策を講じるべきである（第4部Q3−1〜Q3−7参照）。

(2)　通報対象事実以外の事実に係る通報の取扱い（不満や悩みなど）

平成28年度民間事業者実態調査（52頁）によれば、内部通報制度を運用するうえでの課題や負担として、「通報というより不満や悩みの窓口となっている」ことをあげる企業が最も多い（35.7%）。この割合は従業員数の多い企業ほど高くなる傾向があるようである。この調査結果は、内部通報の対象を上述のように規定したとしても、内部通報制度の対象外の内容が持ち込まれ、通報窓口には相応の負担がかかるという実態を示している。

企業内の不正につながる事実を早期に把握するという内部通報制度の目的からすれば、それとは関係のない個人的な不満や悩みの類を受け付ける必要はない[8]。

しかし、通報の内容が内部通報制度の対象外の内容であることが一見して明らかな場合は別であるが、通報の内容が内部通報制度の対象となる通報であるか否かの判断は容易でないのが現実である（平成28年度民間事業者実態調査（52頁）によれば、内部通報制度を運用するうえでの課題や負担として、「保護すべき通報かどうかの判断が難しい」ことをあげる企業が少なからず存在する（14.5%））。にもかかわらず、そのような通報を内部通報制度の対象外のものとして一律に門前払いするような運用は、従業員の内部通報制度に対する信頼を失わせ、従業員が内部通報制度の利用を躊躇する結果にもつながりかねない。また、通報対象事実でなかったとしても、指摘された問題の解決が職場環境の改善につながる場合も考えられる。さらに、不満の中でも特に人事に対する不満については、たとえば転勤等を伴う場合、従業員の生活環境

---

[8]　平成28年度民間事業者実態調査によれば、「個人的な相談」を通報対象の範囲に含めている企業も存在するようである（39頁）。

等に影響を及ぼす可能性もある事柄であり、保護すべき通報であるか否かの判断は慎重に行う必要がある。

通報窓口としては、内部通報制度の利用の理想と現実にはギャップが存在することを受け止める必要がある。そのうえで、個々の通報に対し、真摯に対応することが、従業員の内部通報制度に対する信頼の醸成につながり、ひいては、コンプライアンス経営や企業防衛に有益な情報が提供されることにつながるということを認識すべきである。通報窓口の不適切な対応は、コンプライアンス経営にとって有益な情報を得られないことにもつながりかねないことに留意すべきである。

5　通報の方法・手段（受付媒体）

内部通報を受け付ける方法としては、電話、ファクシミリ、電子メール、書面（封書）の提出・郵送、面談が考えられる、このほかにも、社内イントラネットやウェブサイト内の専用フォームにおいて通報を受け付ける方法も考えられる。

このように、通報の方法にはさまざまなものがあり、企業の実情に応じて、そのいずれかまたは複数を選択すればよい。ただし、その際には、それぞれの方法がもつ、以下のようなメリット・デメリットを勘案する必要がある。

なお、通報を受け付けた場合（特に電話や面談で通報を受けた場合）には、通報内容を記録する必要があるが、規程集には、通報内容を記録するための通報受付票の例が掲載されている。

【書式２】通報受付票の例　　　　　　　　　出典：規程集151頁

通 報 受 付 票

通報日時	年　　月　　日　　時　　分	受付担当者	
通報の方法	電話・電子メール・FAX・郵送・面会・他（　　　　　　）		
通報者名			（　　・匿名）
通報者の所属			

通報内容
　①通報対象者：　　　　　　　　　　　　　部署：
　②不正の内容
　　　いつ
　　　どこで
　　　どのような
　③不正事実は：（生じている・生じようとしている・その他（　　　　　　））
　④対象となる法令違反等：
　⑤証拠書類等：（有（書面・テープ・フロッピーその他（　　　　　　））・無）
　⑥本通報窓口以外への通報・相談の有無：（有（上司・その他（　　　））・無）
　⑦特記事項

留意事項			
通報者への連絡方法	電話（自宅・職場・携帯・他（　）)・メール（自宅・職場・他（　）) FAX（自宅・他（　）)・郵送（自宅・職場・他（　）)・他（　）		
連絡先		担当者	責任者
通報受領の通知	不要・月　日	責任者への報告日　　月　日	

通 報 事 実 の 検 討

通報対象事実を裏付ける証拠等は	十分・不足（　　　　　　　　　　）		
通報者への証拠等の追加の要請	月　日	手段	電話・メール・郵送・面談 その他（　　　　）
通報者からの証拠等の追加の提供	有（　　　　）・無		月　日
調査の必要性の有無	有・無	調査開始の決定日	月　日
通報者への調査を行う旨の通知日	月　日	調査担当者への回付日	月　日
		担当者	責任者

(1) 電 話

電話による口頭での通報は、通報者からすれば、電子メールや書面などを利用した通報の場合のように文章を作成する負担や、面談の場合のように担当者と顔を合わせなければならないという心理的な負担も少なく、最も簡便で利用しやすい方法といえる。緊急を要する場合の通報にも有効である。

しかし、電話の場合には、担当者の応対や通報者との会話の内容が、隣接する他部門の者など、内部通報制度とは関係のない部門の者に聞かれてしまい、通報者が特定される可能性や、通報の内容が漏洩する可能性を否定できない。このような事態は内部通報制度の信頼性に悪影響を与えかねない。

そこで、電話を通報方法として採用する場合には、内部通報を処理する部門を他の部門と遮蔽した場所に配置するといった措置や、通報専用の受信回線を用意し、その回線が利用された場合は、他部門から遮蔽された別の場所で通報に対応できる体制をとるなど、上述のような弊害が生じないような措置を講じることを検討すべきである。

なお、上述のような情報漏洩の可能性をおくとしても、電話の場合、簡便に利用できる反面、通報者が通報内容を整理しないまま、漫然と通報することも考えられる。そして、そのような通報を的確に整理し、事案を把握するには、通報窓口の担当者に相応のスキルが求められる。担当者には、セミナーや研修会への参加などのトレーニングを施し、スキルを積ませることを検討するのが望ましい。もっとも、通報窓口の担当者に相応のスキルが求められること、そのためのトレーニングの必要性は、電話以外の方法で通報を受け付ける場合も同様である。

┌─【ケース・スタディ③】通報の方法の工夫例(1)──電話による通報の場合─

内部通報を電話で受け付けることを想定する場合、口頭でなされる通報の内容を的確に整理し、事案を把握するため、通報窓口の担当者に相応のスキルが求められること、そのために、担当者にセミナーや研修会への参加など独自のトレーニングを施すことが望ましいことは上述のとおりである。

もっとも、トレーニングはコストを伴うものであり、実施することが容易

ではない企業も存在するはずである。

　そこで、社内窓口と社外窓口のいずれをも設置している場合には、口頭での通報の内容を整理し、把握することに長けている社外窓口（法律事務所や通報受付の専門会社）に限って電話での通報を認め、社内窓口に対しては、電話以外の方法による通報を認めるという方法が考えられる。また、その際には通報窓口（社内・社外）の担当者の顔写真を掲載することにより、通報に対する心理的負担を軽減するという工夫も考えられるところである（ケース・スタディ⑤参照）。

【ヘルプライン窓口担当者のご紹介】
（社外窓口）

担当者　　　　　　　弁護士　外部　一郎　　　　弁護士　外部　花子

電話	○○－○○○○－○○○○	○○－○○○○－○○○○
ＦＡＸ	○○－○○○○－○○○○	○○－○○○○－○○○○
Ｅメールアドレス	○○○○@○○ .co.jp	○○○○@○○ .co.jp

（社内窓口）

担当者　　　　　　　内部　二郎　　　　　　　内部　良子

Ｅメールアドレス	○○○○@○○ .co.jp
封書宛先	〒○○○－○○○○
	東京都○○区○丁目○番○号　㈱○○　○○部

(2)　電子メール、イントラネット

電子メールでの通報は、通報者にとっての利便性も高く、また、通報の内

容が文章化されるため、通報窓口にとっても、通報の内容を把握しやすい。電子メール自体を保管することで通報を整理できるという点でも効率的な方法である。追加の調査やフィードバックのための後日のやりとりも容易である。通報者にとっても、面談のように担当者と顔を合わせなければならないという心理的な負担もない。匿名通報の場合に、フリーメールを利用すれば、社内メールを利用する場合と比べ、通報者が特定されるおそれも低くなる。規程集において、通報方法として、電子メールを採用している例が最も多いのはこのような理由によるものと考えられる。

　もっとも、電子メールの場合、誤送信により、外部の第三者に通報内容が漏洩するなどのリスクが残ることには留意する必要がある。このリスクを回避するためには、たとえば、社内イントラやウェブサイト内の専用フォームにおいて通報を受け付ける方法が考えられる。この場合、受付ページには社内の不特定多数の者がアクセスできないようにシステムを構築する必要がある。

(3)　書面の提出（封書・郵便）

　書面による通報は、電子メールの場合と同様、通報者が通報の内容を文章化するため、通報窓口にとっては、通報の内容を把握しやすいという利点がある。また、電子メールの場合に考えられる上述のような誤送信やハッキングによる外部の第三者への通報内容の漏洩の可能性も低い。

　もっとも、書面での通報は、匿名で送付された場合、窓口としては、追加の質問・確認やフィードバックが困難となる。また、通報者にとっては、文章を作成する手間のほか、郵送の場合には切手を貼り、郵便ポストに投函するという手間を要し、電子メールに比べて利便性に欠ける面があることは否めない。

　なお、規程集には、通報者が書面等で通報をする場合の通報フォーマットの例が掲載されている。これをもとに通報フォーマットを用意することも考えられる。

【書式３】通報フォーマットの例

出典：規程集150頁

通 報 票

通報者の氏名		（・匿名）	本用紙に記載した日	月 日
通報者の所属				
希望する 連絡方法	電話（自宅・職場・携帯・他（ ））・メール（自宅・職場・他（ ）） FAX（自宅・他（ ））・郵送（自宅・職場・他（ ））・他（ ）			
連絡先				

連絡内容

①通報対象者：

部署：

②通報対象事実は：（生じている・生じようとしている・その他（
）　　　　　　　　　　　　　　　　　　　　　　　　　　　　）

いつ

どこで

何を

どのように

何のために

なぜ生じたか

対象となる法令違反等

③通報対象事実を知った経緯：

④通報対象事実に対する考え：

⑤特記事項：

証拠害類等の用意（有（ ）・無）
結果の通知（希望する・希望しない）（※匿名での通報の場合は通知できません）

※通報内容を整理するために使用してください。（この書面を郵送・メールで送っていただいてもかまいません）。
※あなたの分かる範囲で記入してください。（全てを埋める必要はありません。）
※できる限り実名での通報にご協力ください。（匿名の場合、調査結果の通知等が出来ません。又は、事実関係の調査を十分に行うことが出来ない可能性があります。）

【ケース・スタディ④】通報の方法の工夫例(2)──郵送による通報の場合

　前述のとおり、書面を郵送して行う通報には、通報の内容を文章にする手間のほか、切手を貼り、郵便ポストに投函するという手間がかかる。また、通報者にとっては通報する書面の形式（フォーム）も気になるところである。

　そこで、通報日時、通報者の氏名、通報内容等、通報に必要な記載事項欄を設けた通報フォームの裏面に、通報窓口の郵便番号、住所、宛先を印字した通報用紙兼封筒を作成し、通報者が必要事項を記載したうえで、その用紙を糊付けして封筒にすれば、すぐに投函できるような運用をすることが考えられる（料金別納制度を利用し、料金別納表示を通報フォームに事前に印刷しておけば、切手を貼る手間も省くことができる）。通報用紙兼封筒のカラーや内容を定期的に刷新し、その都度、社内に周知すれば、内部通報制度に対する社内の注目度も向上することが期待できる。

　また、同様のフォームをイントラネット上等に用意して、通報者はそれをダウンロードして利用できるといった工夫することも考えられる。

　このような運用は、上述のような通報者の手間をできる限り少なくするとともに、内部通報制度の実効性を高めるうえで有効である。

〈通報用紙兼封筒の一例〉

| 社内配布またはイントラネット上からダウンロードした通報用紙兼封筒を準備する。 | 必要事項を記入する。 | 通報用紙兼封筒を折りたたみ、封筒作成のための、のりしろ部分の接着をして封筒を完成させる。 | 切手を貼って（※料金別納制度を利用する場合は不要）投函する。 |

⑷　面　談

　面談による通報は、通報内容のニュアンスを含めた説明が可能であり、通報者にとっても通報窓口の担当者にとっても、通報内容の説明や理解のうえで効果的といえる。

　もっとも、通報者にとっては、担当者と顔を合わせなければならないこと

から、心理的な負担が生じ、このことが内部通報制度を利用するうえでの障害となる可能性もある。そのため、通報方法として面談のみを採用することは適切とはいえない。通報方法として、面談を採用する場合には、複数の通報方法の中の１つとして位置付けるのが望ましい。

　また、特に、社内窓口の担当者には、通報者を委縮させたり傷つけたりせず、十分に話を聞き、適切に情報を収集するといったスキルが求められる。

6　通報受領の通知（電子メールや書面の場合）

　電話や面談による場合は別であるが、電子メールや書面等、通報者が通報窓口への通報の到達を確認できない方法によって内部通報がなされた場合には、匿名の場合など通知不可能なケースでない限り、通報者に通報窓口が通報を受け付けたことを通知することが望ましい。

7　利益相反の排除

⑴　利益相反排除の必要性

　内部通報制度は、通報者から社内の不正行為に関する通報を受けてその是正を図るためのプロセスであるが、万が一、通報の受付窓口が不正行為の実行者や加担者であった場合には、通報をしても不正行為がもみ消されるおそれや、かえって通報者が報復人事などの不利益を受ける危険がある。そして、そのような場合には、通報したくても通報をためらう者が生じかねない。これでは内部通報制度は画餅に帰する。そこで、通報の受付窓口は、通報対象事実との関係で利益相反が生じにくい部署に設置することが求められる。

　また、通報対応において利益相反関係を排除するという要請は、受付窓口にとどまらない。通報後の事実関係の調査や、調査結果を受けた是正措置、社内関係者の処分等の各局面においても、不正行為のもみ消し、不十分な是正措置や処分しかなされないなどのおそれがありうるからである。

⑵　利益相反排除のための措置

　指針は、「内部公益通報受付窓口において受け付ける内部公益通報に関し行われる公益通報対応業務について、事案に関係する者を公益通報対応業務に関与させない措置をとる」と規定している（第４・１⑷）。

　ここでいう「事案に関係する者」の意味について、指針の解説は、「公正な公益通報対応業務の実施を阻害する者をいう。典型的には、法令違反行為の発覚や調査の結果により実質的に不利益を受ける者、公益通報者や被通報者（法令違反行為を行った、行っている又は行おうとしているとして公益通報された者）と一定の親族関係がある者等が考えられる」としている。

　指針が適用される前に存在した民間事業者向けガイドラインも、「内部通報制度の信頼性及び実効性を確保するため、受付担当者、調査担当者その他通報対応に従事する者及び被通報者（その者が法令違反等を行った、行っている又は行おうとしていると通報された者をいう。以下同じ。）は、自らが関係する通報事案の調査・是正措置等に関与してはならない」と規定し（Ⅱ１⑶）、ここでいう「自らが関係する」の意味について、消費者庁がウェブサイトで公表しているQ&A集においては、たとえば、通報受付担当者、調査担当者その他の通報対応に従事する者が次に該当する場合などが想定されるとされている（Q28）。

①　法令違反行為を行った当事者である。

②　法令違反行為の意思決定に関与した。

③　以前法令違反行為が行われた部署に勤務していた。

④　法令違反行為を行った者の親族である。

　指針の解説は、「想定すべき『事案に関係する者』の範囲については、内部規程において具体的に例示をしておくことが望ましい」と規定しており（第３Ⅱ１⑷④）、①〜④に掲げる者らを通報対応業務に従事させない旨を社内規程に明記しておくことも考えられる。

　以上のように、通報対象者や通報対象事実と関係のある者を、通報対応のあらゆる局面において関与をさせないことが必要となるが、最も対応が難し

いのが通報受付窓口における利益相反排除である。通報の受付担当者やその所属部署が法令違反行為等を行っているという内容の通報を想定した場合、同担当者や同部署においてその通報を受け付けたり、通報者から事情を聞いたりすることができず、通報対応が滞ることになってしまうし、そもそも、通報者にしても、法令違反行為等を行っている担当者や部署に対して通報などできないと考えるであろう。このような通報受付時の利益相反排除の観点からも、前述（Ⅲ 2⑵）のように、社外にも通報受付窓口を設置することが有益な方法といえる。社外に通報窓口を設ける際に、顧問弁護士を通報受付窓口とすることについては、指針の解説は「顧問弁護士に内部公益通報をすることを躊躇（ちゅうちょ）する者が存在し、そのことが通報対象事実の早期把握を妨げるおそれがあることにも留意する。また、顧問弁護士を内部公益通報受付窓口とする場合には、例えば、その旨を労働者等及び役員並びに退職者向けに明示する等により、内部公益通報受付窓口の利用者が通報先を選択するに当たっての判断に資する情報を提供することが望ましい」と規定している（第3Ⅱ 1⑷④）。顧問弁護士は、会社と契約を結び会社から顧問料を受け取る立場であるから、通報者と会社の利害が正面から衝突する場合に通報者よりも会社の利益を優先させざるを得ない場合も生じうる。従業員の立場からみて通報しやすい通報受付窓口のあり方を考えるうえでは、上記の指針の解説にも留意が必要である（ケース・スタディ①参照）。

　また、通報対応業務のスキルがある従業員の数や会社組織の状況等によっては、「事案に関係する者」を通報対応業務から完全に排除することが困難な場合も生じうる。この点、指針の解説は「『事案に関係する者』であっても、例えば、公正さが確保できる部署のモニタリングを受けながら対応をする等、実質的に公正な公益通報対応業務の実施を阻害しない措置がとられている場合には、その関与を妨げるものではない」と規定している（第3Ⅱ 1⑷③）。「事案に関係する者」の通報対象事実への関与度合いにもよるが、上記の指針の解説を参考にして、他部署からの厳格なモニタリングを確保した上で「事案に関係する者」を一定の通報対応業務に関与させることもありう

る。

8 匿名性の確保・秘密保持

(1) 匿名性確保・秘密保持の重要性

内部通報制度の実効性を高めるためには、通報者の匿名性を確保し、通報に係る秘密を保持することがきわめて重要である。通報者の氏名等が職場内に漏洩し通報者が特定されてしまうと、通報者に対する嫌がらせや報復等の不利益な取扱いにつながる危険があるし、そのような危険があると考えれば、通報しようと思う者も通報を躊躇してしまうであろう。そこで、内部通報制度を構築し運用するにあたっては、通報者の匿名性を確保し、通報に係る秘密の保持を徹底することがきわめて重要となる。平成28年度民間事業者実態調査（34頁）によれば、内部通報の信頼性や安心感を向上させるための方策として、「秘密が守られることを従業員に周知している」（82.7％）、「窓口担当者に守秘義務を課している」（81.9％）が上位を占める。

公益通報者保護法の制定時においてもこの点は重要視され、法案に対する附帯決議として、「公益通報を受けた事業者及び行政機関は、公益通報者の個人情報を漏らすことがあってはならないこと」（衆議院内閣委員会）、「公益通報者の氏名等個人情報の漏えいが、公益通報者に対する不利益な取扱いにつながるおそれがあることの重大性にかんがみ、公益通報を受けた者が、公益通報者の個人情報の保護に万全を期するよう措置すること」（参議院内閣委員会）という決議がされていた[9]。

また、指針の解説においても、「労働者等及び役員並びに退職者が通報対

---

[9] 平成28年度民間事業者実態調査（60頁）でも、公益通報者保護制度の実効性を向上させるために必要な措置としてあげられたものとしては、「通報者氏名・所属等の秘密保持が徹底され、通報者の匿名性が確実に守られること」（44.2％）の割合が最も高い。また、平成28年度労働者インターネット調査（65頁）でも、「通報者氏名・所属等の秘密保持が徹底され、通報者の匿名性が確実に守られること」（27.1％）は「通報を理由とする解雇等の不利益取扱いから保護される通報者の範囲を、労働者だけでなく、退職者や役員等にも広げること」（38.6％）に次いで割合が高い。

象事実を知ったとしても、自らが公益通報したことが他者に知られる懸念が
あれば、公益通報を行うことを躊躇（ちゅうちょ）することが想定される。
このような事態を防ぐためには、範囲外共有[10]や通報者の探索[11]をあらか
じめ防止するための措置が必要である」とされ（第3Ⅱ2(2)②）、通報に係
る秘密保持の重要性が強調されている。

　このように、内部通報制度の実効性を確保するためにも通報者の匿名性を
確保し秘密保持を徹底することが要請される。指針においてもこの点が強く
意識され、次の規定が設けられた（第4・2）。

> 2　事業者は、公益通報者を保護する体制の整備として、次の措置を
> とらなければならない。
> (1)　（略）
> (2)　範囲外共有等の防止に関する措置
> 　　イ　事業者の労働者及び役員等が範囲外共有を行うことを防ぐため
> 　　　の措置をとり、範囲外共有が行われた場合には、適切な救済・回
> 　　　復の措置をとる。
> 　　ロ　事業者の労働者及び役員等が、公益通報者を特定した上でなけ
> 　　　れば必要性の高い調査が実施できないなどのやむを得ない場合を
> 　　　除いて、通報者の探索を行うことを防ぐための措置をとる。
> 　　ハ　範囲外共有や通報者の探索が行われた場合に、当該行為を行っ
> 　　　た労働者及び役員等に対して、行為態様、被害の程度、その他情
> 　　　状等の諸般の事情を考慮して、懲戒処分その他の適切な措置をと
> 　　　る。

　また、改正法は、従事者または従事者であった者は、正当な理由がなくそ

---

[10]　「範囲外共有」とは、公益通報者を特定させる事項を必要最小限の範囲を超えて共有する行
　　為をいう（指針第2）。
[11]　「通報者の探索」とは、公益通報者を特定しようとする行為をいう（指針第2）。

の公益通報対応業務に関して知り得た事項であって公益通報者を特定させるものを漏らしてはならないと規定し（法12条）、これに違反すると30万円以下の罰金に処される（法21条）。加えて、通報に対応する担当者が通報者の氏名や通報内容を第三者に漏洩した場合には、次の裁判例のように、通報者に対する損害賠償義務が生じかねない点についても留意が必要である。

《裁判例》

●**日本マクドナルド事件**（大阪高判平24・6・15労働判例ジャーナル8号10頁（原審：神戸地尼崎支判平23・9・30））

コンプライアンスホットラインの相談窓口担当者が相談内容を第三者に漏洩したことが相談者の法的利益の侵害にあたるとして、相談者の会社に対する損害賠償請求を認容した事例

〈概要〉　Xは、Y会社とフランチャイズ契約を締結していたA会社の店舗に勤務していたが、同店舗がYの直営店になることとなった際にその後の雇用を拒否されたことについてYのコンプライアンスホットラインに相談したところ、ホットライン担当者らがXの相談内容を第三者に漏洩したとして、Yおよびその代表者に対し、相談内容を漏らさないという合意に反し債務不履行または不法行為であるとして損害賠償等を求めた事案。

〈判旨〉　Yは、コンプライアンスに関する質問・相談窓口としてコンプライアンスホットラインを開設し、これを社内やフランチャイズ店従業員に周知し、相談者のプライバシーは厳守されるとしてその利用を呼びかけ、Y内部においても、通報者の秘密保持、プライバシーは尊重され、通報により不利益を受けることは絶対になく、通報者の氏名等の情報がコンプライアンス委員会の必要最小限のメンバー以外に開示されることはないと定められていたのであるから、コンプライアンスホットライン担当者は、相談者の氏名、相談内容を秘匿すべき義務を負い、相談者は、その氏名や相談内容を秘匿してもらえることについての法的利益を有しているところ、当該担当者が第三者に相談内容を伝えたことは、当該義務違反であり、氏名や相談内容を秘匿してもらえることについてのXの当該法的利益が侵害されたと認められるとして、Yに対して損害賠償請求のうち一部の支払いを命じた。

（事案の概要および判旨は「公益通報者保護制度に関する実態調査報告書」（平成25年6月消費者庁消費者制度課）の「（参考）公益通報関連裁判例等一覧」より引用）

(2) 匿名性確保・秘密保持のための措置

　それでは、通報者の匿名性を確保し、通報に係る秘密保持を徹底するために、どのような措置を講じればよいか。実務上、さまざまな工夫がありうるが、主に次のようなものをあげることができる（通報に係る秘密保持を徹底するための工夫については、指針の解説第3Ⅱ2(2)が詳しいので、以下の記述はこれによるところが大きい）。

(A) 匿名での通報の許容

　まず、実名での通報のみならず、匿名でも通報を受け付けるしくみにすることが必要である。指針の解説においても、「内部公益通報対応の実効性を確保するため、匿名の内部公益通報も受け付けることが必要である。匿名の公益通報者との連絡をとる方法として、例えば、受け付けた際に個人が特定できないメールアドレスを利用して連絡するよう伝える、匿名での連絡を可能とする仕組み（外部窓口から事業者に公益通報者の氏名等を伝えない仕組み、チャット等の専用のシステム等）を導入する等の方法が考えられる」（第3Ⅱ1(3)③）とされている。

　平成28年度労働者インターネット調査（16頁、20頁）によれば、労働者に実名と匿名のいずれで通報を行うかを尋ねたところ、「実名」との回答が32.5%、「匿名」との回答が67.5%であり、匿名で通報しようと思う理由としては、「不利益な取扱いを受けるおそれがある」（66.9%）、「実名による通報には何となく不安がある」（59.4%）の割合が高い。

　以上の点を踏まえると、確かに匿名通報には前述（Ⅲ3(2)）のような不都合もある点に留意が必要ではあるが、社内窓口への通報については匿名を許容しつつ、社外窓口への通報は実名で行わせることとしたり（ケース・スタディ②参照）、匿名通報であっても通報者と通報窓口担当者が双方向で情報伝達を行いうるしくみを導入する（たとえば、匿名性を維持しつつ電子メール（フリーメールの使用など）やファクシミリを通じた相互交信が可能なようにするなど）の運用上の工夫が求められる。

(B) 通報に係る情報を共有する人的範囲の限定

通報者の所属や氏名等の通報者を特定する情報が必要最小限の範囲を超えて社内外に共有されてしまうこと（範囲外共有）を防ぐためには、情報に接する者を限定することが重要である。そのために、たとえば次のような措置を講じることが考えられる。

① 通報に係る情報を共有する者の範囲を必要最小限に限定する。

② 通報を受け付ける際には、専用の電話番号や専用メールアドレスを設ける、勤務時間外に個室や事業所外で面談する。

③ 通報者の所属・氏名等や当該事案が通報を端緒とするものであること等の通報者の特定につながりうる情報は、通報者の書面等による明示の同意がない限り、情報共有が許される範囲外には開示しない。通報者の同意を取得する際には、開示する目的・範囲、当該情報を開示することによって生じうる不利益について明確に説明する。

④ 実効的な調査・是正措置を行うために経営幹部や調査協力者等に対して通報者の特定につながりうる情報を伝達することが真に不可欠である場合には、通報者からの上記同意を取得することに加えて、伝達する範囲を必要最小限に限定するとともに、伝達相手にはあらかじめ秘密保持を誓約させる。

⑤ 調査の実施にあたっては、通報者等の特定につながりうる情報については、真に必要不可欠でない限り、調査担当者にも情報共有を行わないようにする。

(C) 通報に係る秘密情報の物理的・技術的管理

通報対応の過程では、通報受付票、関係者からの事情聴取書、各種の証拠物件や電磁的記録等が収集・作成されることになる。通報に係る情報が含まれたこれらの記録や資料が不用意に漏洩することのないよう、たとえば次のような措置を講じて物理的・技術的管理を徹底することが求められる。

① 通報事案に係る記録・資料を閲覧・共有することが可能な者を必要最小限に限定し、その範囲を明確に確認する。電磁的記録については、ア

クセス権を有する者を必要最小限に限定したり、適切なパスワードを付す。

② 通報事案に係る記録・資料は施錠管理する。

③ 記録・資料中の関係者の固有名詞を仮称表記にする。

④ 電磁的記録の加工・操作・閲覧については履歴を記録する。

⑤ 記録の保管方法やアクセス権限等を社内規程において明確にする。

(D) 調査の実施方法における工夫

事実関係の調査においては、社内の者から協力を得なければならないし、関係者から事情聴取もしなければならないが、そのような調査の過程で通報者の所属部署や通報者が誰であるかが推知され、または特定されてしまうおそれがある。通報者が特定されることをできる限り防ぐためには、調査が通報を端緒として行われていることに気づかれないような工夫をすることが望ましい。そのための工夫として次のようなものがあげられる。なお、監査の形で調査を行う場合、調査には内部監査担当部署の協力を仰ぐことになる。

① （タイミングが合う場合には）定期監査と合わせて調査を行う。

② 抜き打ちの監査を装う。

③ 該当部署以外の部署にもダミーの調査を行う。

④ 核心部分ではなく周辺部分から調査を開始する。

⑤ 組織内のコンプライアンスの状況に関する匿名のアンケートを、すべての従業員を対象に定期的に行う。

(E) 外部の第三者の活用

前述（Ⅲ7）のように、社外に通報窓口を設けることは利益相反排除のためにも有益であるが、通報者の匿名性を確保するうえでも有効に機能する。社内には匿名としつつ、社外窓口への通報は実名で行わせる運用にする場合（ケース・スタディ②参照）、社外窓口を務める弁護士等は、社内窓口その他の会社への情報伝達に際して秘密保持を厳守しなければならず、通報者の特定につながりうる情報を社内に開示するときは、開示する目的・範囲や開示対象者等を通報者に伝えたうえで、通報者の書面等による明示の同意を事前

に取得することが想定されるからである。

(F) 通報者の探索の禁止、秘密保持の周知等

内部通報制度全体の信頼性を確保するため、通報に係る情報が守られるべきものであることや通報者を探索する行為が禁じられること（そしてこれらの違反が懲戒処分の対象となること）を社内規程に定め、役職員に周知しておくことが必要である。また、通報事案の関係者に対しては機会をとらえて個別に注意喚起を行うことが必要である。

加えて、通報者自身から情報が漏れてしまうことにより通報者が特定されてしまう可能性もあることから、通報者本人にも情報管理に気をつけるよう十分に理解してもらうことが望ましい。

Point 匿名性確保・秘密保持のための措置

① 匿名での通報の許容
② 通報に係る秘密情報を共有する人的範囲の限定
③ 通報に係る秘密情報の物理的・技術的管理
④ 調査の実施方法における工夫
⑤ 外部の第三者の活用
⑥ 通報者の探索の禁止、秘密保持の周知等

---

9 リニエンシー制度の導入

リニエンシーとは、法令違反等の不正行為を自主的に申告し、事実関係の調査に協力をした通報者等に対して、懲戒処分の減免を認める制度をいう。

不正行為をした者が自ら通報してきたからといって、その者に対する懲戒処分を減免することに抵抗感を覚える者は少なくないものと思われる。しかし、内部通報制度は、通報によって社内に存在する不正行為やそのおそれを早期に発見し、これを是正するという自浄作用を働かせるためのプロセスであるから、リニエンシー制度を導入することにより違反行為者からの自主的な通報を促したほうが、会社にとっては有益である（違反行為が重大な事態

に発展する前の軽微なうちに是正をしたほうが、会社にとっては損失を最小限度に抑えることができる）という考え方もある。

このような考え方から、近時は内部通報制度においてリニエンシーを導入したほうが効果が期待できるという見方が強くなってきている。指針の解説も「法令違反等に係る情報を可及的速やかに把握し、コンプライアンス経営の推進を図るため、法令違反等に関与した者が、自主的な通報や調査協力をする等、問題の早期発見・解決に協力した場合には、例えば、その状況に応じて、当該者に対する懲戒処分等を減免することができる仕組みを整備すること等も考えられる」としている（第3Ⅱ1(3)④）。

参考になる裁判例として、次のように、懲戒免職処分を受けた公務員がその取消しを求めた事案において、当人がした内部告発により不正行為の是正が図られたことを当人に有利な事情として考慮すべきと判示したものがある。

《裁判例》

●**大阪市（河川事務所職員、懲戒免職）事件**（大阪地判平24・8・29労判1060号37頁）

内部告発により不正行為の是正が図られたことを懲戒処分の選択にあたり違反行為者に有利な事情として考慮すべきとした事例

〈概要〉　大阪市（Y）の職員Xは、清掃作業中に拾得した金品を同僚が着服していると大阪市議会議員に内部告発したが、X自らも金品を領得していたとして大阪市長から懲戒免職処分を受けた。Xが、Yに対し、懲戒免職処分はその理由としている事実の誤認に加え、裁量権の逸脱または濫用の違法があるから無効であるとして、同処分の取消しを求めた事案。

〈判旨〉　Xが内部告発をしたことで、本件領得行為の違法性が直ちに減少するとはいいがたいが、少なくともXが内部告発を行った結果、不正行為の調査が行われ、不正行為の実態が明らかとなり、清掃作業中に発見された物等の取扱いが明確化されるなど、その是正が図られたものであって、この点は、懲戒処分の選択にあたりXに有利な事情として考慮すべきことは明らかである。

┌─ **Point**　リニエンシー制度導入にあたってのポイント ─
│
│　①　リニエンシー制度を導入することにより違反行為者からの自主的な通報
│　　を促したほうが、会社にとっては有益である（違反行為が重大な事態に発
│　　展する前の軽微なうちに是正をしたほうが、会社にとっては損失を最小限
│　　度に抑えることができる）との考え方が強まってきている。
│　②　リニエンシー制度を導入する場合、内部通報制度に係る社内規程にその
│　　旨を定め（第3章14参照）、社内に周知することが求められる。
└────────────────────────

10　内部通報制度の見直し・改善

　内部通報制度は、窓口をおき、規程を制定して運用すればよいというものではなく、運用に際して生じた問題点や、役員や従業員等に自社の内部通報制度が十分に周知されているかどうか、などを確認し、必要に応じて制度の是正・改善を行うべきである。

　公益通報に関して、指針は、内部公益通報対応体制の定期的な評価・点検を実施し、必要に応じて内部公益通報対応体制の改善を行う措置を講じる旨を定めている（第4・3(3)ロ）。

　定期的な評価・点検の方法の例として、指針の解説は、以下のようなものをあげている（第3Ⅱ3(3)③）。なお、評価・点検の対象には、社外窓口も含む（第3Ⅱ3(3)注45）。

　①　労働者等および役員に対する内部公益通報対応体制の周知度等についてのアンケート調査（匿名アンケートも考えられる）

　②　担当の従事者間における公益通報対応業務の改善点についての意見交換

　③　内部監査および中立・公正な外部の専門家等による公益通報対応業務の改善点等（整備・運用の状況・実績、周知・研修の効果、労働者等および役員の制度への信頼度、本指針に準拠していない事項がある場合にはその理由、今後の課題等）の確認

11　通報状況等についての社内周知

　内部通報制度の実効性を確保するために、実際の通報の状況等について、自社の役員や従業員等に周知することが重要である。

　公益通報に関しては、指針は、「内部公益通報受付窓口に寄せられた内部公益通報に関する運用実績の概要を、適正な業務の遂行及び利害関係人の秘密、信用、名誉、プライバシー等の保護に支障がない範囲において労働者等及び役員に開示する措置を講じる」旨を定めている（第4・3⑶ロ）。これを受けて、指針の解説では、運用実績の例として、以下のようなものをあげている（第3Ⅱ3⑶③）。

① 　過去一定期間における通報件数

② 　是正の有無

③ 　対応の概要

④ 　内部公益通報を行いやすくするための活動状況

　運用実績の労働者等および役員への開示にあたっては、公益通報とそれ以外の通報とを厳密に区別する必要はない、とされている（指針の解説第3Ⅱ3⑶③）。したがって、公益通報に限らず、内部通報全般について、上記を参考に通報状況等の社内での周知を図ることとなろう。

　なお、開示の内容・方法を検討する際には、通報者を特定させる事態が生じないよう十分に留意する必要がある。

12　内部通報制度認証制度（自己適合宣言登録制度・第三者認証制度）

　内部公益通報制度に対する労働者等の信頼性の向上と内部公益通報対応体制を整備することへの事業者のインセンティブ向上を図るため、平成30年に内部通報制度認証（自己適合宣言登録制度）を創設し、指定登録機関において当該制度が運営されてきた。

　しかし、消費者庁は、令和4年2月1日、改正法において常時使用する労

働者数が300人を超える事業者に内部公益通報対応体制整備義務が新たに課されたこと等を踏まえ、内部通報制度認証（自己適合宣言登録制度）を見直し、改正法の施行状況や事業者の要望等も踏まえつつ新たな制度を検討することとし、内部通報制度認証（自己適合宣言登録制度）を当面休止する旨を公表した。今後、改正法の施行状況や事業者の要望も踏まえつつ、新たな制度が検討される予定である⁽¹²⁾。

Ⅳ　内部通報制度に対する経営トップの意識と社内周知の徹底の重要性

1　内部通報制度の運用上の課題

　内部通報制度を導入しても、従業員に、制度の存在・内容（通報を行ったことによる不利益取扱いの禁止や通報者の探索の禁止などを含む）・利用方法が周知されなければ、まったく意味がない。企業の中には、制度の導入時にのみ社内広報を行い、その後は積極的な周知を行わない企業も見受けられるが、内部通報制度を機能させるためには、従業員がその制度の存在・内容・利用方法を日常的に認識していることが必要である⁽¹³⁾。

　また、内部通報制度の存在自体は日常的に従業員に認識されていても、過去に内部通報を行った従業員が不利益な取扱いを受けたことがあったり、不正が経営トップを含む会社の「組織ぐるみ」で行われており内部通報による企業の自浄作用が期待できない場合など、そもそも内部通報制度に対する従業員の信頼が欠如している場合も内部通報制度は機能しない。

---

(12)　消費者庁「内部通報制度認証（自己適合宣言登録制度）の見直しについて」〈https://www.caa.go.jp/policies/policy/consumer_partnerships/whisleblower_protection_system/research/review_meeting_002/〉参照。

(13)　指針の解説には、「内部公益通報が適切になされるためには、労働者等及び役員並びに退職者において、法及び事業者の内部公益通報対応体制について十分に認識している必要がある」と指摘されている（第３Ⅱ3(1)②）。

2　経営トップの姿勢

⑴　経営トップからのメッセージの発信

　このように、内部通報制度を有効に機能させるためには、制度の周知とともに制度の信頼性を向上させることが不可欠である。そして、そのいずれにも重要なのが、経営トップ自身がコンプライアンス経営とそれを確保するための手段としての内部通報制度の意義を十分に認識し、自覚することである。そして、その自覚のもと、①内部通報制度は、企業のコンプライアンス経営の推進に資することはもとより、企業防衛の視点からも有益な制度であること、②法令違反行為等の不祥事を認識した際に「見て見ぬふり」をすることは、自ら法令違反行為等に関与することと同様、自社に対する背信行為であること、③内部通報は「善」であり、内部通報を行ったことを理由とする不利益は一切行わないこと、④内部通報が行われた場合、従業員は通報者の探索を行ってはならないこと、などのメッセージを発信することが重要である。

　消費者庁が平成25年6月に公表した「公益通報者保護制度に関する実態調査報告書」（39頁）によれば、現に、「内部通報制度に関する社内への周知活動の中で最も重視しているのはトップの本気度を伝えるということ。制度の維持運用には金銭的・人的コストがかかるが、不正を早期に発見し自浄作用を働かせるという制度の趣旨・目的を、機会があるごとに会社トップや部署・支社の長が自らの言葉で従業員に周知徹底することが重要」であること回答している企業があるところである。また、平成28年度民間事業者実態調査（34頁）でも、内部通報の信頼性や安心感を向上させるための方策として、「経営トップ自らがコンプライアンス経営推進や内部通報制度の意義・重要性についてのメッセージを継続的に発信している」事業者の割合が34.8%であることが報告されている。

⑵　内部通報制度の検証

　内部通報制度を導入したにもかかわらず、通報件数が少なく[14]、さらには

徐々に減少するといった傾向が認められる場合、その原因としては、制度の周知不足のほか、従業員に内部通報制度に対する不信感があることが考えられる。そのような傾向が認められる場合には、自社の内部通報制度に対する信頼性について、あらためて検証することも考えられるべきである[15]。

3　内部通報制度の周知

(1)　周知方法

　内部通報制度を実効的なものとするためには、前述のような経営トップの関与のもと、同制度の存在・内容・利用方法について、従業員への周知を徹底する必要がある。その際には、単に規程の内容を形式的に知らせるだけではなく、通報窓口担当者は従事者に指定され、内部公益通報（1号通報）を受け付けた場合には、通報者を特定させる事項について刑事罰で担保された守秘義務を負うことなどを踏まえ、内部通報制度が信頼できるものであることを周知する必要がある[16]。また、事業者の側から一方的に周知するだけではなく、従業員が内部通報制度について質問や相談を行った際に、適時に情報提供ができるしくみも必要である（通報窓口において、通報だけではなく質問や相談を一元的に受け付ける方法や、別の窓口を設けて対応することも可能で

---

(14)　平成28年度民間事業者実態調査（44頁）によれば、内部通報制度を導入している企業において、過去1年間に、通報窓口（社内・社外）に寄せられた通報件数としては、「0件」が最も多く（41.6％）、それに「1件〜5件」（30.5％）が続く。51.6％の企業において、1件以上の通報が寄せられている。なお、従業員数の少ない企業ほど通報件数が「0件」の割合が高い傾向がみられ、従業員50人以下の企業では69.0％を占めるのに対し、3000人超の企業では4.4％である。「50件超」の割合は、3000人以下の企業では1％に満たないのに対し、3000人超の企業では11.9％である。

(15)　前述（Ⅲ10）のとおり、指針では、「内部公益通報対応体制の定期的な評価・点検を実施し、必要に応じて内部公益通報対応体制の改善を行う」ことが定められ（第4・3(3)ロ）、指針の解説では、定期的な評価・点検の方法として、①労働者等および役員に対する内部公益通報対応体制の周知度等についてのアンケート調査（匿名アンケートも考えられる）、②担当の従事者間における公益通報対応業務の改善点についての意見交換、③内部監査および中立・公正な外部の専門家等による公益通報対応業務の改善点等（整備・運用の状況・実績、周知・研修の効果、労働者等および役員の制度への信頼度、本指針に準拠していない事項がある場合にはその理由、今後の課題等）の確認があげられている（第3Ⅱ3(3)③）。

ある）。

　平成28年度民間事業者実態調査（41頁）によれば、同制度を導入した企業
では、社内通知（57.8%）、イントラネット（50.5%）、社内研修（43.7%）、
パンフレット・リーフレット（24.6%）、社内報等の広報誌（17.4%）などに
より、従業員に対する周知を図っており、同制度の存在について、ポスター
掲示、食堂・休憩室への掲示、携帯カードの配布、社員手帳への記載を行っ
ている企業もある。内部通報制度の周知の方法としては、従業員の目につき
やすく、反復継続して行うことのできるものが望ましい。

(2)　周知対象

　周知の対象は、内部通報制度において通報制度を利用できる者の範囲をど
のように設計するかにより異なる。また、どの範囲の者に周知するかによ
り、周知の方法も異なることとなる。

　たとえば、自社従業員や役員への周知であれば、社内報やイントラネット
上に掲載する社内通達等により制度の存在とその概要および具体的な窓口と
連絡先等を記載することが考えられる。ただし、社内報は、捨てられてし
まったり、また社内通達は検索に手間がかかることもある。そこで、通報窓
口と電話番号等のみを社員証の裏等に記載したり、別途名刺サイズのカード
を配布して、身近にみられるようにしておくことも考えられる。さらに、社
員教育の一環として、内部通報制度の研修を実施することも有用である。な
お、社内報等に掲載する場合には、社内窓口や社外窓口における実際の担当
者の顔写真や似顔絵を入れることも検討に値する。社内窓口であればともか

⒃　指針の解説では、①職制上のレポーティングライン（いわゆる上司等）においても部下等か
　ら内部公益通報を受ける可能性があること、②内部公益通報受付窓口に内部公益通報した場合
　と従業者ではない職制上のレポーティングライン（いわゆる上司等）において内部公益通報を
　した場合とでは公益通報者を特定させる事項の秘匿についてのルールに差異があること（具体
　的には、ⓐ内部公益通報受付窓口に内部公益通報した場合においては、刑事罰付きの守秘義務
　を負う従事者が対応することとなること、ⓑ職制上のレポーティングライン（いわゆる上司
　等）への報告や従事者以外の労働者等および役員に対する報告も内部公益通報となりうるが、
　従事者以外は必ずしも刑事罰で担保された守秘義務を負うものではないこと、ⓒ従事者以外の
　者については社内規程において範囲外共有の禁止を徹底させていること）が具体例としてあげ
　られている（第３Ⅱ３⑴③）。

く、弁護士等の社外窓口に通報する場合には、敷居が高く感じられ、通報を躊躇することもあるため、事前に顔写真や似顔絵を周知して心理的な抵抗感を低減することも検討に値する（ケース・スタディ③、ケース・スタディ⑤参照）。

　また、退職者への周知の場合、すでに会社に在籍していない者であるため、別途通知を郵送したりすることが考えられる。指針の解説では、退職者に対する教育・周知の方法として、たとえば、在職中に、退職後も公益通報ができることを教育・周知すること等が考えられるとされている（第3Ⅱ3(1)③)。

　内部通報制度を利用する対象を従業員の家族にまで広げる場合、社内報等を家族に渡して通報窓口を家族に知らせるよう、従業員を指導することも考えられる。

　さらに、内部通報制度を利用する対象を子会社や関連会社従業員にまで広げる場合には、親会社の子会社管理の一環として、子会社において上記のような周知を行うことを指導することが必要である。

　そのほか、その対象に一般消費者や取引事業者等を含める場合には、会社のホームページに掲載したり、会社のノベルティグッズに通報窓口とその電話番号等を記載して取引事業者等に配付することも考えられる。

(3)　周知方法の検証

　内部通報制度を導入したにもかかわらず、通報件数が少なかったり、減少する傾向が続く場合には、制度の周知が不十分であることも想定される。そのような傾向が認められる場合には、従前の周知方法を見直すことも検討に値する。

┌─【ケース・スタディ⑤】通報窓口の周知についての工夫例─────

　内部通報制度を導入した場合、それを従業員に周知することは不可欠である。周知の方法としては、社内通知、イントラネット、社内研修、パンフレット・リーフレット、社内報等の広報誌のほか、月々の給与明細に制度の存在を明記するなどの方法が考えられる。

　パンフレット・リーフレット、社内報等の広報誌によって周知する場合には、通報窓口（社内・社外）の担当者の顔写真を掲載したり、また、女性担当者が配置されている場合にはその事実を記載することも有益である。窓口担当者がどのような外見かを知ることができるだけでも従業員に安心感を与えることができ、このような方法は、内部通報制度を利用しやすい環境を整備するうえで有効な方法といえる。なお、他方で、誠実な通報者でない場合もありうるため、窓口担当者保護という観点から、一般的な似顔絵掲載にとどめることも考えられる。

《ヘルプライン窓口担当者のご紹介》
〈社外窓口〉
担当者　　　　　　　弁護士　外部　一郎　　　　弁護士Ｂ　外部　花子

電話　　　　　　　　○○-○○○○-○○○○　　○○-○○○○-○○○○
Ｅメールアドレス　　○○○○@○○.co.jp　　　　○○○○@○○.co.jp

〈社内窓口〉
担当者　　　　　　　内部　二郎　　　　　　　　内部　良子

封書宛先　　　　　　〒○○○-○○○○
　　　　　　　　　　東京都○○区○丁目○番○号　㈱○○　○○部

Ⅴ 内部通報受付後の対応

1 調査の前段階

(1) 調査の要否の検討

通報受付窓口が通報を受け付けた場合、まず調査を実施するかどうかの判断が必要になる。指針は「内部公益通報受付窓口において内部公益通報を受け付け、正当な理由がある場合を除いて、必要な調査を実施する」と規定している（第4・1(3)）。

ここでいう「正当な理由」について、指針の解説は、「調査を実施しない『正当な理由』がある場合の例として、例えば、解決済みの案件に関する情報が寄せられた場合、公益通報者と連絡がとれず事実確認が困難である場合等が考えられる。解決済みの案件か否かについては、解決に関する公益通報者の認識と事業者の認識が一致しないことがあるが、解決しているか否かの判断は可能な限り客観的に行われることが求められる。また、一見、法令違反行為が是正されたように見えても、案件自体が再発する場合や、当該再発事案に関する新たな情報が寄せられる場合もあること等から、解決済みといえるか、寄せられた情報が以前の案件と同一のものといえるかについては慎重に検討する必要がある」と規定している（第3Ⅱ1(3)③）。この指針の解説が示唆するように、調査を実施しない「正当な理由」が存在する場合は限定的であると考えておいたほうがよい。通報内容が過去に解決済みの案件と同一のもののようにみえても、同種事案が再発している場合もあるし、実際に調査を進めてみたら派生する不正が発見される場合もありうる。また、単に公益通報者と連絡がとれないだけでは「正当な理由」には該当せず、それにより事実確認が困難であってはじめて「正当な理由」があるとされる。

通報を受け付けたことや調査開始の有無については、通報者が通知を望まない場合や匿名による通報であるため通報者への通知が困難である場合などのやむを得ない理由がある場合を除いて、通報者へ通知を行うことが望まし

い。

　書面により内部公益通報をした日から20日を経過しても事業者から通報対象事実について調査を行う旨の通知がない場合等には、報道機関等通報（3号通報）を行った者は解雇その他不利益な取扱いからの保護の対象とされていること（法3条3号ホ）などを踏まえ、指針の解説は、「通知するまでの具体的な期間を示す（受付から20日以内に調査開始の有無を伝える等）、是正措置等の通知のほかに、例えば、内部公益通報の受付や調査の開始についても通知する等、適正な業務の遂行等に支障が生じない範囲内において、公益通報者に対してより充実した情報提供を行うことが望ましい」と規定している（第3Ⅱ3⑵④）。

⑵　通報者の意向に反する調査

　内部通報がなされたものの、通報者自身が調査を望まない場合がある。通報者自身が被害者であって、調査が行われることにより自身が通報者であることが職場内で特定されてしまい、加害者等から報復を受けることをおそれる場合や、通報当初は調査を望んでいても、調査の過程で調査対象が広く深くなっていく中で、通報者がそれ以上の調査を望まなくなる場合もあろう。内部通報制度は、通報をきっかけとして社内の法令遵守の推進や組織の自浄作用を働かせるためのものであるから、通報者が調査を望まないとしても事業者が調査を行うことは原則として可能である。指針の解説も「公益通報者の意向に反して調査を行うことも原則として可能である」と規定する（第3Ⅱ1⑶③）。

　もっとも、調査の円滑な実行や通報者の保護（範囲外共有や通報者の探索の防止）の観点からは、通報者の意向に配慮することも求められるのであり、指針の解説がいう「公益通報者の意向に反して調査を行う場合においても、調査の前後において、公益通報者とコミュニケーションを十分にとるよう努め、プライバシー等の公益通報者の利益が害されないよう配慮することが求められる」との点（第3Ⅱ1⑶③）には留意が必要である。

2 調査の手法と留意点

通報された不正行為が認められるか否かを判断する際には、事実関係を慎重かつ入念に調査する必要がある。調査の方法は、①関係者からの事情聴取と②物的証拠の収集に大きく分けることができる。

なお、調査においては、通報者が嫌がらせ等の不利益取扱いを受けることがないよう、通報者の所属や氏名等が職場内に漏洩しないよう秘密保持を徹底すること（範囲外共有や通報者の探索を防止するための措置）が求められるが、そのための調査上の工夫は前述（Ⅲ8⑵）のとおりである（第4部Q2－1参照）。

また、通報案件への対応全般について記録の作成や保管が必要となる。通報対応の記録は、個々の通報案件について事実認定に誤りがないかなどを事後的に検証するための材料となるほか、内部通報制度や運用のあり方を見直し改善していくうえでの資料にもなるからである。指針は「内部公益通報への対応に関する記録を作成し、適切な期間保管する」と規定し（第4・3⑶イ）、指針の解説は「記録の保管期間については、個々の事業者が、評価点検や個別案件処理の必要性等を検討した上で適切な期間を定めることが求められる。記録には公益通報者を特定させる事項等の機微な情報が記載されていることを踏まえ、例えば、文書記録の閲覧やデータへのアクセスに制限を付す等、慎重に保管する必要がある」と規定している（第3Ⅱ3⑶③）。

⑴ 関係者からの事情聴取

(A) 事情聴取の対象者

(a) 通報者からの事情聴取

調査においてまず行うのは、通報者からの事情聴取である。法令違反等の不正行為があるとして通報を行った通報者から通報者が把握している事実関係を聴取することが調査の出発点となる。

匿名通報のため、通報者が特定できない場合でも、電子メール等を通じて通報者と相互交信する手段があるのであれば、電子メールを通じた聞き取り

を行う。社内窓口には通報者がわからずとも、社外窓口である弁護士等には通報者がわかっている場合には、弁護士等が通報者から聞き取りを行う。

(b)　通報対象者などからの事情聴取

　通報者から事情聴取を行った後は、一般的には、通報対象者（その者が法令違反等を行った、行っているまたは行おうとしていると通報された者）の周辺人物から事情聴取し、最後に通報対象者から事情聴取を行う。周辺人物として想定されるのは通報対象者の同僚・部下や上司であるが、これらの者は通報対象者と「共犯関係」にある場合もありうるので、聞き取りの順序や方法については慎重さが求められる。

　また、通報対象者からの事情聴取を行わなくても不正行為の事実を認定することができる場合もあると思われるが、通報対象者にも言い分があるであろうし、最終的に通報対象者に対して懲戒処分を下す可能性があるならば、処分手続の適正性を担保するためにも、通報対象者からも事情を聴取しておくべきである。また、先に周辺人物から聴取し、その後に通報対象者から聴取するといっても、あまり日時を要してしまうとその間に口裏合わせがされてしまうおそれもあるので、聞き取りは迅速に行う必要がある。

(c)　社外関係者からの事情聴取

　不正行為の内容によっては、関係者が社外に及ぶケースもある。架空取引事案における取引先や、すでに退職してしまった社員などがその典型である。事案の解明のためには社外の者からも事情聴取をする必要が出てくるが、会社が行う調査は捜査機関による捜査とは異なり強制力がないため、一定の限界がある。社外の者からの事情聴取が困難であると見込まれるとしても、調査を尽くしたというためには、社外の者に対しても事情聴取の打診をしてできる限り聞き取りを試みることが必要な場合もあろう。

(B)　事情聴取の実施者

　上述した関係者から事情聴取を行うのは、基本的には通報対応の社内窓口部署の担当者である。もっとも、たとえば、聴取の対象者が取締役や部長等の上位職である場合、通報窓口担当者では聴取をしにくいというケースも想

定される。そのような場合には、対象者と同格またはより上位の者に事情聴取を行ってもらうか立ち会ってもらう方法（ただし、その者が通報対象者の「共犯者」という可能性もあるので注意が必要である）、あるいは弁護士に事情聴取を行ってもらうか立ち会ってもらうという方法もある。弁護士はその職業柄、聞き取りには慣れているが、事情聴取を受ける側にとっては、相手が弁護士となると必要以上に構えてしまったり緊張するなどして、かえって聴取がうまくいかない場合もありうるので、相手により慎重に検討する必要がある。

　また、セクハラ事案において被害者とされる女性から事情聴取を行う場合、その女性にしてみれば、加害者から受けたセクハラの詳細を語ること自体が心理的負担の重いものであり、二次的被害につながりかねない。このような場合には被害者とされる女性の心理的負担を軽くするために、女性が聞き取りを行うほうが望ましいことがある。

(c)　事情聴取時の留意点（聴取結果の記録化、秘密保持のための誓約書の差入れ）

　事情聴取の結果は、不正行為の有無および内容を認定するための重要な証拠であるから、記録化しておく必要がある。聞き取り内容の要点を簡潔にまとめておく例もあるが、話の内容は往々にして二転三転したり、微妙なニュアンスがある場合もあるから、事案の内容や聞き取り対象者の属性等にもよるが、基本的には聞いた話の内容をそのまま記録に残しておくのが望ましい。聴取内容をレコーダーに録音することも検討されてよい。録音に際しては、後日の紛議を避けるために聞き取りの冒頭で対象者から了解を得ることが多いと思われる。「正確な記録のために録音をさせていただきます。もし話をされた内容につき後から記憶違いが見つかったならば、後日訂正して結構です」と伝えれば、録音を拒まれることは少なくなるだろう（第4部Q2－3参照）。

　なお、事情聴取の際、対象者の側も録音をしていることがあるから、聞き取りを行う側としては、不用意な発言や誤解を生じさせるような発言はする

べきでない（第4部Q2－3参照）。

　また、通報者に対する嫌がらせ等の報復を防いだり、通報に係る情報の漏洩を防いだり、不正行為者間の口裏合わせを防いだりするために、事情聴取に際し、対象者から聞き取り内容に関する秘密保持の誓約書を差し入れてもらう例もある。

```
┌─[ Point ]──事情聴取時の留意点等────────────────────
```

〈聴取対象者〉

①　通報者

②　通報対象者の周辺人物（上司、同僚・部下等）

③　通報対象者

④　社外の関係者（関係取引先、元社員等）

〈実施者〉

①　基本的には通報対応の社内窓口部署の担当者

②　聴取対象者によっては、その上司・同僚や弁護士が聴取を行うことも有効である。

〈留意点〉

・通報対象者の上司や同僚等と通報対象者が「共犯関係」にある場合もあるので、聞き取りの順序や方法については慎重な検討が必要である。

・秘密保持や口裏合わせを防ぐ目的で、聴取対象者から秘密保持誓約書を差し入れてもらう例もある。

〈聴取結果の記録化〉

・基本的には聞いた話の内容をそのまま記録に残すのが望ましい。

・レコーダーに録音することも要検討である。

```
┌─【ケース・スタディ⑥】　事情聴取への弁護士の関与─────────
```

　通報者や関係者からの事情聴取は社内窓口担当部署が調査担当部署を兼ねる形で当該部署の担当者が行うのが基本となるが、弁護士が事情聴取を行ったり、あるいは社内担当者が行う事情聴取に弁護士が立ち会ったほうが有益な場合もある。事情聴取の目的は、通報対象となった事実関係の有無や内容を確認することにあるため、弁護士が関与したほうが事情聴取を効果的に行

うことができるのであれば、その関与を求めることも検討に値する。

　具体的には、①通報者が、通報受付窓口である弁護士に対しては名前を明かしたものの（顕名）、会社には氏名を秘匿すること（匿名）を求めた場合、②パワハラやセクハラのようなセンシティブな事案において社内の担当者が話を聞くよりも社外の者が話を聞いたほうが円滑な事情聴取が期待できる場合、③不正行為の認定にあたって事実関係の法令へのあてはめが複雑である場合などは、弁護士が事情聴取をしたり、社内担当者による事情聴取に弁護士が立ち会うことが有益なケースもある。

　①は、通報者に接触できるのが通報受付窓口である弁護士のみであるため、その弁護士に通報者からの事情聴取を委ねることになる。②は事情聴取を受ける社員の心理面への配慮が必要なケース、③は通報対象事実が複雑で法的な判断を要するケースである。

(2) 物的証拠の収集・保管

　事実関係の調査においては、聞き取り調査と並んで物的証拠の収集が重要である。事情聴取の内容は関係者間で食い違うことが少なくないことから、事実認定をより確かなものにするためには客観的証拠の存在が重要となる。

　収集すべき物的証拠は、伝票、帳簿、業務日報、タイムカード、入出金記録、パソコン内のデータファイル、電子メール、電話の通話記録など、不正行為の内容によりさまざまであるが、法令違反等の事実認定に必要な物的証拠は、不正行為者が隠滅してしまう可能性が高いから、速やかに収集・確保する必要がある。また、不正行為者がパソコン内のデータや電子メールを削除している場合もあるが、専門業者等により復元（デジタルフォレンジック）が可能な場合もあるので、必要に応じて復元を試みる。

　なお、収集した証拠の保管や管理がずさんであると、証拠が紛失したり隠滅されてしまうおそれがあるほか、通報者の氏名や所属が公になってしまうなど通報に係る情報が漏洩してしまう危険も生じうる。そのため、収集した証拠や関係者からの事情聴取書などの記録については、前述（Ⅲ 8 (2)(C)）のように、物理的・技術的管理を徹底することが求められる。

Point　証拠収集時の留意点

・物的証拠は客観的な事実認定を行ううえで重要であり、証拠隠滅を防ぐために速やかな収集・確保が必要である。
・通報に係る情報が漏洩しないように、収集した証拠の物理的・技術的管理を徹底することが求められる。

【ケース・スタディ⑦】パソコン等のデータ調査と従業員のプライバシー

　事実関係の調査のため、従業員に貸与した社員のパソコンや携帯電話等のデータを抽出し、検証する必要が生じる場合がある。当該パソコン等は会社の資産であり、また、社員が業務のために使用することを前提とするものであるため、会社はパソコン等を回収してデータを抽出することができるのが基本である。

　もっとも、パソコン等の中には社員が業務とは関係なく作成したデータや私用メールなど、社員のプライバシーに係る情報が含まれている可能性もあるため、社員のプライバシーに対する配慮も必要となる。

　そこで、社員に貸与するパソコン等の取扱いについて社内規程を制定し、その中で、社員に貸与するパソコン等は、業務に必要な範囲で使用することとし、私用は禁じられること、盗難・紛失時の対応、社員によるパソコン等の使用状況を会社がモニタリングすることがあること、会社がパソコン等を回収しデータを抽出・分析・調査することがあることなどを規定するとともに、当該規程の内容を社内に周知することが検討されるべきである（第4部Q2－2参照）。

　以上のような方法を用いて事実関係を調査することが後述の社内処分や是正措置等の前提となる。十分な調査を行うことなく漫然と不正行為ありと認定し懲戒処分を下してしまうと、次の裁判例のように、懲戒処分が違法ないし不法行為であるとされる場合があるので、調査は慎重かつ十分に行わなければならない。

┌───
《裁判例》

●東京都（停職処分）事件（東京地判平25・6・6 労判1081号49頁）

　調査担当職員が職務上通常尽くすべき調査義務に違反して漫然と懲戒処分の根拠となる事実を認定したとして、懲戒処分が違法であるとした事例

〈概要〉　東京都（Y）が、その職員 X に対し、72回の遅刻およびこのうち71回について X が部下に対し出勤記録の修正指示をしたことを理由として停職3 か月の懲戒処分を行ったところ、X が、Y に対し、停職処分の取消しとともに、同処分に伴う減収分や慰謝料等の損害賠償を求めた事案。

〈判旨〉　監察指導課は、C から事情聴取をしたものの、同人に X がいつ遅刻したのかを具体的に確認した形跡が見当たらず、Y が X からの指示を受けて出勤記録の修正操作をしたと認定した職員のうち、C、E 以外の者（B、D、F）から事情聴取をした形跡も見当たらず、C 以外の X の当時の部下に X がいつ遅刻したのかを具体的に確認した形跡が見当たらないことが認められる（B、C、D、E および F はいずれも X の部下）。

　このように、Y が停職処分に至ったのは、Y の担当職員が X の弁明にもかかわらず、職務上通常尽くすべき調査義務に違反して、漫然と停職処分の根拠となる72回の遅刻と71回の出勤記録の修正指示を認定したことにあるといわざるを得ないから、Y による停職処分は国家賠償法上も違法であり、Y はこれにより X が被った損害を賠償する責任がある。
───┘

3　内部通報者へのフィードバック

⑴　フィードバックの重要性

　法令違反等に関する内部通報がなされた後、会社は事実関係を調査し、その結果として法令違反等の不正行為が認められれば、その是正措置を講じたり、関係者の処分等を行うこととなるが、調査の経過や結果、是正措置等については、通報者に対し適宜通知を行うべきである。調査の結果として法令違反等の事実が認められなかった場合にも、通報者に対しその旨の通知を行うべきである。

　法令違反等の抑止や是正を求める通報がされたにもかかわらず、会社から通報者に対して何らのフィードバックもされないとすれば、通報者としては

（通報者自身に対して聞き取り調査がなされたり、通報者自身が被害者であって通報によりその被害が止まったりしたなどの事情がない限り）、会社が事実関係の調査や是正措置等を行ったのかどうかがわからない。そうなると、通報者は、内部通報だけでは状況は改善しないと考えて、行政機関や報道機関等に通報をしてしまうかもしれない。そうなってしまっては、会社が自浄作用を働かせるための内部通報制度は無意味なものとなりかねない。調査の経過や結果、是正措置等について通報者に適宜に通知を行うことは、内部通報制度の重要な一要素を構成するものと考えるべきである。

指針も、「書面により内部公益通報を受けた場合においては、当該内部公益通報に係る通報対象事実の中止その他是正のために必要な措置をとったときはその旨を、当該内部公益通報に係る通報対象事実がないときはその旨を、適正な業務の遂行及び利害関係人の秘密、信用、名誉、プライバシー等の保護に支障がない範囲において、当該内部公益通報を行った者に対し、速やかに通知する」と規定している（第４・３⑵）。

通報者に対するフィードバックを速やかに実施する必要がある一方で、通報者へ通知する調査経過・結果や是正措置の内容については、通知前に十分な精査が必要である。通知を受けた通報者は、調査結果や是正措置の内容によっては、通知を受けた情報を証拠として通報対象者や会社に対して損害賠償請求をしたり、監督官庁等の外部者に対して通知内容を開示する可能性もある。通報者に対する通知内容については、それが外部に流出する可能性があることも念頭においておくべきである。

なお、指針の解説において、「公益通報者等の協力が、コンプライアンス経営の推進に寄与した場合には、公益通報者等に対して、例えば、組織の長等からの感謝を伝えること等により、組織への貢献を正当に評価することが望ましい。なお、その際においても、公益通報者等の匿名性の確保には十分に留意することが必要である」との規定がおかれていることも注目に値する（第３Ⅱ１⑶④）。

報復を受けるかもしれないという不安の中で勇気をもって内部通報を行っ

たことは賞賛に値する行為である。適時適切な通報により不正行為の是正や未然防止が達成されたのであれば、経営トップが通報者に謝意を示すことにより、よりよい企業風土の醸成につながるだろう。

(2) 匿名通報がされた場合のフィードバック

通報が匿名でなされた場合には、会社としては通報者が誰であるかがわからず、通報者に対し直接フィードバックを行うことができない。指針の解説も、「是正措置等の通知を行わないことがやむを得ない場合としては、例えば、公益通報者が通知を望まない場合、匿名による通報であるため公益通報者への通知が困難である場合等が考えられる」とする（第3Ⅱ3(2)③注38）。もっとも、会社に対しては匿名であるが、社外窓口（法律事務所や民間の専門会社等）には氏名が明らかにされている場合には、社外窓口を通じて通報者に対しフィードバックを行うことも可能であろう。

社外窓口を含め誰も通報者を特定できない場合には、通報者に対する直接のフィードバックは難しいので、通報者、通報対象者および調査協力者の信用、名誉およびプライバシー等に配慮しつつ、調査結果や是正措置を社内報等を通じて公開する方法もある。指針の解説も、「通知の態様は一律のものが想定されているものではなく、通知の方法として、例えば、公益通報者個人に通知をする、全社的な再発防止策をとる必要がある場合に労働者等及び役員全員に対応状況の概要を定期的に伝える等、状況に応じた様々な方法が考えられる」とし（第3Ⅱ3(2)③）、全社向けの通知等も選択肢としている。

4 是正措置・再発防止策

内部通報制度は、法令違反等に関する通報を促し、法令違反等が認められる場合にはそれを是正するという会社の自浄作用の発揮を期待したしくみである。よって、調査の結果として法令違反等の事実が明らかになった場合、会社は速やかに是正措置や再発防止策を講じなければならない。

どのような是正措置・再発防止策を講じればよいかは、発生した法令違反等の内容によりさまざまである。必要に応じて、関係行政機関への報告等

（上場企業の粉飾決算事例においては証券取引等監視委員会への報告、独占禁止法違反事例においては公正取引委員会への報告や課徴金減免申請など）を行うことも必要となる。再発防止策を検討するにあたり意識しておかなければならないのは、法令違反等が生じた原因を丹念に分析し、その原因に応じた再発防止策を講じることである。原因としては、法令違反等を引き起こした直接的な原因（たとえば、個人情報の漏洩事案において個人情報に接することができる社員のアクセス権の付与のあり方に問題があったなど）のほか、法令違反等をもたらした背景となる遠因（たとえば、個人情報を取り扱う社員全般において個人情報保護法令に関する知識が乏しかったなど）もあると思われる。再発防止策は、考えられる原因のそれぞれに対応した内容のものを策定する必要がある。

　また、法令違反等が発生したのが社内の特定の部署に限られたとしても、その原因が他の部署にも共通して存在するようなものであった場合（たとえば、在庫の水増しによる不正経理の事案において、原因が在庫の棚卸方法にあり、問題となった棚卸方法を他の部署でも採用しているようなケース）には、法令違反等が生じた当該部署のみに再発防止策を講じるのではなく、他の部署にも共通して再発防止策を適用する必要がある。他の部署においても原因を解消しておかなければ、将来同じような法令違反等が繰り返されるリスクがあるからである。

　平成28年度労働者インターネット調査（26頁）では、「通報する場合に、まず労務提供先（上司を含む）に通報すると回答した者に対して、労務提供先に通報後、状況が改善されない場合又は誠実な対応がなされない等の場合、更に行政機関又はその他外部（報道機関等）に通報しようと思うかを尋ねた」ところ、「通報する」（24.4%）、「原則として通報する」（58.0%）を合わせた「通報する」は82.3%であったとの報告がなされている。

5　社内処分

　調査の結果、法令違反等の不正行為が認められた場合には、違反者等に対

して就業規則等の社内規程に従った懲戒処分を下すことになる。どの対象者に対してどのような内容の懲戒処分を下すかについては、原則として、不正行為が判明したきっかけが内部通報によるものであるか否かによって変わるものではない（第4部Q5－1参照。例外的に内部通報者に対する懲戒処分の減免を検討すべき場合として、Ⅲ9を参照）。

(1) 処分の対象者

処分の対象となりうるのは、通常の不正行為事案と同様に、基本的には違反行為者やその協力者、監督不行届きであった上司、調査に協力せずまたは調査を妨害した者等となる。

これらの者のほか、内部通報制度との関係で特有の対象者として、通報対応の過程で通報者の個人情報等の通報に係る情報を漏洩した者（範囲外共有）や、通報者の探索を行った者、通報者に対して嫌がらせ等の不利益取扱いを行った者があげられる。通報に係る秘密保持義務違反や通報者の不利益取扱いは、内部通報制度の信頼性や実効性を損なわせるものであるから、違反の程度に応じて適切な処分を下すことが内部通報制度の維持のために必要である。

特に通報者に対する不利益取扱いや範囲外共有（公益通報者を特定させる事項を必要最小限の範囲を超えて共有する行為）、通報者の探索について、指針は「当該行為を行った労働者及び役員等に対して、行為態様、被害の程度、その他情状等の諸般の事情を考慮して、懲戒処分その他適切な措置をとる」と規定している（第4・2(1)ロおよび(2)ハ）。

また、指針の解説が「懲戒処分その他適切な措置を行う際には、範囲外共有が行われた事実の有無については慎重に確認し、範囲外共有を実際に行っていない者に対して誤って懲戒処分その他の措置を行うことのないよう留意する必要がある」と規定している点（第3Ⅱ2(2)③）にも留意する必要がある。改正法では、従事者または従事者であった者は、正当な理由がなく、その公益通報対応業務に関して知り得た事項であって公益通報者を特定させるものを漏らしてはならないとされ（法12条）、これに違反すると刑事罰に処

される（30万円以下の罰金。法21条）。このように範囲外共有は刑事罰の対象にもなりうるものであることを踏まえ、指針の解説が述べるように、社内処分である懲戒処分等の措置にあたっても特に範囲外共有の有無の調査や事実認定は慎重に行うことが必要である。

(2) 処分の内容

対象者に対して下す懲戒処分の内容および程度は、不正行為の悪質性や結果の重大性、故意によるものか過失によるものか、過去にも不正行為をしたことがあるか否か、被害者に対する謝罪（セクハラ・パワハラ事案など）や弁償（比較的軽微な横領事案など）の有無と程度、同種の事案に対して過去に会社が下した懲戒処分の内容と程度等の諸事情を勘案して決定する。

不正行為の内容や程度に比して不相当に重い懲戒処分を下してしまうと、その懲戒処分自体が違法になりかねないので、いきすぎた懲戒をしないように注意が必要である。

(3) 処分の手続

会社が従業員に対して懲戒処分を下すには、就業規則等の社内規程に従った手続を踏む必要がある。対象者が犯した行為が就業規則等に定められた規範に抵触したものであることが前提となるし、処分の決定に際し懲罰委員会の決議等が必要とされるのであればその手続を経る必要がある。

Point 処分にあたってのポイント

〈処分の対象者〉

　通常の不正行為事案と同様に、基本的には違反行為者やその協力者、監督不行届きであった上司、調査に協力せずまたは調査を妨害した者等となる。

　内部通報制度との関係で特有の対象者として、通報対応の過程で通報者の個人情報等の通報に係る情報を漏洩した者（範囲外共有）や、通報者の探索を行った者、通報者に対して嫌がらせ等の不利益取扱いを行った者があげられる。

　特に範囲外共有の有無については慎重な調査や事実認定が求められる。

〈処分の内容〉

　懲戒処分の内容および程度は、不正行為の悪質性や結果の重大性、故意に

よるものか過失によるものか、過去にも不正行為をしたことがあるか否か、被害者に対する謝罪や弁償の有無と程度、同種の事案に対して過去に会社が下した懲戒処分の内容と程度等の諸事情を勘案して決定する。

〈処分の手続〉

就業規則等の社内規程に従った手続を踏む必要がある。

6　フォローアップ

通報対応としては、事実関係の調査を行い、不正行為が認められればその是正措置や再発防止策を講じ、必要に応じて関係者の処分を行うことによりひととおりの手続が終了するが、その後のフォローアップも重要である。フォローアップの対象となるのは、①会社が講じた是正措置や再発防止策が十分に機能しているか、②通報者に対し、嫌がらせ等の不利益取扱いがなされていないか、が主な点である。また、③通報対応の過程で問題がなかったかどうかを振り返り、課題があればそれをあらためて、内部通報制度そのものの改善を図ることも必要である。

子会社・関連会社や取引事業者・下請事業者の従業員から通報を受けた事案においては、可能な範囲で、これらの会社において当該従業員に対して嫌がらせや解雇等の不利益な取扱いがなされないよう要請したり、適切な是正措置や再発防止策が講じられ、機能しているかどうかを確認するなど、適宜のフォローアップがなされることが望ましい。

(1)　是正措置・再発防止策の実効性確認

内部通報制度は、法令違反等の不正行為を早期発見し、自浄作用を働かせるためのプロセスであるから、会社が講じた是正措置や再発防止策が有効に機能しなければ意味がない。したがって、是正措置や再発防止策を講じて事足れりとするのではなく、内部監査などを通じてチェックを行い、不正行為が再発していないか、再発防止策が有効に機能しているかを確認し、至らない点や改善点があれば、新たな対策を講じることが必要である。

指針も「是正に必要な措置をとった後、当該措置が適切に機能しているか

を確認し、適切に機能していない場合には、改めて是正に必要な措置をとる」と明記し（第4・1(3)）、指針の解説にも「是正に必要な措置が適切に機能しているかを確認する方法として、例えば、是正措置から一定期間経過後に能動的に改善状況に関する調査を行う……等が考えられる」と規定されている（第3Ⅱ1(3)③）。

(2)　通報者に対する不利益取扱いの有無の確認

　通報対応の過程においては通報者に対する嫌がらせや通報者の探索が行われなかったとしても、後日、嫌がらせや通報者の探索が行われて、通報者が不利益を受けたり、不快な思いを抱いたりしているケースがあるかもしれない。通報者に対する不利益取扱いがなされると、通報をためらわせるような企業風土が生まれてしまい、内部通報制度が機能しなくなってしまう。

　そこで、ひととおりの通報対応が終了した後も、一定期間をおいて、通報対応窓口から通報者に対して聞き取りやアンケートを行うなどし、通報者が嫌がらせ等の不利益取扱いを受けていないか、通報者の探索が行われていないか、職場環境が悪化していないかなどを確認することが求められ、もし不利益取扱い等が存在するならばその是正を図る必要がある。

　社外窓口としての弁護士等にのみ通報者がわかっている場合には、社外窓口を通じて聞き取りやアンケートを行う。

　指針も「公益通報者が不利益な取扱いを受けていないかを把握する措置をとり、不利益な取扱いを把握した場合には、適切な救済・回復の措置をとる」と規定し（第4・2(1)イ）、指針の解説にも「是正に必要な措置が適切に機能しているかを確認する方法として、例えば、……特定の個人が被害を受けている事案においては問題があれば再度申し出るよう公益通報者に伝える等が考えられる」と規定されている（第3Ⅱ1(3)③）。

(3)　通報対応の反省

　内部通報はそれほど頻繁に行われるものではないはずなので、通報対応の過程でさまざまな不備や課題が見つかることが考えられる。その場合には、内部通報制度の実効性を高めるために、通報対応の過程を振り返り、見直す

べきところがあれば見直しを行うことが必要である。指針において「内部公益通報対応体制の定期的な評価・点検を実施し、必要に応じて内部公益通報対応体制の改善を行う」と規定され（第4・3(3)ロ）、ここでいう「定期的な評価・点検」の方法の例として、指針の解説が「内部監査及び中立・公正な外部の専門家等による公益通報対応業務の改善点等（整備・運用の状況・実績、周知・研修の効果、労働者等及び役員の制度への信頼度、本指針に準拠していない事項がある場合にはその理由、今後の課題等）の確認」と規定していることから（第3 II 3(3)③）、通報対応の検証・見直し作業に弁護士等の関与を求めることも考慮されてよい。

　見直しを行うに際しての主な視点は、次のとおりである。

① 　通報対応が社内規程に従って行われたか。あるいは、社内規程に不備はなかったか。

② 　通報窓口は当該通報を受け付けるのに適切な部署であったか。むしろ、他の部署を窓口としたほうが適切と考えられる場面はなかったか。

③ 　通報受付時の対応に問題がなかったか。

④ 　通報に係る情報の秘密保持は徹底されたか。通報に関する情報を共有する関係者の範囲は適切に限定されていたか。秘密情報が記載された書類やデータの管理に問題はなかったか。必要に応じて秘密情報の伝達先から秘密保持の誓約書を徴求したか。

⑤ 　調査の方法に問題がなかったか。聞き取り調査の方法や記録の仕方、聞き取りを行う関係者の順序に問題はなかったか。物的証拠の収集や保全のあり方に問題はなかったか。

⑥ 　通報対応の過程において適宜に通報者に対してフィードバックがなされたか。

⑦ 　内部通報制度に対する従業員の理解が十分なものであったか。さらなる制度の周知や教育が必要ではないか。

Ⅵ 関係者の責務

　内部通報制度の利用を促進するためには、制度の存在が広く周知されるとともに、制度を利用・運用する関係者の適切な対応が不可欠である。そこで、以下では、制度の信頼性を高めるという観点から、関係者の責務について説明する。

1　通報窓口担当者

　通報窓口担当者は、通報者からの生の情報に接することになる。その際、通報者が希望した場合には、通報者の匿名性の維持に努め、通報内容を外部に漏らさない責務を負う。一従業員が、会社内の法令違反行為等に関する通報を行うことは、通報したことが公になれば従業員の身分を失うかもしれないという不安の中で行われるが、かかる状況の中で、通報に向かわせるためには、通報者の匿名性は守られるという状況を確保し、内部通報制度への信頼性を高める必要がある。したがって、通報窓口担当者が負う匿名性の維持、通報内容を秘匿する責務はきわめて重要である。

　改正法では、内部公益通報受付窓口において受け付ける内部公益通報（1号通報）に関して公益通報対応業務を行う者で、かつ、当該業務に関して公益通報者を特定させる事項を伝達される者を従事者として定め、従事者には刑事罰により担保された守秘義務が課されることとなった（法11条1項・12条・21条）。通報窓口担当者は、まさに窓口として通報者からの通報を受け付け、その後、通報者とのパイプ役となる者であるから、刑事罰により担保される厳格な守秘義務を負う従事者と定められる場合が多いと考えられるが、それは、前述のとおり、内部通報制度への信頼性を高める必要性から求められるものである。

　具体的な場面に分けて検討すると、まず、通報窓口に匿名で通報があった場合には、通報窓口担当者は、通報者が誰かを特定するような行為を行ってはならない。また、調査結果のフィードバック等を受けるため窓口限りで氏

名等を伝えられている場合は、第三者に通報者の氏名等を漏洩してはならないことはもちろん、通報に基づく調査の過程においても、通報者を特定できてしまうような調査とならないよう、調査方法にも十分配慮する必要がある。なお、通報者が匿名での通報を希望する場合、匿名では窓口からのフィードバックが困難であること、また、セクハラやパワハラなど、通報内容によっては、匿名では調査の範囲に限界があることについて、事前に通報者に説明を行うべきである。さらに、匿名性の徹底には努めるものの、通報者が特定されてしまう場合も否定できないことについて、念のため、通報者に説明することも検討されるべきである。

　また、通報窓口担当者が接する生の情報の中には、通報者のみならず、通報対象者やその関係者等の個人的な情報が含まれている場合が多い。そのため、このような情報についても第三者に漏洩してはならない。実効的な調査を行うため、調査担当者や調査協力者等に情報を伝達し、これらの者と情報を共有する必要がある場合もあるが、情報管理の観点からは、情報を共有する者の範囲、共有する情報の内容を必要最小限の範囲に限定すべきである（範囲外共有の禁止）（Ⅲ8(2)(B)参照）。なお、通報対象者またはその関係者であることが疑われる者を調査担当者としてはならないことは当然である（Ⅲ7参照）。

　通報者と直接つながる通報窓口は、内部通報制度における匿名性の維持や秘密保持の徹底を通報者に説明するとともに、調査方法を事前に通報者に説明して通報者の意見を聞いたり、調査経過の報告や調査結果等を通報者にフィードバックする等、通報者と密に連繋をとり、通報者を安心させる必要がある（Ⅴ3参照）。なお、通報内容が、会社としての不祥事ではなく、セクハラやパワハラ等の場合には、通報者の相談役として、通報者の気持ちをおさめることも重要となる。

┌─ **Point** **通報窓口担当者の役割・責任・留意点** ──────────
│ 〈役割〉
│ 　・通報の受付

　　　　・通報内容の聴取
　　　　・匿名性の維持や秘密保持の徹底についての通報者への説明
　　　　・調査方法の検討と、調査担当者の選任、調査担当者への引継ぎ、調査
　　　　　担当者との協議
　　　　・調査担当者からの報告の通報者へのフィードバック
　　　　・通報者への情報提供
　〈責任・留意点〉
　　　　・匿名性の維持
　　　　⇒通報者が特定されるような行為を行ってはならない。
　　　　⇒匿名の通報者に対しては、窓口からのフィードバックが困難である
　　　　　こと、また、セクハラやパワハラ等、通報内容によっては調査に限
　　　　　界があることを説明する。
　　　　⇒通報者の氏名等を伝えられている場合は氏名等の漏洩を禁止する。
　　　　⇒通報者が特定されないよう調査方法についても工夫の必要がある。
　　　　・範囲外共有の禁止
　　　　⇒調査遂行のために調査担当者や調査協力者等と情報を共有する必要
　　　　　がある場合、情報を共有する者の範囲、共有する情報の内容を必要
　　　　　最小限の範囲に限定する。

2　調査担当者

　調査担当者も通報に関する情報を秘匿する責務を負う。そして、通報窓口担当者と同様に、調査担当者も通報に対して主体的に調査を行う立場で関与する場合には、一般には従事者に指定され、刑事罰により担保される厳格な守秘義務を負うこととなる。また、調査方法を検討するにあたっては、調査の過程で通報者が特定されるおそれの低い方法を検討し（Ⅲ8(2)D参照）、調査を行うべきである。

　調査担当者としては、デジタルフォレンジックを利用した、パソコンへのログイン、データへのアクセス、USBメモリーの接続使用、印刷等が記録されるシステムなどの調査による客観的証拠の収集も検討に値する。

　通報対象者に対する調査により、通報対象者が通報者を特定しうる場合が

あるが、その場合に備え、通報対象者には、通報者に不利益な取扱いなどの報復措置を行うことがないよう注意喚起し、通報者の保護の徹底を図る必要がある。

なお、通報内容によっては調査担当者自身が通報対象者やその関係者であることもあり、その場合には、適正な調査の実行を担保するため、自ら利益相反があることを申告し、調査を辞退しなければならない。

```
┌─ Point  調査担当者の役割・責任・留意点 ──────────
│ 〈役割〉
│    ・調査の実施
│    ・具体的な調査方法の検討
│    ・通報窓口担当者との間で具体的な調査方法を協議し、通報窓口担当者
│     を通じて、通報者に調査方法を説明
│    ・調査結果のフィードバック
│ 〈責任・留意点〉
│    ・匿名性の維持
│     ⇒通報者が特定されるおそれの低い調査方法を検討する必要がある。
│    ・調査回避義務
│     ⇒調査担当者自身が通報対象者やその関係者である場合、自ら利益相
│      反があることを申告し、調査を辞退する必要がある。
└─────────────────────────────────
```

3 調査協力者

通報内容によっては、関係者にヒアリング等の調査を実施する必要があるが、調査担当者から調査協力の依頼を受けた場合には、誠実に調査に協力し、調査協力の過程で知り得た事実等については、第三者に漏洩しない責務を負う。また、通報者を特定するような行為を行ってはならず、調査担当者による調査を妨害する行為を行ってはならない。なお、調査協力者は、通報内容を伝えられることはあるものの、通報の受付、調査、是正に必要な措置について、主体的に行っておらず、かつ、重要部分について関与していない

ことから、従事者として定めるべき対象には該当しない場合が多いと思われる。もっとも、従事者には該当せずとも、内部規程に基づく守秘義務を負うのは当然である。

Point **調査協力者の責任・留意点**

・調査協力依頼に対して、誠実に調査に協力する責務
・通報者の特定行為の禁止
・調査内容の秘匿

---

4 通報対象者

通報対象者は、自らの非違行為に関するヒアリング等の調査については協力する責務を負う（土田道夫『労働契約法〔第2版〕』106頁）。その際、通報された内容が事実である場合には、調査が開始されている以上、いずれ発覚する可能性が高いということを肝に命じ、事実を率直に述べ、調査に協力するべきであり、虚偽の報告は懲戒事由に該当しうる。また、通報者を特定する行為を行ってはならず、まして報復行為を行ってはならない。

Point **通報対象者の責任・留意点**

・調査協力義務
　⇒事実を率直に述べ、調査に協力すべきである。
・通報者の特定行為の禁止
・報復行為の禁止

---

5 通報者

通報者としては、できる限り情報を収集・整理し、また客観的資料の収集に努め、これらをもって通報することが望まれる。その際には、収集した資料が外部に流出することがないよう管理することも必要である。

　なお、不正な目的での公益通報が禁じられているのと同様に（法2条1項）、通報者は、嫌がらせのために事実無根の内容を通報するなど、内部通報制度を悪用してはならない。かかる悪用事例が発生した場合、通報窓口担当者、調査担当者、調査協力者、通報対象者の時間を浪費させるとともに、通報対象者の名誉等の人権を傷つけることにもなりかねない。したがって、内部通報制度の悪用は厳に慎むべきである。

　もっとも、不正行為の疑いがあるとして通報を行ったものの、結果として不正行為の事実がなかったというケースも考えられる。この場合に、当該通知を不正な目的での通報として断罪するような制度とすることは、通報の利用を委縮させることになりかねず、避けなければならない（第4部Q3-2参照）。

┌─ Point　**通報者の責任・留意点** ──────────────
│　・情報を収集・整理したうえでの通報と情報の適切な管理
│　・内部通報制度の悪用の禁止
└────────────────────────────────

6　経営者

　内部通報制度を生かすも殺すも経営者次第である。経営者は実効性のある内部通報制度を設計し、運用することを積極的に推進すべきである。制度を設計する際には、匿名性の維持や秘密保持義務などの重要性や、不利益取扱いの禁止などを盛り込むとともに、他社事例等を参考にした実効性のある制度となるよう検討すべきである。

　また、内部通報の担当部署には、必要な調査権限と独立性を付与するとともに、必要な人員や予算を確保し、調査方法等の教育を受ける機会を与えることを検討すべきである。そのうえで、コンプライアンス経営に資する内部通報制度の担当者の貢献を積極的に評価し、人事考課にも反映させることが適当である。

　内部通報制度の導入後は、経営者として自社の内部通報制度を従業員等に周知する責務を負う。制度が存在しても、従業員等がこれを正しく認識していなければ単なる画餅である。したがって、経営者として内部通報制度の積極的な利用を推進するメッセージを打ち出すことが重要である。特に、中小企業の場合には、トップの意思がより重要性をもつため、事あるごとに内部通報制度の周知を図るべきである。具体的には、前述（Ⅳ2）のとおり、①内部通報制度は、企業のコンプライアンス経営の推進に資することはもとより、企業防衛の視点からも有益な制度であること、②法令違反行為等の不祥事を認識した際に「見て見ぬふり」をすることは、自ら法令違反行為等に関与することと同様、自社に対する背信行為であること、③内部通報は「善」であり、内部通報を行ったことを理由とする不利益は一切行わないこと、④内部通報が行われた場合、従業員は通報者の探索を行ってはならないこと、などのメッセージを繰り返し発信することが重要である。

　さらに、内部通報で発覚した法令違反行為等に対しては、厳正に対処し、再発防止策を策定するとともに、必要な事項を経営に反映させるべきである。

Point　経営者の責任・留意点

・内部通報制度の積極的推進
　⇒他社事例等を参考にした実効性のある制度となるよう検討する。
・内部通報担当部署の独立性等の確保
　⇒独立性の確保と調査権限の付与
　⇒必要な人員や予算を確保
　⇒人事考課による評価
・制度の周知
　⇒内部通報制度の積極的な利用を推進するメッセージを打ち出す。
　⇒内部通報で発覚した法令違反行為等に対しては、厳正に対処し、再発防止策を策定する。

第３章　内部通報取扱規程の整備

　改正法では、常時300人を超える労働者を使用する事業者に対し、内部公益通報対応体制の整備が義務付けられた（法11条２項）。これを受けて、事業者がとるべき措置に関して、その適切かつ有効な実施を図るために必要な指針が、消費者庁により定められている（法11条４項・19条）。

　指針では、「この指針において求められる事項について、内部規程において定め、また、当該規程の定めに従って運用する」とされていることから（第４・３(4)）、上記の事業者は、内部通報制度を設けたうえで、指針に沿った社内規程としての内部通報取扱規程を整備する必要がある。そして、内部通報取扱規程を従業員等が常時みられる状態におくことが制度の利用の促進を図るうえで重要である。

　もっとも、あまりに細かい規定を設けることは、制度全体の理解を阻害する面があるし、また、頻繁に規程を改訂することにもなりかねない。

　したがって、内部通報取扱規程には、指針に沿った制度の要点を規定し、手続等に関する細目は、別途、細則を作成したり、その他の方法で告知する対応とすることが望ましい。

　他方で、常時使用する労働者の数が300人以下の中小企業（小規模事業者）については、内部公益通報対応体制の整備は努力義務とされている（法11条３項）。もっとも、中小企業であっても、内部公益通報対応体制を整備する必要性があることに変わりはないため、事業者の規模や業種・業態等の実情に応じて可能な限り指針の解説に記載の事項に従った内部公益通報対応体制を整備・運用するよう努める必要がある（指針の解説第１Ⅰ注２）。

　本章では、内部通報取扱規程の一例として、指針に沿った一般的な例と中小企業を対象とした例（以下、「中小企業の例」と表記することがある）を紹介するとともに、各規程において規定されることが想定される各条項について

解説を加えることとする。

〔規程例1〕　内部通報に関する規程（一般的な例）

※　【　】で示した番号は条項解説の該当箇所を示す。

内部通報に関する規程

第1章　総則

第1条（目的）【→1】

　本規程は、社員等からの組織的又は個人的な不正行為に関する通報を適切に処理するための仕組みを定めることにより、不正行為の未然防止、早期発見及び是正を図り、もってコンプライアンス経営の推進に資することを目的とする。

第2章　通報対応体制の整備

第2条（内部通報の体制）【→2】

　本規程に従ってなされた通報に関する対応業務を行う部署を内部通報窓口担当室と定め、その責任者を同室室長とする。

第3条（通報窓口）【→3】

　通報を受け付ける窓口（以下「通報窓口」という。）は、以下のとおりとする。

　①社内窓口　　　内部通報窓口担当室
　②社外窓口　　　外部委託先

第4条（通報者）【→4】

　通報窓口の利用者は、当社並びに子会社の役員及び従業員（嘱託、契約社員、パート、派遣従業員、退職社員を含む。以下、役員と併せて「役職員」という。）とする。

第5条（通報対象事実）【→5】

　役職員は、当社の業務において法令違反行為及び社内規程違反行為（以下「不正行為」という。）が生じ、又は生じるおそれがあると思料した場合、通報窓口に通報することができる。

第6条（利益相反関係の排除）【→6】

　通報処理業務に携わる者は、自らが関係する不正行為についての通報の処理に関与してはならない。

第7条（独立性の確保）【→7】

通報窓口において役員に関係する又は関係すると疑われる通報を受け付けた場合は、社外監査役との間で、その後の進め方について協議を行う。

第8条（従事者の指定）【→8】

会社は、通報のうち公益通報者保護法3条1号及び6条1号に定める公益通報を受ける通報窓口の担当者を、同法11条1項の従事者として指定する。その他に従事者となるべき者がある場合には、会社は別途その者を従事者に指定する。なお、会社は、当該従事者に対し、従事者の地位に就くことがその者に明らかとなる方法により通知する。

第3章　通報の処理

第9条（通報の方法）【→9】

通報窓口の利用方法は、電話・電子メール・書面・面会とする。具体的な連絡先等は別途定めたうえで周知する。

第10条（通報受領の通知）【→11(2)】

通報窓口は、電子メール・書面により通報がなされた場合、通報者に対し、速やかに、通報を受領した旨を通知する。ただし、匿名による通報の場合はこの限りではない。

第11条（通報内容の検討・調査、範囲外共有の禁止）【→10・11(3)】

1．社内窓口は、通報受付後、調査の要否、調査が必要な場合には具体的な調査の内容を検討し、通報者に対し、速やかに、以後の対応について通知する。ただし、匿名による通報の場合はこの限りではない。

2．社外窓口は、通報受付後、社内窓口に連絡のうえ、社内窓口とともに、調査の要否、調査が必要な場合には具体的な調査の内容を検討し、通報者に対し、速やかに、以後の対応について通知する。ただし、匿名による通報の場合はこの限りではない。

3．社外窓口は、通報者の同意又は法令に基づく場合など正当な理由がある場合を除き、必要最小限の範囲を超えて通報者の特定につながる情報を社内窓口に開示しない。

4．調査が必要な場合、社内窓口が調査を行い、必要に応じて他部門または弁護士等に調査を依頼することができる。ただし、通報者の同意又は法令に基づく場合など正当な理由がある場合を除き、社内窓口は、他の役職員に通報者の特定につながる情報を開示してはならない。

5．社内窓口は、不正行為に関与し、また関与した疑いのある者に前項の調査を依頼してはならない。

第12条（調査における配慮）【→12】

社内窓口その他の調査担当者（以下「調査担当者」と総称する。）は、調査の実施に際し、通報者の秘密を守るため、通報者が特定されないよう調査の方法に十分に配慮しなければならない。

第13条（協力義務）【→13】

役職員は、通報に係る事実関係の調査に際して協力を求められた場合には、調査担当者に協力しなければならず、調査担当者による調査を妨害する行為をしてはならない。

第14条（進捗状況の通知）【→11(4)】

通報窓口は、通報対象者（不正行為を行い又は行うおそれがあると通報された者をいう。）や当該調査に協力した者等の信用、名誉及びプライバシー等に配慮しつつ、通報者に対し、適宜、調査の進捗状況について通知するよう努める。ただし、匿名による通報の場合はこの限りではない。

第15条（調査結果の通知）【→11(5)】

通報窓口は、調査担当者の調査の結果を踏まえ、調査結果を、可及的速やかにとりまとめ、通報者に対し、その結果を通知する。ただし、匿名による通報の場合はこの限りではない。

第16条（是正措置）【→14】

1．会社は、調査の結果、不正行為が明らかになった場合には、速やかに是正措置及び再発防止措置を講じなければならない。

2．会社は、是正措置をとった事案につき、当該措置が適切に機能しているかを確認する。適切に機能していない場合には、あらためて是正に必要な措置をとる。

第17条（社内処分）【→14】

会社は、調査の結果、不正行為が明らかになった場合には、当該行為に関与した者を就業規則に従って処分する。ただし、通報者又は調査に協力した者が自ら不正行為に関与していた場合、その者に対する処分を減免することができる。

第18条（是正結果の通知）【→11(6)】

会社は、通報対象者や当該調査に協力した者等の信用、名誉及びプライバシー等に配慮しつつ、通報者に対し、遅滞なく、是正結果について通知する。ただし、匿名による通報の場合はこの限りではない。

第19条（フォローアップ）【→15】

通報窓口は、通報処理終了後も、通報者に対して通報を理由とした不利益取扱いや職場内での嫌がらせ等が行われたりしていないかを確認するなど、通報者保護に係る十分なフォローアップを行う。ただし、匿名による通報の場合はこの限りではない。

第４章　関係者の責務

第20条（社員等の責務）【→16】

役職員は、会社内における不正行為を認知したときは、その是正に努めなければならない。

第21条（通報者の保護）【→15】

１．何人も、通報者が通報したことを理由として、通報者に対して解雇その他いかなる不利益取扱いも行ってはならない。

２．通報を行ったことを理由として、通報者に対して不利益取扱いや嫌がらせ等を行った場合、会社は就業規則に従って処分する。

３．会社は、通報者が通報したことを理由として通報者の職場環境が悪化することのないよう、適切な措置を講じなければならない。

第22条（範囲外共有の禁止、通報者の探索の禁止）【→12】

１．通報処理業務に携わる者は、通報者の同意又は法令に基づく場合など正当な理由がある場合を除き、通報者の秘密又は個人情報その他の通報において知り得た情報を漏らしてはならない。また、通報者を特定したうえでなければ必要性の高い調査が実施できないなどやむを得ない場合を除き、通報者の探索をしてはならない。

２．通報処理業務に携わる者は、通報者の同意又は法令に基づく場合など正当な理由がある場合を除き、通報者の秘密又は個人情報その他の相談・通報において知り得た情報を目的外に利用してはならない。

３．会社は、前２項の規定に違反した者を就業規則に従って処分する。

第23条（仕組みの周知等）【→17】

１．通報窓口は、通報処理の仕組み及びコンプライアンス（法令等遵守）の重要性について、当社及び子会社の役職員に対し、十分に周知するよう努めなければならない。

２．会社は、通報処理業務に携わる者に対して十分な研修等を行い、特に従事者に対しては、通報者を特定させる事項の取扱いについて十分に教育を行う。

３．内部窓口は、内部通報の仕組みや不利益な取扱いに関する質問・相談を受け付ける。

第24条（記録）【→17】

社内窓口は、通報窓口において受け付けた通報への対応に関する記録を作成し、少なくとも対応終了後〇年間保管しなければならない。

第25条（見直し等）【→17】

会社は、本規程に基づく是正措置及び再発防止策が十分に機能しているか

を評価・点検するとともに、必要に応じ、本規程による通報処理の仕組みを改善することとする。また、内部通報の運用実績の概要を適正な業務の遂行及び利害関係人の秘密、信用、名誉、プライバシー等の保護に支障がない範囲で役職員に開示する。

第5章　職制上のレポーティングラインへの通報

第26条（職制上のレポーティングラインにおける通報者等の保護等）【→18】

１．何人も、職制上のレポーティングラインに対して通報又は相談を行った者に対して、当該通報又は相談を行ったことを理由として、不利益な取扱いを行ってはならない。

２．何人も、職制上のレポーティングラインへの通報に関する調査に協力した者に対して、当該調査に協力したことを理由として、不利益な取扱いを行ってはならない。

３．会社は、職制上のレポーティングラインに対して行われた通報又は相談についても、正当な理由がある場合を除いて必要な調査を実施し、その結果を受けて必要な範囲で是正措置等を講じ、それらの記録を適切に作成・保管するとともに、役職員は、前2項の遵守に加えて、範囲外共有の禁止を含めた情報管理、通報者の探索の禁止、秘密保持、利益相反の回避等に関し、本規程に定める通報及び相談に準じて取り扱う。

第6章　附則

第27条（所管）

本規程の所管は内部通報窓口担当室とする。

第28条（改廃等）

本規程の改廃については、取締役会が決定する。

第29条（施行）

本規程は令和〇年〇月〇日より施行する。

〔規程例2〕　内部通報に関する規程（中小企業の例）

※　【　】で示した番号は条項解説の該当箇所を示す。

内部通報に関する規程

第1章　総則

第1条 (目的) 【→1】

本規程は、社員等からの組織的又は個人的な不正行為に関する通報を適切に処理するための仕組みを定めることにより、不正行為の未然防止、早期発見及び是正を図り、もってコンプライアンス経営の推進に資することを目的とする。

第2章 通報体制の整備

第2条 (通報窓口) 【→3】

通報を受け付ける窓口 (以下「通報窓口」という。) は、社長とする。

第3条 (通報者) 【→4】

通報窓口の利用者は、当社の役員及び従業員 (嘱託、契約社員、パート、派遣従業員、退職社員を含む。以下、役員と併せて「役職員」という。) とする。

第4条 (通報対象事実) 【→5】

役職員は、当社の業務において法令違反行為及び社内規程違反行為 (以下「不正行為」という。) が生じ、又は生じるおそれがあると思料した場合、通報窓口に通報することができる。

第5条 (利益相反関係の排除) 【→6】

通報処理業務に携わる者は、自らが関係する不正行為についての通報の処理に関与してはならない。

第3章 通報の処理

第6条 (通報の方法) 【→9】

通報窓口の利用方法は、電話・電子メール・書面・面会とする。

第7条 (通報受領の通知) 【→11(2)】

通報窓口は、電子メール・書面により通報がなされた場合、通報者に対し、速やかに、通報を受領した旨を通知する。ただし、匿名による通報の場合にはこの限りではない。

第8条 (通報内容の検討・調査、範囲外共有の禁止) 【→10・11(3)】

1. 通報窓口は、通報受付後、調査の要否、調査が必要な場合には具体的な調査の内容を検討し、通報者に対し、速やかに、以後の対応について通知する。ただし、匿名による通報の場合はこの限りではない。

2. 通報窓口は、必要に応じ、前項の各権限を他の役職員または弁護士等に委譲することができる。ただし、通報者の同意又は法令に基づく場合など正当な理由がある場合を除き、通報窓口は、必要最小限の範囲を超えて他

の役職員に通報者の特定につながる情報を開示してはならない。

3．通報窓口は、不正行為に関与し、また関与した疑いのある者に第1項の
　各権限を委譲してはならない。

第9条（調査における配慮）【→12】

通報窓口その他の調査担当者（以下「調査担当者」と総称する。）は、調査
の実施に際し、通報者の秘密を守るため、通報者が特定されないよう調査の
方法に十分に配慮しなければならない。

第10条（協力義務）【→13】

役職員は、通報に係る事実関係の調査に際して協力を求められた場合に
は、調査担当者に協力しなければならず、調査担当者による調査を妨害する
行為をしてはならない。

第11条（進捗状況の通知）【→11(4)】

通報窓口は、通報対象者（不正行為を行い又は行うおそれがあると通報さ
れた者をいう。）や当該調査に協力した者等の信用、名誉及びプライバシー等
に配慮しつつ、通報者に対し、適宜、調査の進捗状況について通知するよう
努める。ただし、匿名による通報の場合はこの限りではない。

第12条（調査結果の通知）【→11(5)】

通報窓口は、調査担当者の調査の結果を踏まえ、調査結果を、可及的速や
かにとりまとめ、通報者に対し、その結果を通知する。ただし、匿名による
通報の場合はこの限りではない。

第13条（是正措置）【→14】

1．会社は、調査の結果、不正行為が明らかになった場合には、速やかに是
　正措置及び再発防止措置を講じなければならない。

2．会社は是正措置をとった事案につき、当該措置が適切に機能しているか
　を確認する。適切に機能していない場合には、あらためて是正に必要な措
　置をとる。

第14条（社内処分）【→14】

会社は、調査の結果、不正行為が明らかになった場合には、当該行為に関
与した者を就業規則に従って処分する。ただし、通報者又は調査に協力した
者が自ら不正行為に関与していた場合、その者に対する処分を減免すること
ができる。

第15条（是正結果の通知）【→11(6)】

会社は、通報対象者や当該調査に協力した者等の信用、名誉及びプライバ
シー等に配慮しつつ、通報者に対し、遅滞なく、是正結果について通知す
る。ただし、匿名による通報の場合はこの限りではない。

第16条（フォローアップ）【→15】

通報窓口は、通報処理終了後も、通報者に対して通報を理由とした不利益

取扱いや職場内での嫌がらせ等が行われたりしていないかを確認するなど、通報者保護に係る十分なフォローアップを行う。ただし、匿名による通報の場合はこの限りではない。

第4章　関係者の責務

第17条（社員等の責務）【→16】

役職員は、会社内における不正行為を認知したときは、その是正に努めなければならない。

第18条（通報者の保護）【→15】

1．何人も、通報者が通報したことを理由として、通報者に対して解雇その他いかなる不利益取扱いも行ってはならない。

2．通報を行ったことを理由として、通報者に対して不利益取扱いや嫌がらせ等を行った場合、会社は就業規則に従って処分する。

3．会社は、通報者が通報したことを理由として通報者の職場環境が悪化することのないよう、適切な措置を講じなければならない。

第19条（範囲外共有の禁止、通報者の探索の禁止）【→12】

1．通報処理業務に携わる者は、通報者の同意又は法令に基づく場合など正当な理由がある場合を除き、通報者の秘密又は個人情報その他の通報において知り得た情報を漏らしてはならず、また通報者の探索をしてはない。

2．通報処理業務に携わる者は、通報者の同意又は法令に基づく場合など正当な理由がある場合を除き、通報者の秘密又は個人情報その他の相談・通報において知り得た情報を目的外に利用してはならない。

3．通報窓口は、前2項の規定に違反した者を就業規則に従って処分する。

第20条（仕組みの周知）【→17】

通報窓口は、通報処理の仕組み及びコンプライアンス（法令等遵守）の重要性について、役職員に対し、十分に周知するよう努めなければならない。

第21条（見直し）【→17】

会社は、本規程に基づく是正措置及び再発防止策が十分に機能しているかを確認するとともに、必要に応じ、本規程による通報処理の仕組みを改善することとする。

第5章　職制上のレポーティングラインへの通報

第22条（職制上のレポーティングラインにおける通報者等の保護等）【→18】

1．何人も、職制上のレポーティングラインに対して通報又は相談を行った者に対して、当該通報又は相談を行ったことを理由として、不利益な取扱

いを行ってはならない。

2．何人も、職制上のレポーティングラインへの通報に関する調査に協力した者に対して、当該調査に協力したことを理由として、不利益な取扱いを行ってはならない。

3．会社は、職制上のレポーティングラインに対して行われた通報又は相談についても、正当な理由がある場合を除いて必要な調査を実施し、その結果を受けて必要な範囲で是正措置等を講じ、それらの記録を適切に作成・保管するとともに、役職員は、前2項の遵守に加えて、範囲外共有の禁止を含めた情報管理、通報者の探索の禁止、秘密保持、利益相反の回避等に関し、本規程に定める通報及び相談に準じて取り扱う。

第6章　附則

第23条（改廃等）

本規程の改廃については、取締役会が決定する。

第24条（施行）

本規程は令和○年○月○日より施行する。

1　目的（1条）

⑴　一般的な例

内部通報制度の運用によりめざすところを明確にするため、冒頭に内部通報制度の目的を記載することが多い。かかる目的の記載は、内部通報取扱規程の解釈に疑義が生じた場合の解釈指針にもなるものである。

⑵　中小企業の例

中小企業においても一般的な例と同様に考えることができる〔規程例2〕1条）。

2　内部通報の体制（2条）

⑴　一般的な例

内部通報への対応業務が責任感をもって実効的に行われるためには、責任の所在を明確にする必要がある。そのため、通報窓口での通報の受付、調査、是正に必要な措置をとるなどの内部通報対応業務を責任をもって行う部

署を定めるとともに、その責任者を明記する（指針第4・1(1)、指針の解説第3 Ⅱ 1(1)）。

(2) 中小企業の例

中小企業においては、社外窓口を設置するほどの予算がとれず、また、人員にも限りがあるため、内部通報制度を整備・運用するにあたり、大企業と同様の体制を整えることが困難なことも多い。このような場合には、通報窓口を社長に一本化し、原則として、社長が、調査、報告、処分等のすべての権限をもつことが考えられる（〔規程例2〕2条のほか7条・8条・9条・11条・12条・16条）。

3 通報窓口（3条）

(1) 一般的な例

通報窓口としては、社内窓口と社外窓口が考えられる。

社内窓口の担当部門は、人事評定部門とは事務の分掌・配置等を明確に分けることが望ましい。通報者は、通報したことにより不利益に取り扱われることを危惧するため、人事評定部門とは異なる部門が担当することにより、人事評定に影響が及ばないことを制度上担保する必要があるからである。ただし、セクハラ・パワハラなどの問題は、人事評定部門のほうが対処しやすいという場合もあり、これらについてのみ人事評定部門を窓口とすることも考えられる。

社外窓口としては、弁護士や民間の通報受付の専門会社等に委託する場合が多い。通報窓口としては社内窓口のみをおき、社外窓口を設けない企業もあるが、内部での情報漏洩のリスクに不安を覚え、通報を躊躇している者の中には、社外窓口であれば信頼できると考える者も存在すると思われるし、社内窓口しか存在しない場合、社内窓口に、通報しようとする不正行為に関係する者がいる場合には、事実上通報ができないこととなってしまう。したがって、通報の促進という観点からは、利用できる窓口を複数設けることが望ましい。

なお、通報しようとする内容が通報対象になるのかがわからず、通報者が通報を躊躇する可能性もある。そこで、内部通報のしくみなど、内部通報に関する相談を通報窓口で受け付けることを別途規定する（23条3項）（指針第4・3(1)ロ）。

(2) 中小企業の例

前述のとおり、中小企業においては、社外窓口を設置するほどの予算がとれず、また、人員にも限りがあるため、内部通報制度を整備・運用するにあたり、大企業と同様の体制を整えることが困難なことも多い。このような場合には、通報窓口を社長に一本化し、原則として、社長が、調査、報告、処分等のすべての権限をもつことが考えられる（〔規程例2〕2条のほか7条・8条・9条・11条・12条・16条）。

ただし、社長自らが不正行為に関与している場合には、社長を通報窓口とする内部通報制度はまったく機能しないことに留意する必要がある。かかる点を考慮すれば、同業の複数の事業者（商店街や組合等を活用することも考えられる）で共通の通報窓口を設置したり、共同で法律事務所や民間の通報受付の専門会社等に委託するなどの方法でコストの低減を図りつつ、制度の整備を図ることも選択肢の1つである（第2章Ⅲ2(5)(C)参照）。

4 通報者（4条）

(1) 一般的な例

内部通報制度を利用できる通報者の範囲については、問題の早期発見の観点から、従業員に限らず、できる限り広い範囲の利害関係者を含めることにより、広く相談・通報を受け付けることが適当である。この点、改正法では、従業員に限定されていた通報者の範囲を、退職者（退職後1年以内の者）や役員にまで拡大した。これを受け、内部通報制度を利用できる通報者には、従業員、退職者（退職後1年以内の者）および役員を含める必要がある。また、公益通報者保護法による保護の対象外である退職後1年以上の退職者を対象とすることも検討に値する。

　さらに進んで、従業員の家族、下請（孫請）事業者などの取引先、一般消費者等を含めることも考えられる。

　ただし、従業員の家族、取引先、一般消費者等を含める場合、これらの者に対する通報窓口の周知方法については、会社のホームページに掲載したり、会社のノベルティグッズに通報窓口とその電話番号等を記載して配付するなど別途検討する必要がある（第2章Ⅳ3⑵参照）。

⑵　中小企業の例

　中小企業においても一般的な例と同様に考えることができる。もっとも、取引先等を含める場合には、通報窓口の周知方法の面で負担が重くなることに留意が必要である（〔規程例2〕3条）。

5　通報対象事実（5条）

⑴　一般的な例

　公益通報者保護法は、通報対象事実を刑罰や行政罰が設けられた特定の法令における一定の違反行為に限定している（法2条3項）が、内部通報制度のもつ法令違反行為等の是正、コンプライアンス経営の推進という目的に鑑みれば、内部通報における通報対象事実は、公益通報者保護法のように刑罰や行政罰が設けられた特定の違反行為に限定せず、少なくとも広く「法令に違反する行為」を対象とするのが適切である（規程例は、法令違反行為に加え、社内規程違反行為についても通報対象事実としたものである）。また、法令違反行為等の是正のみならず、予防・抑止の見地や、公益通報者保護法が、通報対象事実が現に生じている場合に加えて、「まさに生じようとしている」場合の通報も保護の対象としている（法3条1項）ことからすれば、現に生じた法令違反行為等のみならず、これから発生する可能性のある法令違反行為等や、法令違反等の疑いのある行為を含めることも考えられる。

　なお、通報対象事実を発見した場合の通報については、規程例のように通報することが「できる」とするにとどまらず、以下の例のように、通報は従業員の「義務」であるとしたり、よりソフトに「努めなければならない」と

して、努力義務として規定することも考えられる（第2章Ⅲ1・第4部Q1
－2参照）。

【例】第5条（通報義務）

　役職員は、当社の業務において法令違反行為及び社内規程違反行為（以下
「不正行為」という。）が生じ、又は生じるおそれがあると思料した場合に
は、直ちに以下の事項を通報窓口に通報しなければならない。
　① 不正行為の具体的な内容
　② 不正行為を行った（行うおそれがある）者の氏名、所属、部署名等

【例】第5条（通報努力）

　役職員は、当社の業務において法令違反行為及び社内規程違反行為（以下
「不正行為」という。）が生じ、又は生じるおそれがあると思料した場合に
は、通報窓口への通報に努めなければならない。

　さらに、通報を役職員の「義務」とする場合には、通報対象事実を知った
際に、まずは会社が定める通報窓口に通知しなければならない、すなわち、
外部機関への通報の前に必ず通報窓口に通報しなければならない旨を定める
ことも考えられる（→第4部Q1－1参照）。

【例】第4条（禁止事項）

　役職員は、本規程に則った通報をせずに、正当な理由なく不正行為が行わ
れ又はそのおそれがあることを外部に漏洩してはならない。

---

(2) 中小企業の例

中小企業においても一般的な例と同様に考えることができる（〔規程例2〕
4条）。

6 利益相反関係の排除（6条）

(1) 一般的な例

内部通報制度の信頼性および実効性を確保するため、受付担当者、調査担

当者その他通報処理業務に従事する者は、自らが関係する不正行為に係る通報の処理（調査の実施・是正措置の策定、処分の決定等）に関与してはならないことを明示する必要がある（指針第4・1(4)）。

なお、規程例では、通報窓口が調査を依頼するにあたり、利益相反関係のある者に調査を依頼してはならないとする規定を別途設けている（11条5項）。

(2) 中小企業の例

中小企業においても一般的な例と同様に考えることができる（〔規程例2〕5条）。

7 独立性の確保（7条）

(1) 一般的な例

社長をはじめとする会社役員などの幹部が主導・関与する法令違反行為も発生しているところ、これらの者が影響力を行使することで内部通報への対応業務が適切に行われない事態を防ぐ必要がある（指針第4・1(2)）。そこで、通報窓口において役員に関係するまたは関係すると疑われる通報を受け付けた場合には、社外役員との間で、その後の進め方について協議を行うなどが考えられる。そのほかにも、たとえば、社外取締役や監査機関（監査役、監査等委員会、監査委員会等）にも報告を行うようにする、社外取締役や監査機関からモニタリングを受けながら公益通報対応業務を行うこと等が考えられる（指針の解説第3Ⅱ1(2)）。また、社外窓口を設けることも、組織の長その他幹部からの独立性を確保する方法の一環であるといえる。

(2) 中小企業の例

前述のとおり、中小企業においては、予算や人員の関係から大企業と同様の体制を整えることが困難なことも多く、通報窓口を社長に一本化し、原則として、社長が、調査、報告、処分等のすべての権限をもつことが考えられる。ただし、社長自らが不正行為に関与している場合には、社長を通報窓口とする内部通報制度はまったく機能しないことに留意する必要がある。この

点は、指針の解説においても、法11条2項について努力義務を負うにとどまる中小企業においても、組織の長その他幹部からの影響力が不当に行使されることを防ぐためには、独立性を確保するしくみを設ける必要性が高いことに留意する必要があるとされている（第3Ⅱ1(2)④）。そこで、かかる点を考慮し、同業の複数の事業者（商店街や組合等を活用することも考えられる）で共通の通報窓口を設置したり、共同で法律事務所や民間の通報受付の専門会社等に委託するなどの方法でコストの低減を図りつつ、制度の整備を図ったりすることも選択肢の1つである（第2章Ⅲ2(5)(C)参照）。

8 従事者の指定（8条）

(1) 一般的な例

改正法においては、内部公益通報の受付、調査、是正に必要な措置のすべてまたはいずれかを主体的に行う業務および当該業務の重要部分に関与する者を従事者に指定し、従事者には、刑事罰により担保される厳格な守秘義務を負わせることとされた（法11条1項・12条・21条）。そして、窓口担当者は、まさに窓口として通報者からの通報を受け付け、その後、通報者とのパイプ役となる者であるから、規程において従事者であることを明記することが考えられる。ただし、調査担当者を窓口担当者以外で指定する場合などには、窓口担当だけではなく、当該他の者も従事者に指定する場合があるため、窓口担当以外で従事者に指定すべき者がある場合には、会社が別途その者を従事者に指定することとなる。

また、従事者に指定されると、守秘義務違反に刑事罰が科されるという重い責任を負うことから、予期に反して刑事罰が科される事態を防ぐため、自らが刑事罰で担保された守秘義務を負う立場にあることを明確に認識する必要があり、会社から別途明確に通知することを規定している（指針第3）。

(2) 中小企業の例

前述のとおり、中小企業においては、予算や人員の関係から大企業と同様の体制を整えることが困難なことも多く、通報窓口を社長に一本化し、原則

として、社長が、調査、報告、処分等のすべての権限をもつことが考えられる。そして、その場合、社長は守秘義務を負うこととなる（〔規程例2〕19条1項）。他方で、かかる規程に基づく守秘義務を超えて、刑事罰により担保された守秘義務を負う従事者を別途指定するか否かは、会社の実情に応じて判断することになると思われる。

9　通報の方法（9条）

(1)　一般的な例

通報の方法としては、電話、電子メール、ファクシミリ、手紙等の書面、面談等が考えられる。

社内窓口と社外窓口で通報の方法を変える例もある。たとえば、社内窓口の場合には、電子メール・書面・面談のいずれかの方法とする一方で、社外窓口の場合には、これらに加えて、電話による通報を認める場合もある。また、社外窓口として、外部の専門会社に委託する場合には、電話対応のみを行うことを前提としているところも多い（ケーススタディ③参照）。

また、電子メールや書面での受付の場合、通報者にとっても通報しやすく、また、通報窓口担当者も通報内容を理解しやすいように、事前に通報書式を用意する場合もある（【書式3】参照）。

通報窓口の電話番号や電子メールのアドレス等は変更される可能性もあり、内部通報取扱規程で規定してしまうと、変更の都度、規程の変更手続が必要となるため、規程中には定めず、別途定めたうえで周知する方法をとるほうが便宜である。

(2)　中小企業の例

中小企業の場合も一般の例とほぼ同様である（〔規程例2〕6条）。ただし、中小企業を対象とした例では通報窓口を社長としており、社長の連絡先は皆が知っていると思われるため、一般的な例のように、「具体的な連絡先等は別途定めたうえで周知する」との規定はおいていない。

10 通報内容の検討・調査、範囲外共有の禁止（11条）

⑴ 一般的な例

通報を受け付けた後の処理手順を定めるものである。

通報受付後、調査を開始する際に、あらかじめ、調査の担当者や調査方法を検討し、通報後の方針について通報者に説明するしくみとすれば、通報者の納得感を得られやすい。また、調査の過程で、通報者の特定につながる情報が漏洩することがないようにするための定めをおくものである。

11条2項および3項は、社外窓口を設置した場合の規定である。社外窓口で通報を受け付けた場合、会社の実情を知る社内窓口を交えて調査の方法等の検討を行う必要があるが、その際、通報者の意思を尊重するとともに、通報者に対する不利益な取扱いを防止するため、通報者の同意または法令に基づく場合など正当な理由がある場合を除き、社内窓口には通報者の特定につながる情報の提供を行わない旨を定めている。

なお、社内窓口の担当者が不正行為の関係者であるために、社外窓口に通報がなされたケースでは、社外窓口から社内窓口に通報があった事実を伝えるべきではない。そのため、そのような場合を想定し、以下の例のように、さらに別のルート（社外窓口から内部通報制度を統括する上位の部署に連絡する等）を設定することも考えられる。

【例】第11条（通報内容の検討・調査、範囲外共有の禁止）

6．社外窓口は、通報が、社内窓口の担当者が不正行為に関与する旨の内容である場合には、内部統制統括部長に連絡のうえ、内部統制統括部が社内窓口の役割を担う。

⑵ 中小企業の例

中小企業の場合、社長が通報窓口となり、調査方針の決定や調査の権限を社長にもたせることが現実的なことが多い。そのため、8条では、2条の通報窓口を社長とする旨の規定を受け、調査方針の検討、通報者への連絡、調

査自体を原則として通報窓口である社長が行うことを規定し（1項）、必要に応じ、その権限を他の役職員または弁護士等に委譲することができる旨を規定している（2項）。また、その場合に、一般的な例の11条5項と同様に、利害関係のある者に権限を委譲してはならない旨を規定している（3項）。

11 通報者へのフィードバック等（10条・11条・14条・15条・18条）

(1) はじめに

通報者には、通報を受領したことの報告、調査結果の報告、是正結果の報告等を行う必要がある。

かかる通報者へのフィードバックの必要性は、一般的な例でも中小企業の例でも同様である。そこで、以下では、一般的な例を用いて説明し、中小企業の場合に、その実情に応じた別の配慮が必要な場合には、その点について言及する。

(2) 受領報告（10条）

電子メールや書面での通報の場合、電話や面談による通報の場合と異なり、通報者には、通報窓口が通報を受領したか否かが不明である。そのため、電子メールや書面で通報を受け付けた場合、通報窓口は通報者に対し、速やかに通報を受け付けた旨を連絡することが必要である。

(3) 検討結果の報告（11条）

通報内容によっては、不正行為でないことが明らかであるなど、調査自体が不要である場合がある。また、調査が必要であるとしても、調査方法によっては、調査の過程で通報者が特定されるおそれも否定できないことから、通報者にかかるリスクを説明したうえで調査を行う必要がある（第2章Ⅵ1参照）。

また、通報者から書面による通報を受領した日から20日を経過しても、調査を行う旨の通知をしないまたは正当な理由なく調査を行わない場合は、通

報者が、その後、会社以外の組織（たとえば報道機関等）に通報したことを
もって当該通報者を解雇することが禁止される（法3条3号ホ）。かかる規
定の趣旨からすると、通報を受領してから20日以内には、検討結果を通報者
に通知する必要があると考えられる。

　なお、中小企業の例では、社外窓口を設けないものとしていることから、
一般的な例の11条2項のような社外窓口に関する規定はおいていない。

(4) 進捗状況報告（14条）

　調査から結果報告までには相応の時間を要することも予想されるため、通
報者に対し、調査の進捗状況を適宜報告することを定めた規定である。

(5) 結果報告（15条）

　通報者は、調査結果に最大の関心を有していることから、調査結果が判明
した場合に、通報者に対し、その内容を速やかに通知することを定めた規定
である。

(6) 是正結果の報告（18条）

　調査結果を受け、会社として不正行為に関与していた者の処分を決定した
場合や再発防止策を策定した場合に、通報窓口から通報者に是正の結果を通
知することを定めた規定である。

12 調査における義務（22条・12条）

(1) 一般的な例

　通報者が躊躇なく通報を行えるようにするためには、通報者が特定される
おそれの低い制度とする必要がある。

　一般的な例の22条は、通報窓口や調査担当者等の通報処理業務に携わる者
に、通報処理業務に関して知り得た情報についての秘密保持義務と目的外利
用の禁止義務を課すとともに、通報者の探索を禁止し、かかる義務に違反し
た場合には就業規則により処分することを規定したものである。

　また、調査方法によっては、通報者が特定されるおそれも否定できない。
一般的な例の12条は、調査担当者に対し、通報者が特定されないよう、調査

の方法に十分配慮する義務を課すものである。

(2) 中小企業の例

中小企業においても基本的に一般的な例と同様に考えることができる（〔規程例2〕9条・19条）。

13 協力義務（13条）

(1) 一般的な例

調査への協力は本来の業務ではないため、ともすれば、調査に対し、役職員から十分な協力を得られないおそれもある。そこで、内部通報制度を有効に機能させるため、役職員に対し、通報窓口から調査への協力を求められた場合の協力義務を課するものである。

(2) 中小企業の例

中小企業においても一般的な例と同様に考えることができる〔規程例2〕10条）。

14 是正措置、社内処分とリニエンシー制度（16条・17条）

(1) 一般的な例

調査の結果、不正行為の存在が明らかとなった場合には、速やかに是正措置を講じたうえで、再発防止策を策定し、不正行為を行った者を就業規則に従って処分することとなる。また、社内処分とともに、当該不正行為が刑事事件を構成するなどの悪質性の高いものである場合には、再発抑止の観点から刑事告訴を行うことも検討することとなる。さらに、是正措置をとったものの、その措置が是正として機能していない場合も考えられる。そこで、一定期間後に当該措置が適切に機能しているかを確認し、機能していない場合には、あらためて是正に必要な措置をとることとなる（指針第4・1(3)）。

また、17条ただし書は、いわゆるリニエンシー制度を定めるものである。通報の促進を図り、不正行為を未然・早期に防ぐという観点からは、リニエンシー制度を導入することも一案である。

　このほかにも、法令違反の未然防止や早期発見に寄与する通報を行った者を表彰したり、報奨を与えたり、また人事評価において高い評価を与える等の措置を設けることも考えられる。ただし、表彰等によって通報者が特定されてしまうようでは、通報に対する萎縮効果が生じかねない。そのため、通報者の匿名性に配慮し、たとえば、通報があった事実とそれにより不正行為が未然に防げたことを感謝する旨の経営者の謝意を社内報等で告知するなどの方法にとどめることも考えられる。

⑵　中小企業の例

　中小企業においても一般的な例と同様に考えることができる〔規程例2〕13条・14条）。

15　通報者の保護（21条・19条）

⑴　一般的な例

　通報を行ったことより、通報者が何らかの不利益を受けることがあると、内部通報制度は機能しない。

　21条は、何人も、通報者に対し通報を理由として解雇その他いかなる不利益取扱いも行ってはならないことを定めるとともに、通報者に対し通報を理由として不利益取扱いや嫌がらせ等を行った者には就業規則に従って処分を課すことを規定するものである。また、会社に対し、通報者の職場環境が悪化することがないよう適切な措置を講じる義務を課すものである。

　19条は、通報窓口において、通報処理後においても職場内で嫌がらせを受けていないか等を通報者に確認するなどのフォローアップを行うことを規定するものである。

⑵　中小企業の例

　中小企業においても一般的な例と同様に考えることができる〔規程例2〕18条）。

16 会社・役職員の責務（20条）

⑴ 一般的な例

20条は、役職員の責務として、社内の不正行為を認知したときには、その是正に努めなければならないことを規定するものである。この規定は、コンプライアンス経営の推進の観点から、あくまで、不正行為を認知した場合に是正に向けて努力することを定めたものであり、内部通報を行うことを義務付けるものではない。

これに対し、内部通報の促進を図る観点からは、不正行為を認知した場合に、内部通報を行う義務を課すことも考えられる（上記5（通報対象事実）の条項例参照）。

⑵ 中小企業の例

中小企業においても一般的な例と同様に考えることができる〔規程例2〕17条）。

17 周知義務等（23条・24条・25条）

⑴ 一般的な例

内部通報制度が整備されても、制度を利用する側の役職員等が制度の存在や内容を理解していなければ画餅に帰してしまう。そこで、23条1項では、会社には、通報処理のしくみおよびコンプライアンス（法令等遵守）の重要性について、役職員に対し、十分に周知する義務を課している。

また、23条2項では、内部通報制度を有効に機能させるため、会社に調査担当者等に対して、十分な研修等を行うよう規定している。特に、従事者は刑事罰により担保される重い守秘義務を科されることになるため、通報者を特定させる事項の取扱いについて十分に教育を行うことを規定している。

さらに、役職員の認識を高めるためには、会社から一方的に周知するだけではなく、わからないことが生じた際に質問や相談を行える体制が必要である（指針第4・3⑴ロ）。そこで、23条3項では、内部通報のしくみなどにつ

いて、内部窓口に、個別に質問や相談ができることを規定している。

内部通報制度を整備した後も同制度が有効に機能しているか否かを定期的に評価・検証し、必要に応じて、処理のしくみを改善することが必要である。25条ではその旨を規定している。さらに、内部通報が適切になされるためには、内部通報を行うことによって法令違反行為等が是正されることに対する役職員の期待感を高めることが必要であり、そのためには、個人情報の保護等に十分配慮しつつ、会社の内部通報制度が適切に機能していることを示す実績を役職員に開示することが必要である。そこで、21条の後段において、内部通報の運用実績の概要の役職員への開示について規定している（指針第4・3(3)ハ）。

また、内部通報制度の定期的な評価・検証のためには、記録を適切に作成・保管しておく必要がある。そのため、24条において、通報窓口において受け付けた通報への対応に関する記録を作成し、保管することを義務付けている（指針第4・3(4)）。

(2) 中小企業の例

中小企業においても一般的な例と同様に考えることができる（〔規程例2〕20条・21条）。ただし、中小企業の例では、研修等には費用等の会社の負担も生じることから、現実的な観点から、一般的な例の23条2項のような、会社に調査担当者等への研修等を求める規定は設けていない。

18 職制上のレポーティングラインへの通報（26条）

(1) 一般的な例

職制上のレポーティングラインとは、組織内において指揮監督権を有する上長等に対する報告系統のことをいう。職制上のレポーティングラインにおける報告（いわゆる上司等への報告）やその他の労働者等および役員に対する報告も内部公益通報にあたりうる（指針の解説第3Ⅱ1②注11）。また、1条に定める目的を達成するためには、職制上のレポーティングラインに対する通報の取扱いも適切に対応されることが重要である。そこで、26条では、職

制上のレポーティングラインへの通報の取扱いを定めている。

26条では、職制上のレポーティングラインへの通報であっても、通報者に対する不利益取扱いが禁止されるとともに、当該通報への調査に協力したことを理由とする不利益取扱いが禁止されることを明記している。そのうえで、職制上のレポーティングラインに対して行われた通報についても、正当な理由がある場合を除いて必要な調査を実施し、その結果を受けて必要な範囲で是正措置等を講じ、それらの記録を適切に作成・保管するとともに、役職員は、不利益取扱いの禁止に加えて、範囲外共有の禁止を含めた情報管理、通報者の探索の禁止、秘密保持、利益相反の回避等に関し、規程に定める通報および相談に準じて取り扱うことを記載している。

職制上のレポーティングラインでは上司などが通報を受け付けることが想定されるが、当該上司などは、従事者に指定された者ではないため、公益通報者を特定させる事項の秘匿について、刑事罰による守秘義務を負うものではない。そのため、規程において、守秘義務や範囲外共有の禁止を定めている。

(2)　中小企業の例

中小企業においても一般的な例と同様に考えることができる（〔規程例2〕22条）。

第4部

Q&Aによる内部通報・
外部通報（内部告発）・
公益通報と人事労務

第1章　内部通報制度の設計

Q1-1　内部通報前置を採用することの可否

Q 当社では、内部通報規程で、マスコミや行政機関等の外部への通報に先だって内部通報を行うこと（内部通報前置）を定めています。今般、このルールに違反して、最初からマスコミや行政機関等の外部へ通報を行った従業員がいました。そこで、当社は当該従業員に対して懲戒処分を行うことを検討していますが、そもそも内部通報前置を採用することは可能でしょうか。可能だとして、どのような規程を定めればよいのでしょうか。

A 内部通報前置を採用することは可能です。もっとも、公益通報者保護法が行政機関や報道機関等への外部通報を許容する要件を満たす場合には、内部通報をすることなく、行政機関や報道機関等の外部へ通報を行った者に対し、懲戒処分や普通解雇を行うことはできません。また、判例による一般法理で保護される場合も同様です。

1　内部通報前置の可否

　現実の外部通報には真実を内容とするものもあれば、虚偽にわたるものもあり、公益目的もあれば私怨、妬みによるものもある。そして、真実を内容とする通報や公益目的の通報であっても、直ちに外部に通報されれば企業秘密の漏洩や企業の社会的評価が下落するおそれがある。そこで、企業としては、私怨や妬みによる通報、虚偽の通報はもちろんであるが、それ以外の適正な通報であっても、それらのリスクに適切に対処する必要がある。

　そこで、こうした事態に対する1つの対応策として、従業員等が社内における法令違反行為等を認識した場合には、外部通報に先立ち、企業が社内や社外に設置した内部通報窓口に通報することを義務付ける制度（内部通報前

置）を採用することができるかが問題となる。

2　雇用契約において信頼関係に基づく誠実義務を理由に内部通報を優先すべきである旨を判示した裁判例

　内部通報を優先すべき旨を判示した裁判例として、群英学園（解雇）事件（東京高判平14・4・17労判831号65頁）や、首都高速道路公団事件（東京地判平9・5・22労判718号17頁）があげられる。

《裁判例》

●群英学園（解雇）事件（東京高判平14・4・17労判831号65頁【参考資料1】14事件）

　内部通報を経ずに外部通報した行為が誠実義務に違反するものとされた事例

〈概要〉　予備校を経営する学校法人の幹部従業員ら（指導部長、事務次長）が、理事長の不正経理問題を指摘して退任を求め、応じなければマスコミに公表する旨述べ、実際には労働組合に不正経理問題を記載した書面を交付したことから、学校法人から普通解雇された事案。

〈判旨〉「マスコミの報道による甚大かつ回復困難な影響を考えると、仮に不正経理問題が合理的な根拠のある事実であったとしても、分別も備えた年齢に達した社会人であり、控訴人に雇用されて予備校とはいえ教育に携わり、しかも幹部職員でもあった被控訴人らであってみれば、控訴人の事業規模、活動地域（群馬県内の正規職員十数名に非常勤の講師数40名前後を抱える予備校である。）に照らし、そのような事実の公表が控訴人の経営に致命的な影響を与えることに簡単に思い至ったはずであるから、まずは控訴人内において……役員会あるいは理事会等の内部の検討諸機関に調査検討を求める等の手順を踏むべきであり、こうした手順を捨象していきなりマスコミ等を通じて外部へ公表するなどという行為は、控訴人との雇用契約において被控訴人らが負担する信頼関係に基づく誠実義務に違背するものであり許されないものというべきである」

《裁判例》

●首都高速道路公団事件（東京地判平9・5・22労判718号17頁【参考資料

1】5事件）

従業員が誠実義務の一環として内部通報を前置すべき義務を負うとされた事例

〈概要〉 川崎縦貫道（一期）建設工事につき、被告の職員として在職していた原告が、用地確保等の観点から批判を加えて他のルートに変更のうえ建設すべきであるとの意見を新聞紙上に投書したことから、被告が、名誉が毀損され、職場秩序が乱されたとして原告を停職処分としたところ、原告が停職処分の取消し等を求めて提訴した事案。

〈判旨〉 「本件投書のように、従業員が職場外で新聞に自己の見解を発表等することであっても、これによって企業の円滑な運営に支障をきたすおそれがあるなど、企業秩序の維持に関係を有するものであれば、例外的な場合を除き、従業員はこれを行わないようにする誠実義務を負う一方、使用者はその違反に対し企業秩序維持の観点から懲戒処分を行うことができる。そして、ここにいう例外的な場合とは、当該企業が違法行為等社会的に不相当な行為を秘かに行い、その従業員が内部で努力するも右状態が改善されない場合に、右従業員がやむなく監督官庁やマスコミ等に対し内部告発を行い、右状態の是正を行おうとする場合等をいう」

これらの裁判例に照らせば、企業が内部通報窓口を設置して適切に運用し、従業員の内部通報で法令違反行為等が是正される体制が整備されているのであれば、従業員に内部通報前置を義務付けることは、企業不祥事を自浄作用によって適正化してコンプライアンスを実践しながら、企業秘密の流出や社会的評価の下落を最小限に抑え、ひいては従業員の雇用を守ることができるため、合理性を有するといえる。

ただし、社内規程などによって内部通報前置を義務付けることが許容されるとしても、上記の首都高速道路公団事件や下記のトナミ運輸事件の判示から理解できるように、内部通報によっては社内の法令違反行為等が是正される見込みが乏しい場合など、内部通報を行うことなく外部通報を行うことがやむを得ないものと認められる場合には、社内規程等に違反していきなり外部へなされた通報についても、公益通報者保護法や判例法理による保護を受ける場合があることに留意する必要がある。

《裁判例》

●トナミ運輸事件（富山地判平17・2・23労判891号12頁【参考資料1】43事件）

　従業員が十分な内部努力をしないまま外部通報に至った行為が不当とまではいえないとされた事例

〈概要〉　会社ぐるみ・業界ぐるみでヤミカルテルが行われていた場合に、従業員が必ずしも十分な内部努力をしないまま、新聞社に外部通報を行った事案。

〈判旨〉　「内部告発方法の妥当性についてみると、……労働契約において要請される信頼関係維持の観点から、ある程度被告の被る不利益にも配慮することが必要である。そこで、原告が行った被告内部での是正努力についてみると、まず原告は乙山副社長に対して……直訴しているが、……その内容は主として中継料の問題であり、原告は本件ヤミカルテルを是正すべきであるとは明確に言わなかった。……以上によれば、原告が行った上記……の行為そのものでは、本件ヤミカルテルを是正するための内部努力としてやや不十分であったといわざるを得ない。しかし、他方、本件ヤミカルテル及び違法運賃収受は、被告が会社ぐるみで、さらには被告を含む運送業界全体で行われていたものである。……このような状況からすると、管理職でもなく発言力も乏しかった原告が、仮に本件ヤミカルテルを是正するために被告内部で努力したとしても、被告がこれを聞き入れて本件ヤミカルテルの廃止等のために何らかの措置を講じた可能性は極めて低かったと認められる。このような被告内部の当時の状況を考慮すると、原告が十分な内部努力をしないまま外部の報道機関に内部告発したことは無理からぬことというべきである。したがって、内部告発の方法が不当であるとまではいえない」

3　内部通報前置と公益通報者保護法

　公益通報者保護法は明確には内部通報前置主義を採用しておらず、通報先に応じて保護要件に差異を設ける構造を採用している（法3条1号～3号・6条1号～3号）。そこで、このような同法の構造と内部通報前置との関係（つまり、公益通報者保護法が内部通報前置を採用することを容認する趣旨か否か）を立法当時の議論を踏まえて検討する。

　この点に関し、内部通報前置を義務付けることは、公益通報者保護法に違反する疑いがあるとの見解もある（たとえば、浜辺陽一郎『内部通報制度　仕組み作りと問題処理』117頁）。

　公益通報者保護法は、国民生活審議会消費者政策部会公益通報者保護制度検討委員会作成の「公益通報者保護制度の具体的内容について」（平成15年5月19日）における検討結果を基礎の一部としている。同委員会の議論の過程では、平成15年3月6日の第2回委員会の席上でこの問題が取り上げられ、そこでは内部通報の前置という手続に重きをおく考え方と、並列的な通報先を通報者が選択することを可能としつつ、英国法を参考に保護要件に差異を設ける考え方に分かれていた。そして、最終的に委員長が「大体のコンセンサス」として、「民事法的な保護というふうに考えて、そこで手続的な意味での前置・後置というのではなくて、従業員の自分の判断でどこに持って行っても構わないけれども、この法律による保護を受ける場合の要件としては、内部で声を上げた場合と、外に出した場合、監督官庁とか、あるいはそれ以外に出した場合とで、少し要件が違うというのは、それでいいんではないかと」とまとめて、議論が収束した（同議事録39頁・40頁）。

　このように、公益通報者保護法は、英国法の要件論を手本に通報先を並列的に定める構造を採用しているため、たとえば、行政機関通報（2号通報）や報道機関等通報（3号通報）の保護要件を満たす場合についてまで常に内部通報前置を要求し、内部通報をしないことを懲戒処分の対象とすることは許されないといわざるを得ない。もっとも、公益通報者保護法は内部公益通報（1号通報）の保護要件を緩和することにより内部公益通報を促進する構造を採用しているのであるから、企業が内部通報制度を適切に整備・運用していることを前提に、通報が行政機関通報（2号通報）や報道機関等通報（3号通報）の保護要件を満たさない場合に内部通報を前置することを従業員に義務付ける、という意味での内部通報前置を採用することまでをも排除するものではないものと解される。そして、このように解することが、前述した公益通報者保護制度検討委員会が内部通報前置を推進する立場の委員と

そうではない立場の委員の「大体のコンセンサス」を採用したことにも整合的である。

　したがって、内部通報前置を採用することは可能と解されるが、その運用には留意する必要がある。

Q1-2　従業員に通報義務を課すことの可否、義務化する際の留意点

> **Q** 当社では、内部通報を促進するため、従業員が法令違反行為等を知った場合に当社の通報窓口に通報を行うよう義務付ける規定を内部通報規程に定めることを検討しています。このような規定は有効でしょうか。
>
> **A** 内部通報に対する従業員の心理的抵抗を緩和し、内部通報をより促進する観点から通報義務を定めることも合理的といえ、有効と考えます。もっとも、管理職等を除く一般の従業員に対し、単純な通報義務違反のみを理由に直ちに懲戒処分等を課すことは、通報の対象や従業員の地位・職責等に照らし、慎重な検討が必要です。

　内部通報制度の設計上、通報の義務化の当否の問題については、すでに第3部第2章Ⅲ1で述べたとおりである。ここでは、主として通報義務の有効性と義務違反に対する懲戒処分について検討する。

1　通報を義務付けることの意義

　内部通報は、他の従業員の法令違反行為等を内容とするものであるから、往々にして通報者と通報対象者という従業員間の人間関係を根底から覆す。通報される側からすれば、「裏切られた」と感じることもある。それゆえ、従業員が他の従業員の法令違反行為等を認識したとしても、当該従業員との人間関係を慮り、あるいは逆恨みを恐れる等の理由から、直ちに内部通報に踏み切ることができない実情がある。

　つまり、通報するかどうかを純然たる任意ないし権利だと位置付けた場

合、たとえば同僚や上司等の着服行為を知った従業員が内部通報をした結果、仮にその上司や同僚が懲戒解雇され、その家族が路頭に迷う可能性があるのだとしたら、純粋な正義感のみで内部通報に踏み切ることは容易ではない。

とりわけ、日本の長期雇用システムのもとでは、正社員は新卒一括採用され、定年までの雇用保障を前提に、広範な人事権に服しながら社内でのローテーション人事によるOJTを中心とした教育訓練を通じて幹部として育成されることが一般的である[1]。このような雇用慣行は、雇用の安定というメリットをもたらす一方で、職場に一体感が醸成され、ひいては職場の人間関係を優先する風土をももたらす場合がある。

その結果、内部通報は、企業という一種の共同体における「裏切り」や「仲間を売る」行為として扱われ、従業員が上司や同僚等から陰湿ないじめ（村八分）に遭うリスクが懸念される。それゆえ、法令違反行為等を知った従業員に、純粋な正義感からリスクを冒して内部通報に踏み切ることを期待することは現実には容易ではないのである。

そこで、内部通報制度の実効性を確保する手段の1つとして、従業員の内部通報への心理的抵抗を和らげ、内部通報を促進する観点から、就業規則や内部通報規程により、他の従業員の法令違反行為等を認識した場合には、従業員に通報を義務付ける規定を就業規則や内部通報規程におくことが考えられる（この点、規程集（2頁）によれば、従業員等が法令違反行為等を認識した場合の通報義務・報告義務（努力義務を含む）を定めるものが、76規程中17規程あったとされている）。

2　通報義務の根拠と限界（調査協力義務との関係）

こうした積極的な通報義務の根拠となりうるのは、労働契約上の労働義務である。つまり、労働契約上の労働義務は単に働けばよいというものではな

---

(1)　荒木尚志『労働法〔第4版〕』827頁・828頁。

く、誠実に履行されなければならない（労働契約法3条4項）。したがって、その労働義務の一環として通報義務を就業規則で定めることは、労働契約法7条の「合理的な労働条件」として、許容されうるし、内部通報を促進する観点から就業規則を変更して定める場合でも、同法10条の合理的な労働条件の変更にあたると解される。

　もっとも、その通報義務があらゆる事象に及び、通報義務違反に対して常に懲戒処分が可能かといえば、そうではない。たとえば、調査協力義務（積極的・能動的な報告義務とは異なり、企業の調査等に対して消極的・受動的に調査に協力すべき義務）の限界に関し、最高裁は、従業員が「企業の一般的な支配に服するものということはできない」ことを理由に、①「当該労働者が他の労働者に対する指導、監督ないし企業秩序の維持などを職責とする者であって、右調査に協力することがその職務の内容となっている場合」には他の従業員の非違行為に関する調査協力義務を肯定する一方、それ以外の場合には、直ちに調査協力義務を認めず、「調査対象である違反行為の性質、内容、当該労働者の右違反行為見聞の機会と職務執行との関連性、より適切な調査方法の有無等諸般の事情から総合的に判断して、右調査に協力することが労務提供義務を履行する上で必要かつ合理的であると認められ」る場合に限り、調査協力義務を肯定できるものとした（富士重工業事件（最三小判昭52・12・13民集31巻7号1037頁））。これによれば、他の従業員の非違行為に関する調査への協力を義務付けるのは限界があると解される。

　このように、消極的・受動的義務である調査協力義務とのバランスからすれば、積極的・能動的義務たる通報義務が有効と認められる範囲はより慎重に考える必要があり、通報の対象となる事実の内容や従業員の地位や職責等に照らし、通報をしなければ労働義務の履行が無価値となる場合や、少なくとも労働の価値が減少するような場合に限り、労働義務に含まれ、その違反に対して懲戒処分が可能となると解すべきである。具体的には、たとえば、①管理職であれば、通報の対象としては部下等の服務規律違反行為全般に及ぶものの、一般従業員に関しては、②営業担当者であれば、通報の対象が競

業企業への営業情報の漏洩に関するもの、③総務担当者であれば、反社会的勢力と従業員との密接交際に関する情報に関するものに限り、通報義務が労働義務に含まれ、その違反に対して懲戒処分が可能となると解するのが適切であると考えられる（土田道夫『労働契約法〔第2版〕』106頁〜107頁参照）。

3　まとめ

　就業規則やその付属規程である内部通報規程に通報義務を定めること自体は前述した理由から合理性が認められ、有効と解される。もっとも、管理職等を除く一般の従業員に対し、単純な通報義務違反のみを理由に直ちに懲戒処分等を課すことは、通報・報告の対象や従業員の地位・職責等に照らし、慎重に検討する必要があるものと解される。とりわけ、前述のように通報義務の主な目的が従業員の心理的抵抗を和らげる点にあるのだとすれば、懲戒処分の運用は慎重に行うべきである。

第2章 内部通報に対する調査上の留意点等

Q2-1 調査上の一般的な留意点（横領、不正経理事案を題材に）

Q 当社は建設業を営んでおり、全国に支社を展開していますが、先日、当社の内部通報窓口に、ある支社の経理責任者が、簿外の銀行口座に不明朗な送金を行っているという通報が寄せられました。当社としては、法令違反行為の可能性があるため、調査を実施したいと考えていますが、どのような点に留意して調査を進めればよいでしょうか。

A 横領・不正経理事案では金銭の流れを客観的証拠に基づいて確定する必要があることから、通報者から詳細な情報を取得したうえで、可能な限り客観的証拠を収集する必要があります。他方、内部通報に基づく調査は通報対象者に気づかれないよう進める必要があることから、情報共有の範囲を限定し、情報が漏洩しないよう留意して調査を進める必要があります（第3部第2章V 2参照）。

1 金銭関係の不正事案における対応手順

　本設例は、現職の経理責任者が金銭関係の不正を行ったという事案であり、実務上、しばしば直面するものである。この種の事案では、金銭の流れが伝票類や会計帳簿、送金記録等に客観的証拠として残ることがある。

　そのため、実務的には、いかにして初動の段階で客観的証拠を徹底的に収集し、これを調査分析するか、という点が重要な鍵となる。以下、一般的な内部通報に対する調査上の留意点とともに、不正経理事案における留意点を検討する。

2　内部通報を端緒とする事案の留意点

⑴　情報共有範囲の限定

　法令違反行為等について内部通報を受けた当初の段階では、いまだにその情報はあくまで通報対象者の不正の可能性を示すものにとどまるし、そこで示された不正は氷山の一角にとどまる可能性もある。したがって、内部通報を受けた場合、速やかに調査担当者を選任し、または調査チームを編成したうえで、事実関係の調査に一刻も早く着手し、事案を解明する必要がある。

　もっとも、その際に最も重要なのは情報の保全であり、社内において当該事案に関する情報を共有する範囲を必要最小限にしなければならない。具体的には企業トップ、担当役員、法務・総務・人事等の各対応部署の所属長や調査担当者に限定すべきである。なぜなら、当該事案に関する情報が意図しない形で漏洩した場合には、社内外に混乱をもたらすおそれがあり、事案によってはインサイダー取引が引き起こされる可能性もありうるし、何より漏洩した情報が通報対象者に伝われば、前述した客観的証拠を隠滅する機会や、口裏合わせの機会を与えることにもなりかねないからである。

⑵　調査チーム編成上の留意点

　調査チームを編成するにあたっては、経理責任者の金銭不正であれば、会計経理の知識が必要になってくる場合が多いため、内部監査部門があればその担当者、そのような部門がない場合には、調査対象者とできる限り関係のない（同じ部署や支店での勤務経験がない等）会計経理担当者を調査担当者に選任することが適当である。さらに、事案によっては、弁護士や公認会計士といった外部専門家に調査を依頼し、または第三者委員会を設置することもありうる。

⑶　できる限り、客観的証拠の保全を優先すること

　調査の一環として第三者や通報対象者にヒアリングを行うことがあるが、第三者や通報対象者にヒアリングを行った場合には、第三者や通報対象者がその不正事案を認識することにより、第三者を通じて情報が漏洩したり、通

報対象者によって証拠の隠滅が行われる可能性も否定できない。そのため、できる限り、客観的な証拠の保全を優先することが望ましい。

そして、不正経理事案であれば、デジタルフォレンジック調査を外部に依頼することもありうる。

(4) 通報者に対する積極的な対応と保護措置

他方、通報者については、ヒアリングを実施しても情報漏洩のリスクが増加するわけではなく、有益な情報が得られる可能性があることから、当初から積極的にコンタクトをとっていくことが適切である。そこで、顕名での通報であれば協力を依頼し、また匿名の通報であっても、事案解明の必要性を訴えて顕名への切替えを依頼するなど、可能な限り、コミュニケーションを図っていくことが必要である。

もっとも、通報者から得られた情報をもとに調査を行っていく場合、情報の内容から通報者が通報対象者等に特定される可能性もある。たとえば、ある事実を知っているのは、通報対象者と通報者のみであるような場合である。その場合、通報対象者に対し、当該事実をいきなり切り出すことは避けるべきである。このように、通報者を通報対象者から保護する対策（匿名性の確保）についても十分に検討しておく必要がある（第3部第2章Ⅲ8(2)(D)参照）。

3　通報対象者の処遇

(1) 調査中の段階

客観的証拠の収集や第三者からのヒアリングが行われている時期においては、密行性が重視されるため、基本的に通報対象者を異動させることには慎重であるべきである。

ただし、たとえば、現に通報対象者が経理責任者の職にとどまっており、不正送金等の損害が拡大するおそれがあるという場合、他の理由で送金を止めることができるか否かを検討し、なお難しい場合には、いわゆる自宅等での待機措置を行う（いわゆる労務提供の受領拒否。懲戒処分としての出勤停止ではない）ことが考えられる。

(2)　調査終了後の段階

　調査が終了した場合には、調査結果に応じ、通報対象者に横領や窃盗等の法令違反行為等が認められたのであれば、懲戒処分や普通解雇を行う。問題はどの程度の処分をすればよいか、という量刑の程度であるが、一般に、金銭関係の不正の場合であれば、自らの私腹を肥やすために行われたものであるのか、それとも企業の業績のために不正な会計操作を行ったのかにより大きく異なり、前者であれば金額がごくわずかにとどまった場合を除き、懲戒解雇が有効と認められやすい。他方、後者は、金額の大小や当該企業の規模・業種、当該不正会計が企業に与えた影響等によって異なると解される。

　なお、人事院は国家公務員の非違行為に関し、「懲戒処分の指針について」という通達（平成12年3月31日付け。最終改正：令和2年4月1日）を発出している。これによれば、横領、窃盗や詐取はいずれも免職（解雇）とされているのに対し、官物損壊や公金官物処理不適正（流用等）は減給または戒告とされており、民間でも処分を決定するうえで一応の参考になるものと思われる。

Q2-2　業務に使用しているパソコンの調査を行う際の留意点

> **Q**　不正経理の事案を調査中、通報対象者に貸与しているパソコンに記録されているファイルや電子メールを、本人の同意を得ないで調査したいのですが、どのような点に留意すればよいですか。

> **A**　貸与中のパソコン等に関しては、通報対象者のプライバシーとの関係に留意する必要があります。たとえば、電子メールやファイル等の調査権限を定める就業規則等の社内規程があれば適法に調査することができますが、これがない場合でも、調査の必要性が認められ、調査手段ないし方法に相当性が認められる場合には、プライバシー侵害とはいえず、適法に調査することができると解されます。これに対し、従業員の個人所有のパソコンは一方的に調査することはできません（ケース・スタディ⑦参照）。

1　問題の所在

　客観的証拠の収集という意味では、近時は従業員が業務に使用しているパソコンや携帯電話に記録保管されているファイルや電子メール、通話履歴等が重要な証拠としての価値を有することがある。もっとも、当該パソコンや携帯電話が、会社が通報対象者に貸与したものであっても、記録保管された情報の中には通報対象者が業務とは関係なく作成したデータや私用メールなど通報対象者のプライバシーに係る情報が含まれている可能性もあるため、通報対象者の同意を得ないでパソコン等を調査する場合には通報対象者のプライバシーに対する配慮が必要となる。

2　裁判例および学説の状況

　この点については、社内のパソコンで従業員が行っていた私用メールを上司が監視したことが、プライバシー侵害として争われた事案の裁判例が参考になる。すなわち、Ｆ社Ｚ事業部事件（東京地判平13・12・3労判826号76頁）は、社内で私用メールの禁止に関する明確な規定がないこと、社会生活を営むうえで通常必要となる範囲内であれば私用の電子メールであっても社会通念上許容されうること、他方で社内のネットワークシステムを用いた電子メールである以上、プライバシーへの期待は通常の電話等よりも相当程度低減されることを甘受すべきであること等から、「監視の目的、手段及びその態様等を総合考慮し、監視される側に生じた不利益とを比較衡量の上、社会通念上相当な範囲を逸脱した監視がなされた場合に限り、プライバシー権の侵害となると解するのが相当である」と判示した。

　また、学説では、使用者の私用メールの監視・調査権限を定める規定が就業規則やインターネット利用規程等に設けられている場合には、従業員はプライバシー性のない通信手段として使用することになるため、日常的に監視したり、抜き打ち検査を行うことも可能であるが、そのような規定がない場合には、プライバシーとの調整が必要であり、企業秩序違反行為の有無等、

事業経営上の合理的必要性があり、かつ手段方法が相当であれば、許容されるとされる[2]。

3　まとめ

以上から、実務的には、日常的な体制整備として、まず調査権限を明示した就業規則その他の社内規程を整備すべきである。また、これがない場合であっても、必ず同意を得なければならないわけではなく、調査の合理的な必要性と調査の手段方法に相当性が認められれば、プライバシー侵害とは評されないといえる。

4　通報対象者自身のパソコンや携帯電話

以上はあくまで会社が貸与しているパソコンや携帯電話の場合であるが、通報対象者が私物のパソコンや携帯電話を業務に使用している場合、これらを調査することは許されるであろうか。

通報対象者の私物には通報対象者の所有権が認められ、たとえこれらを通報対象者が業務に使用していたとしても、会社に捜索差押権限がない以上、強制的に提出させて調査することはできず、同意のもとで調査を行うことができるにとどまる。そのため、通報対象者が調査を拒絶する場合、通報対象者に、たとえば、「潔白であればパソコンを提出せよ」と説得して、粘り強くパソコンを任意提出するよう説得を試みるべきであり、それでも提出しない場合には、その限度で通報対象者の不自然な態度として記録に残すことにより、一連の調査経過を証拠化することが考えられる。

ただし、証拠化といっても、それはあくまで通報対象者の不自然な態度という限度であり、法令違反行為等それ自体を立証できる証拠が得られるわけではない。したがって、会社が貸与したパソコン等と比較して、調査の困難性は格段に高まることから、実務的には、私物のパソコンを業務に供するこ

---

(2)　菅野和夫『労働法〔第12版〕』695頁、土田道夫『労働契約法〔第2版〕』96頁・97頁・117頁～120頁・135頁等。

とは禁止し、パソコンを貸与することが望ましい。

Q2−3　ヒアリングに際して録音することの是非

> **Q** 通報者や通報対象者、第三者にヒアリングを行う際、録音すべきでしょうか。
>
> **A** 後日の処分や訴訟等のため、基本的には供述者の承諾を得て録音すべきと考えます（第3部第2章Ⅴ2(1)(C)参照）。

1　ヒアリングを録音すべきか

　通報窓口が通報を受けると、調査担当者や調査チームが、通報者を含む関係者から事実関係に関してヒアリングを行う。その際、後日の処分や訴訟等に備えて、ヒアリング内容を記録化しておくことが必要であり、一般的な方法としては、ヒアリング担当者が手控えをもとに面談録を作成したり、訴訟段階では陳述書をドラフトし、供述者に確認をしてもらったうえで、署名捺印を求めたりすることもある。

　もっとも、これらは調査担当者が聴取した内容を書面に起こすものであるため、とりわけ供述者の確認を経ない面談録については、後日、供述者から記載内容の正確性について争われる可能性も否定できない。また、ヒアリング時の調査担当者の態度や言動に関して、供述者からのクレームに接することもある。そして、通報案件では、通報対象者はもちろんのこと、通報者ですら会社と利害が衝突する場合もあり（たとえば、後述の企業不祥事型（Q2−4参照）等）、通報者が調査担当者に対して常に好意的であるとは限らず、潜在的な対立関係にあることが少なくない。それゆえ、後日の紛争に備えて、ヒアリング内容だけではなく、ヒアリング時の状況等についても客観的に記録に残すべく、録音しておくことが望ましい。

　もっとも、録音に対しては、リラックスして話ができない等の理由を述べ

て、抵抗を示す者もないではない。そのような場合には、録音をしても格別不利益はなく、調査の正確性を期するためには録音が重要であること（場合によっては、一律にヒアリング時は録音することがルールになっていること等）を説明しながら、これに応じるよう説得を試みるべきである。そのような説得を尽くしてもなお応じない場合には、やむを得ないが、逆に、録音に応じられない内容の供述という前提で、その信用性を判断せざるを得ない[3]。

2　秘密録音をすべきか

　録音には上述のようなメリットや必要性があるものの、供述者の了解を得られない可能性もあることから、録音することを秘してヒアリングを行うこと、つまり秘密録音を行うことは許されるかを検討しておく必要がある。

　この点に関しては、従来から、秘密録音をした録音テープに民事訴訟における証拠能力が認められるか、という論点が主に議論されてきた。たとえば、東京高判昭52・7・15判時867号60頁は、「証拠が、著しく反社会的な手段を用いて、人の精神的肉体的自由を拘束する等の人格権侵害を伴う方法によって採集されたものであるときは、……その証拠能力を否定されてもやむを得ない」「話者の同意なくしてなされた録音テープは、通常話者の一般的人格権の侵害となり得ることは明らかであるから、その証拠能力の適否の判定に当たっては、その録音の手段方法が著しく反社会的と認められるか否かを基準とすべきものと解するのが相当」とし、単に酒席で録音していることを知らないまま録取した場合には、証拠能力を否定されないと判示した。

　これをみる限り、裁判例は広く秘密録音を許容しているかのような印象を受けるかもしれない。しかし、留意しなければならないのは、この裁判例はあくまで民事訴訟の証拠能力につき判断を示したものという点である。それゆえ、供述者が無断で録音されたことをもって人格権侵害を理由に慰謝料請

---

(3)　著者の経験では、小型のICレコーダーが普及した今日、むしろヒアリングを受ける供述者側が密かに録音している場合が少なくない。その調査担当者としても録音の可能性を前提とせざるを得ないことから、録音をしない理由は、失われつつあると考える。

求を行ってきた場合は別問題であり、この場合にまで、違法性がないと判断されるかに関しては、リスクを払拭することはできない。現に上記裁判例でも「話者の同意なくしてなされた録音テープは、通常話者の一般的人格権の侵害となり得ることは明らか」とされているところである。

　いずれにしても、ここで重視すべき視点は、民事訴訟における証拠能力ではないし、人格権侵害の違法性でもなく、いかにして内部通報窓口への通報を促進するか、という観点である。そのためには、通報窓口に対する従業員からの信頼を確保することが重要であることからすると、調査担当者が通報者等に無断で録音することは決して好ましいことではない。

　したがって、秘密録音が正当化されるには、人格権侵害を正当化するに足りる事情が必要というべきであり（たとえば、脅迫が行われている面談の席上で証拠を保全する必要がある場合等）、ごく一般的な調査において秘密録音に踏み切ることは、その必要性等を慎重に検討する必要があると考える。

Q2－4　企業が不正な利益を得ようとする行為を対象とする内部通報に対する留意点

> **Q** 通報窓口に、「当社の製造する主力製品は、実は行政の定めた耐久基準を満たしておらず、テストデータを偽装して提出している」との通報が寄せられました。通報を受けた会社としては、どのような手続を経て処理していけばよいでしょうか。
>
> **A** 事実を慎重に調査のうえ、不正が認められれば適正化に向けて動くべきであり、通報窓口としてこれを無視・隠蔽するような態度はあってはなりません。万が一、そのような対応をとった場合には、外部通報を招く事態ともなりかねません。

1　内部通報が行われる事案の類型

　内部通報は、企業の内部で行われている法令違反行為等につき、当該企業

内部での是正を求めて通報者が行うものであるが、この「企業の内部で行われている不正行為」に関しては、当該企業の意図・方針に反して一部従業者が行っているタイプと、当該企業が組織ぐるみで利益追求のために積極的に行っているタイプとに分けて考察することが有用であると考えられる。

(1)　従業者不正型

前者の、通報対象者が企業方針に反して法令違反行為等を行っているという趣旨の内部通報（従業者不正型）は、原則として通報対象者が違法・不正を行って就業環境を害していたり、企業が得るべき利益を通報対象者が利得していたりするケースであるため、調査のうえ、処分等を下すことは、当該企業にとって通常直接的なメリットがある。端的に言えば、通報対象者の利害と企業の利害が対立しているのであり、企業としては自浄能力を発揮しやすい類型といえる。

(2)　企業不祥事型

他方で、通報対象者が行っている法令違反行為等が、企業の利益を追求するためのものであるとか、さらにいえば部署ぐるみ、企業ぐるみで法令違反行為等に手を染めているといったようなケースを申告する内部通報（企業不祥事型）は、通報対象者の利害と企業の利害が基本的に一致しているのみならず、このような法令違反行為等の是正対応によって企業全体が多大な損害を被るケースもありうる。

2　企業不祥事型の特性とあるべき対応

たとえば、本設例でいえば、行政の定めた耐久基準を満たしていない製品について是正を図るとすれば、企業の社会的評価が著しく下落するほか、すでに出荷した製品につきリコールを強いられることとなり、かつ、新たな製品が耐久基準を満たすものとするために研究開発費その他の追加コストを要することが想定される。

そのため、このような類型の内部通報に対しては、企業の自浄能力がきわめて働きづらく、ともすれば通報を無視する、あるいは隠蔽する（通報者に

何らかの口止め料的な利益を与えたり、または逆に不利益処分を課して黙らせたりする）方向へ傾きかねない側面があるといえる。

　しかし、そのような対応は通報者による外部通報を招き、企業により一層の甚大な損害を生じさせかねないものである。

　企業利益追求のための法令違反行為等に関する内部通報があった場合には、迅速に自発的な対応を行い、ソフトランディングを図ることこそが肝要であって、これを怠れば通報者から外部通報がなされ、結果として最悪の形で法令違反行為等が明るみに出ることを肝に銘じなければならない。

Q2-5　セクハラ案件における調査上の留意点

> **Q** 社内でのセクハラ行為に対して内部通報があり、調査を行っておりますが、通報対象者は行為を否認しています。今後の調査、対応にあたり注意すべき点は何ですか。
>
> **A** 両者の主張、周囲の聞き取り等を踏まえ、通報事実の有無を確認する必要があります。事実が認められた場合には、通報対象者に対する懲戒や配置転換を検討することになりますが、通報者に不利益が及ばないよう配慮が必要です。

1　セクハラとは

　男女雇用機会均等法において、セクハラは、「職場において行われる性的な言動に対するその雇用する労働者の対応により当該労働者がその労働条件につき不利益を受け、又は当該性的な言動により当該労働者の就業環境が害されること」と定義付けられ、事業主はこのような職場における性的な言動に起因する問題に対して、雇用管理上必要な措置を講じる必要がある（同法11条）。

　そして、男女雇用機会均等法に基づき厚生労働省が定めた「事業主が職場における性的な言動に起因する問題に関して雇用管理上講ずべき措置につい

ての指針」（平成18年厚生労働省告示第615号、最終改正：令和２年１月15日厚生労働省告示第５号〔同年６月１日施行〕）では、相談窓口を設けること、そして、セクハラに関する相談の申出があった場合には、事実関係の確認、行為者に対する措置等を講ずることを必要としている。

設例のように、社内でのセクハラ行為について通報があった場合には、会社として事実関係を確認し、それに応じた措置を講ずる必要がある。

Q２−４で指摘した内部通報が行われる事案の類型に則していうと、セクハラに関する事案は、「従業者不正型」に属するものであり、一般論としては職場における自浄能力を発揮しやすい事案といえるが、例外的に加害者とされる者が企業トップや役員等の場合は、自浄能力の発揮が困難となることも考えられる。いずれにしても、通報に対して必要な調査をしなかった場合には、「隠蔽」と評価されかねないものであり、徹底した対応が重要であるといえる[4]。

2 事実調査の確認

セクハラの通報があった場合、事実関係の調査・確認が必要となるが、調査にあたっての注意点として、以下の点があげられる。

(1) 事実認定の困難性

セクハラに関する事案はその性質上、物的証拠がない、あるいは当事者以外の目撃者がいない場合があり、特に当事者間で言い分が異なる場合には、事実認定は困難となることが多い。

---

[4] 原則として対応は使用者となる法人等において行うべきものである。ただし、イビデン事件最高裁判決（最一小判平30・2・15労判1181号5頁）は一般論として「本件グループ会社の事業場内で就労した際に、法令等違反行為によって被害を受けた従業員等が、本件相談窓口に対しその旨の相談の申出をすれば、上告人（筆者注：親会社）は、相応の対応をするよう努めることが想定されていたものといえ、上記申出の具体的状況いかんによっては、当該申出をした者に対し、当該申出を受け、体制として整備された仕組みの内容、当該申出に係る相談の内容等に応じて適切に対応すべき信義則上の義務を負う場合がある」として、グループ全体を対象とする相談窓口を設置した場合において親会社が相談に対する一定の対応をすべき場合があるとしている（事案における結論としては責任を否定）。

事業主には捜査権限があるわけではなく、調査能力には限界があるが、その中で調査を行うにあたっては、以下の点に留意する必要がある。

① 当事者の言い分が異なる場合でも、うやむやにしない

　事業主としては、両者の主張のどちらが信用できるか、あるいは周囲の従業員等からの聴取などを踏まえ、セクハラが認定できるかどうかについて最終的に判断を下す必要がある。単に双方の言い分が食い違うというだけで、認定できないというのでは、不十分である。

② 調査の結果、判断ができない場合の対応

　周囲の目撃者がいない等、調査を行ってもセクハラの有無について、判断ができない場合もありうる。そのような場合には、その旨を通報者に伝え、通報者がその結果に納得できないのであれば、裁判等により事実関係を争うことをアドバイスすることになる。

　企業としては、裁判等によりセクハラ行為の有無につき判断が示された場合、その結果を受けて、3のような対応を検討することになる。

(2)　**申告の時期**

セクハラがあったとされる時期から、長期間経過した後に申告がなされる場合がある。

このような場合に、被害直後に通報がなかったことを理由に、通報内容の信用性を否定する考え方もありうる。裁判例でも、周囲に対して被害をうかがわせる言動がなかったことを不自然として、セクハラ被害があったとする原告の請求を棄却した事例が存在する（横浜地判平7・3・24労判670号20頁）。

しかし、特に刑法上の犯罪に該当するような重大事案の場合、逃げたり、声を上げたりすることが一般的な対応とは限らず、精神的ショックや職場での上下関係等による抑圧から、被害直後には声を上げられない場合も考えられる。そのため、内部通報の時期が遅いことのみをもって、通報内容が信用できないと即断することは適切ではなく、被害直後に内部通報がされなかった理由の有無・内容等も踏まえ、事実認定をする必要がある（「精神障害の労災認定の基準に関する専門検討会　セクシュアルハラスメント事案に係る分科会

報告書」（平成23年6月28日）参照）。

　なお、上記裁判例の控訴審判決（東京高判平9・11・20労判728号12頁）は上述したような考えに立って、一審原告の対応は不自然ではないとしたうえで、請求を認容している。

3　通報対象者に対する措置

　調査の結果、セクハラがあったと判断された場合、通報対象者に対しては懲戒処分を行うこととなる。

　懲戒処分にあたり、処分の選択（懲戒解雇、降格、出勤停止、減給等）は、個別の事案によるものではあるが、事案の性質に則していうと、それが刑事（強制わいせつ等）あるいは民事（不法行為）上違法な行為にあたる場合には、「違法とはいえないものの企業秩序や他の労働者の就業環境を損なう行為」の場合に比べ、重い処分を選択することが適当である。

　また、被害者の心情面あるいは被害者の職場環境の改善の観点から、通報者と通報対象者を同じ部署にしておくことが労務管理上適当ではないことが多いと考えられ、そのような場合は、配置転換等により両者の職場を別にすることを検討することになる。

　このような配置転換を行う場合に注意が必要なのは、必ず通報対象者を転勤させ、通報者を異動させるなど、いわば被害者に我慢を求める形での解決を図らないということである。特に、通報対象者が元の部署で必要とされているような場合等に、通報者に我慢を求める形での解決となりがちであるため注意が必要である。

　一方で、セクハラ行為がなかったと判断された場合には、通報対象者には非がないことを明らかにすべきである。この場合、通報者は虚偽の事実を申告したことになるが、その悪質性によっては通報者に対する懲戒処分等を検討することも考えられる。

4　通報者に対する対応

　調査の結果、セクハラがあったと判断された場合には、通報者の精神的ケアも必要となる。

　「心理的負荷による精神障害の認定基準」(平成23年12月26日基発1226第 1号) では、「セクシュアルハラスメントを受けた」ことを業務による心理的負荷を与える具体的出来事としてあげており[5]、セクハラがあった場合に精神疾患の業務起因性が認められる場合がある。実際に「セクシュアルハラスメントを受けた」ことが原因で精神障害を発症したとして、労災保険給付の支給を申請する事例も増加している[6]。

　セクハラを受けた被害者は、それにより心理的負荷を受けていることが一般に想定されるため、前述した通報対象者の職場を別にすることを含めた、心理的負荷の軽減を図ることが重要である。

　また、セクハラの被害者が精神疾患に罹患した場合等には、被害者が労災申請あるいは健康保険の傷病手当金を希望することも考えられる。その場合には、本人の選択に従い、労災申請あるいは傷病手当金の申請手続の支援を行う、また労災申請を選択した場合には、労働基準監督署の調査に協力する[7]といった対応を実務上行うことが適切である。

---

(5)　同基準では、セクハラを受けた場合の平均的な心理的負荷の強度を「Ⅱ」(中程度) とし、行為が継続して行われている場合、あるいは会社への相談・会社がセクハラの事実を把握しても適切な対応がなく、改善がなされなかった場合には、心理的負荷の強度を「強」と位置付けている。

(6)　厚生労働省労働基準局発表の「平成28年度過労死等の労災補償状況」中の「精神障害の出来事別決定件数及び支給決定件数一覧」によると、平成28年度における「セクシュアルハラスメントを受けた」ことを原因とする労災保険給付の支給申請に関する決定件数は50件 (そのうち支給決定件数は29件) とされている。

(7)　ただし、精神疾患における業務起因性の判断は、専門的知見を要するものであり、一般に使用者にはその判断が困難であると考えられるため、業務起因性の判断は労働基準監督署長に任せ、その結論を踏まえて対応することが適当といえる。

Q2-6 パワハラ案件における調査上の留意点

> **Q** 日頃から勤務態度が不真面目であるとの悪評が絶えない通報者が、上司からパワハラを受けている（業務指導中に当該上司から暴言を吐かれた）との内部通報をしてきました。通報を受けた会社としては、どのような手続を経て処理していけばよいでしょうか。
>
> **A** 適正な業務上の命令・指導との区別といったパワハラ特有の問題に注意しつつ、調査を進めます。処分は、主として加害者側に対する懲戒処分および人事権の発動によって行います。

1 パワハラの定義等

　セクハラに比べると法令の整備は遅れたが（Q2-5参照）、パワハラに関しても、令和元年5月の労働施策総合推進法改正によって、明文で違法となる領域が定められた。具体的には、同法30条の2は、「事業主は、職場において行われる優越的な関係を背景とした言動であつて、業務上必要かつ相当な範囲を超えたものによりその雇用する労働者の就業環境が害されることのないよう、当該労働者からの相談に応じ、適切に対応するために必要な体制の整備その他の雇用管理上必要な措置を講じなければならない」とした。すなわち、①職場において行われる優越的な関係を背景にした言動、②業務上必要かつ相当な範囲を超える、③労働者の就業環境が害される、の3要件を定義したといえる。この定義と企業秩序維持義務違反の行為とが論理的に一致するわけではないが、両者はほぼ重なり合うといってよい。

　前述した定義の中の「優越的な関係」とは、典型的には上司が部下に対してもつ職務上の地位としての優越性が例としてあげられるが、これだけにとどまらず、人間関係、業務上の知識・経験といった他の要素による優越性も含むものと解してよい（したがって、パワハラは上司から部下へ、先輩から後輩へ、正社員から非正規社員へされるだけではなく、それぞれ逆の方向へのパワハ

ラも考えうる）。

　次に、前述した定義の中の「業務上必要かつ相当な範囲を超えて」という限定要素が、パワハラに特徴的な点である。たとえば、上司は自らの職位・職能に応じて権限を行使し、業務上の指揮監督や教育指導を行い、上司としての役割を遂行することが求められており、その過程で部下が反対意見をもっていても、命令によりこれを従わせることができる。このように、自らの意に反する行動を強制される要素は、労働契約上予定された指揮命令に本質的に内在するものであり、それが業務上必要かつ相当な範囲にとどまる限りは、いかに不平不満やストレスを感じさせるものであるとしても処罰の対象とすべきではなく、パワハラの範囲から除外すべきである。

2　パワハラの行為類型

　厚生労働省が平成24年３月に取りまとめた「職場のパワーハラスメントの予防・解決に向けた提言」では、典型的なパワハラの行為類型を次の６種に分類している。この分類は例示であるが、およそ実際の行為類型を網羅しており、改正労働施策総合推進法施行後も実務上有用である。

①　暴行・傷害（身体的な攻撃）

②　脅迫・名誉毀損・侮辱・ひどい暴言（精神的な攻撃）

③　隔離・仲間外し・無視（人間関係からの切り離し）

④　業務上明らかに不要なことや遂行不可能なことの強制、仕事の妨害（過大な要求）

⑤　業務上の合理性なく、能力や経験とかけ離れた程度の低い仕事を命じることや仕事を与えないこと（過小な要求）

⑥　私的なことに過度に立ち入ること（個の侵害）

　このうち、行為類型として、①は業務上必要かつ相当な範囲に入ることはあり得ず、②③は特段の事情がない限り原則として業務上必要かつ相当な範囲から外れるとされる。一方、④～⑥については、業務上必要かつ相当な指導との線引きが必ずしも容易ではない場合が考えられる。

3　通報に対する調査と対応

　企業にとって、パワハラが従業員の精神障害の発生を招く主要な原因の1つであり、これを防止することが基本的に職場環境の維持向上に資するため、パワハラの通報については、常に事実調査を迅速かつ的確に行うことを怠ってはならない。実務では、たとえば、設例のように、パワハラを受けたと申告する側の態度に多分に問題があるとうかがわれる事案も少なくないが、そのような事案であるからといって調査をおざなりにすべきでない。

　なお、経営陣がパワハラを行っている場合、自浄作用がともすれば働きにくくなる傾向になりかねないが、このような場合でも、一般の従業者と同等の毅然とした対応が実務上求められるところである。

　具体的な調査および事実認定に関する留意点、および、パワハラがあったと認められた場合の対応については、セクハラにおいて述べたところと基本的に共通するので、それぞれQ2−5を参照されたい。

　パワハラにおいて特に注意すべきことは、調査と事実認定を経たうえで、上記1で述べたように「業務上必要かつ相当な範囲」を超えた行為があったかどうかの評価の局面である。その判断は、全体的事情を勘案してのケース・バイ・ケースの判断となるが、主な考慮要素をあげるとすれば、行為の目的、態様、頻度、継続性の程度、被害者と加害者の関係性等が考えられよう[8]。

Q2−7　企業外非行を対象とした通報における留意点

> **Q** 最近、当社の通報窓口に、当社のある従業員がSNSを利用して、以前勤務していた他の会社に対する名誉毀損行為や他の会社の機密漏洩行為を繰り返しており、実際に書類送検もされているとの通報がありました。
>
> 　私生活上のこととはいえ、犯罪にあたる行為を行ったことに対し、社内

---

(8)　白石哲編著『労働関係訴訟の実務〔第2版〕』280頁。

でも問題視する意見が出ており、事実関係を調査したうえで懲戒処分や解雇も辞さない、という意見もあります。

　このような私生活上の行為について調査をするにあたり、留意すべき点はあるのでしょうか。また、私生活上の行為により、懲戒処分あるいは当社として何らかの人事措置（解雇など）を講ずることは可能でしょうか。

Ａ　私生活上の行為でも、会社の社会的評価を低下させたといえる場合には、懲戒処分の対象となります。また、情報管理における信頼関係がなくなったことを理由に、機密情報を取り扱う部門や業務からは異動させるといった対応は可能であると考えられます。

1　企業外非行を理由とした懲戒処分

　一般に使用者は企業の存立・運営に不可欠な企業秩序を定立し維持する権限を本来的に有し、労働者は労働契約の性質・内容上当然に企業秩序遵守義務を負うとされている[9]。そして、企業秩序遵守義務違反行為に対して使用者は就業規則等で定めるところに従い、懲戒処分をなしうる（フジ興産事件（最二小判平15・10・10労判861号 5 頁））。

　このように、懲戒処分は企業秩序を維持するために使用者に（就業規則等の定めに従い）認められた権限である。そのため、企業施設外でかつ就業時間外に行われた従業員の私的な行為については、企業秩序とは無関係なので、懲戒処分はなし得ないというのが原則となる。

　ただし、例外的に、企業の事業活動に直接関連する場合（運転手による飲酒運転など）や、勤務先の社名が報道されるなどして会社の社会的評価を低下させたといえるような場合には、従業員の私的な行為であっても、企業秩序を乱すものとして、懲戒処分の対象となりうる。

⑼　菅野・前掲注⑵694頁。

2 懲戒処分以外の人事措置

1でも触れたとおり、私生活上の行為については、企業秩序の維持とは関係ない。

ただし、以前の勤務先の機密情報の漏洩も行っていることから、当該従業員に情報管理に関する適性がなく、その点の信頼関係はなくなっているとも考えられるので、そのことを理由に、機密情報を取り扱う部門や業務からは異動させるといった対応は可能であると考えられる。

3 企業外非行における調査上の留意点

以上のとおり、企業外非行の事案であっても、例外的に企業秩序あるいは労使の信頼関係にかかわる事案もありうることから、通報を受けた場合、懲戒処分その他の人事措置の対象となりうるし、そうである以上、懲戒処分・人事措置を行う前提として調査を行うべきといえる。

調査における注意点は、一般的な留意点（Q2-1）と共通であるが、企業外非行の事案の場合、企業内における事案の場合に比較して、企業内で関与している人物が少なく通報事実を知っている人物が限られるため、その結果として、通報者を特定しやすいといえる。

そのため、そのような場合には、通報対象者から通報者への嫌がらせなどの働きかけがないように保護措置を講じる、あるいは通報対象者に対して通報内容の詳細を伝えるのは、調査における最終段階にするといった対応を講じるのが適当である。

第3章　不適切な通報への対応

　本章では、必ずしも適切とはいいきれない通報に対し、内部通報が行われた場合と外部通報が行われた場合とに分けて、事業者としてどのように対応すべきかを検討する。

Q3-1　不適切な通報の種類

> **Q** 内部通報制度を悪用したり、不適切に利用したりする通報はどのようなものが考えられますか。また、こうした通報に対して懲戒処分等の対応をとってよいのでしょうか。
>
> **A** 主として、不正の目的がある場合、不正な手段を用いて通報資料を収集する場合、通報自体または関連行為が服務規律違反である場合等が考えられます。ケース・バイ・ケースですが、懲戒処分等のペナルティを科すこともあり得ます。

1　内部通報制度の趣旨と保護すべき通報

　内部通報制度は、基本的には、当該組織の構成員からの法令違反行為等の通報を積極的に受け付け、通報者を保護する体制を整備すること等によって通報を促進し、もって当該組織の自浄能力を発揮し、法令違反行為等の放置・拡大による被害を回避することを目指すものである。

　そうした制度の趣旨に照らし、制度の適切な運用を確保するためには、受け付けることのできる内部通報を一定の範囲に絞り込む必要がある。どんな通報も等しく保護を及ぼす制度も考えられなくはないが、そうすると通報の数に歯止めがかからず、関係部署の負担が過大なものとなり、客観的真実に沿った真に対応すべき通報が雑多な通報の中に埋もれてしまいかねない。不

適切な通報に対しては懲戒処分等のペナルティを科す制度として設計し、不要な通報を減らすことも必要である。

2　ペナルティの対象となるかが議論となりうる不適切な通報の類型

ペナルティの対象とすることが議論となりうるような通報の類型には次のものが考えられる。

たとえば、通報が結果的に客観的真実と相違していることが明らかになり、不要であったと判明した場合が考えられる（下記①）。また、通報がもっぱら不正の目的を実現するために行われている場合もある。ここにいう不正の目的とは、不当な私益を図る場合や通報対象者を陥れる場合などが典型的である（下記②）。さらに内部通報が事前に定められた様式・手順に沿っていない場合もある。たとえばコンプライアンス部を通報窓口として設定しているのに、通報者がこれに従わず、会社代表者（社長・会長）に直接手紙を送り付けるような事例はよくみられるところである（下記③）。加えて、内部通報のための資料が不正な手段によって収集される場合もある（下記④）。内部通報につき名誉毀損等の服務規律違反が成立する場合もある（下記⑤）。

①　客観的真実に反する通報

②　図利加害等の不正な目的による通報

③　社内手続違背の通報

④　資料収集過程に不正を伴う通報

⑤　通報内容に名誉毀損等を伴う通報

以上の各類型について、内部通報と外部通報のそれぞれについて、Q3－2からQ3－7で具体的な対応につき詳述する。

Q3-2　客観的事実に反する通報への対応

> **Q** 当社の営業部で裏金がプールされているという内容の内部通報がありま
> したが、それを受けて調査をした結果、実際にはそのような事実は確認さ
> れませんでした。通報した従業員に対して、当該通報が事実に反していた
> ことを理由として処分を下すことは可能でしょうか。また、同じ内容がマ
> スコミへ通報された場合はどうでしょうか。
>
> **A** 内部通報に関しては、通報者自身が、主観的に通報対象事実がないこと
> を認識していたと立証できない限り、原則として懲戒処分や解雇等の処分
> は困難です。外部通報に関しては、処分も検討しうるが、量刑には慎重を
> 期する必要があります。

1　通報への対応（総論）

　一般に労働契約において労働者は、使用者の正当な利益を不当に侵害しな
いように配慮する義務（誠実義務）を負っているとされる。

　そこで、労働者の通報行為により、使用者の業務や取引が妨害される、使
用者の機密情報が漏洩する、使用者の名誉・信用が毀損されるなどといった
被害が生じる場合には、上記誠実義務に反することとなり、解雇、懲戒処
分、その他人事処分等のペナルティ対象となりうる。

　ただし、内部通報と外部通報とでは、機密情報が漏洩するおそれや、名
誉・信用が害されるおそれの度合いは大きく異なっており、公益通報者保護
法による保護の度合いも異なるところなので、内部通報と外部通報とに分け
て検討することが有用である。

　ところで、通報（内部・外部両方を含む）のうち、公益通報に該当しない
通報については、一般的な法理（不利益取扱いの人事権濫用の有無や公序良俗
違反、不法行為の成否等）に基づいて不利益取扱いにつき審査される。一
方、公益通報に該当するものについては、公益通報者保護法が明文で一定の

要件のもと不利益取扱いを禁止しているので、その要件の該当性を審査することとなる。

　このように、通報に対する措置の適法性に関する法的審査の方法については、公益通報か否かで一応の違いはある。

　しかし、裁判実務としては、公益通報に該当するか否かを問わず、一般的な法理を広く適用して具体的事案のもとで妥当な判断を導いている傾向が見受けられ、公益通報者保護法の形式的な適用のみで結論を出す事例はまれである。裁判所は、上記一般的法理の中に、実質的には公益通報者保護法の趣旨を参照しつつ判断を下しているといえる[10]。

　そうすると、通報が公益通報に該当するか否かによって、その取扱いの結論に関し、決定的な違いが生ずるとまでは考えられない。そこで、以下では、参考として、公益通報者保護法の規定・趣旨を説明しつつ、不利益取扱いが許されない通報の内容を検討することとしたい（公益通報に該当しない通報に関しても、判断過程は異なるにしろ、結論はほぼ一致するものと思われる）。

2　内部通報がなされた場合

(1)　内部通報に関する不利益取扱い禁止の要件

　内部通報については、公益通報者保護法上、「通報対象事実が生じ、又はまさに生じようとしていると思料する」という最も緩やかな保護要件が設定されている（法3条1号・6条1号）。この保護要件を満たす限り、事業者は、当該公益通報者に対し、公益通報をしたことを理由として、解雇、降格、減給、退職金の不支給、報酬の減額その他不利益な取扱いをすることができない（法3条・5条1項・3項。法律行為は無効となり、事実行為は違法との評価を受ける）。

　「通報対象事実が生じ、又はまさに生じようとしていると思料する」とい

---

[10]　公益通報者保護法が施行された平成18年4月以降、内部告発者の不利益取扱いが同法3条または5条違反とされた例は、公刊裁判例では1件のようであるとの指摘がある（桑村裕美子「改正公益通報者保護法の労働法学上の論点」ジュリスト1552号43頁）。

う要件は主観的要件であり、客観的な真実相当性は要求されていない。加えて、「思料する」主体は通報者であるから、この保護要件が欠けていること（すなわち、通報者が、通報対象事実が生じないと内心で考えていること）を立証するのは、通報者本人が自認しない限り困難である。

そのため、内部通報の内容が結果的に客観的真実と相違していることが判明した場合、関係部署に不要な業務負担をかけ混乱を招いた事実があったとしても、解雇や懲戒処分等の処分は原則として難しい。

(2) 主観的要件の反証

例外的に、内部通報者が、通報対象事実が生じないと内心で考えていることを立証できた場合、当該内部通報のもたらした弊害に応じて処分が可能となる。

この立証は困難といわざるを得ないが、場合により、通報者自身の日記、メモ書き、親しい人間とのメールやチャット、SNS等のやりとりから、通報者本人が当時の心境を吐露している場合があるので、疑わしい場合には、十分な調査を尽くす必要があろう。このような調査活動は、「不正の目的」に関する調査とほぼ重複するものであるといえる（Q3-3参照）。

このような調査を経て、通報者が虚偽の認識をもちつつ通報に及んでいたと認められるときには、懲戒処分その他の不利益処分が可能となる。不利益処分の理由としては、内部通報制度の利用規程違反、コンプライアンス担当部署の不当な業務増大・混乱、通報対象となり非難された者の名誉・信用の毀損などが考えられよう。

ただし、名誉・信用の毀損に関しては、通報を受けた事業主側が、担当者や事情聴取に応じた関係者等に対し、通報内容が虚偽であったという調査結果を共有すれば、多くの場合、通報対象者の名誉・信用は相当程度回復するものと思われる。仮に、このような対応を事業主側が怠り、通報対象者の名誉・信用が結果的に大きく害されてしまった場合には、その責任を通報者に転嫁することは適切ではないので、名誉・信用毀損の評価に関しては慎重に行うべきであろう（Q3-7参照）。

3 外部通報がなされた場合

(1) 公益通報に該当する外部通報の保護要件

　公益通報者保護法における公益通報の保護要件は、通報先によって厳格さの程度が異なっており、役務提供先以外に公益通報がなされた（外部通報）場合には、次のとおり、役務提供先に公益通報がなされた（内部通報）場合よりも厳しい要件が課される。

① 「通報対象事実について処分又は勧告等をする権限を有する行政機関」に対する公益通報の場合は、「通報対象事実が生じ、若しくはまさに生じようとしていると信ずるに足りる相当の理由がある」（真実相当性）か、または「通報対象事実が生じ、若しくはまさに生じようとしていると思料し」かつ文書等で実名や理由等を明らかにして通報することが必要である（法3条2号）。

② 報道機関等の「通報対象事実を通報することがその発生又はこれによる被害の拡大を防止するために必要であると認められる者」に対する公益通報の場合は、真実相当性が求められ、かつ、内部通報または行政機関への外部通報では通報の効果がないことを示す特定事由が必要である（同条3号。特定事由については同号イ～ヘ）。

　このように、適切な外部通報先を選択したうえで、真実相当性や実名での通報などといった、通報先に即した要件を満たす公益通報については、法律上の保護が及ぶ。

(2) 公益通報に該当しない外部通報の保護

　公益通報に該当しない通報については、一般的法理によって保護が及ぶかどうかが判断されるが、ここにおいては、客観的な真実相当性の有無、不正の目的によるものか否か、通報手段が相当であるか等といった諸般の事情が一般的法理において考慮されることとなる。たとえば、仮に公益通報であれば保護され得たといえるだけの実質的な相当性（上記(1)の保護要件に準ずるもの）を備えていれば保護され、不利益取扱いは原則として無効になるものと

解される。

(3) 保護されない外部通報への実務対応

上記保護要件が欠けている外部通報は、内部通報と同様に当該通報により関係部署に不要な業務負担をかけ混乱を招くことは当然であるが、それに加え、外部通報であることの性質上、使用者の名誉・信用が毀損されることが多い。また、場合によっては、風評被害による取引の停止等、経済的な実害が生ずる可能性もあるから、不適切な外部通報による被害は内部通報に比べてはるかに大きくなりやすい。

そこで、使用者として解雇、懲戒処分、人事処分等のペナルティを検討することとなるが、注意すべきは、いかなる量刑のペナルティも当然有効と認められるわけではなく、諸般の事情を踏まえて、社会通念上相当な範囲内でのペナルティでなければ、過度に重い処分であるとして権利濫用により無効になると解されている点である。

個々の処分の有効性については個別の事情により検討されるべきものであるが、一般に、たとえば普通解雇の有効性の検討にあたっては、企業規模、職務内容、採用理由、勤務態度不良や規律違反行為の程度や態様、改善の余地・改善機会の有無、他事例との均衡等が考慮される（山口幸雄ほか編『労働事件審理ノート〔第3版〕』26頁）。

また、その他の懲戒処分に関しては、行為と処分との均衡、同種行為に対する懲戒処分の内容との均衡、弁明の機会等の手続の適正さ、などが考慮される。

この点、繰り返しになるが、客観的な真実相当性の有無、不正の目的によるものか否か、通報手段が相当であるか等といった諸般の事情の状況に応じ、これらが一定程度備わっているときは、やはり不利益処分の重さが適正かどうか慎重に判断することが求められる。とりわけ、真実相当性は認められるものの通報先の選択が適切でなかったことをもって不利益処分を行う場合は、通報内容自体に問題がなかったことを踏まえ、特に慎重な量刑判断を行う必要がある。

⑷　設例の場合

　設例の場合には、営業部に裏金があるという趣旨でマスコミに通報したとのことであるが、前述の諸般の事情のほか、具体的にマスコミへの通報によってどのような報道がなされたか、また具体的に通報に起因すると認められる被害はどの程度であるか等の事情を十分に吟味して検討する必要があり、基本的な発想としては、真実相当性がなく、しかも、被害が会社にとってかなり重大であるといったような事情がなければ、少なくとも、契約解消措置（普通解雇・懲戒解雇）は難しいと思われる。

Q3-3　図利加害等の不正な目的による通報への対応

> **Q** 当社の従業員から、当社において違法行為があったとして、通報窓口への通報がありました。通報に基づき調査をした結果、違法とはいえないものの社内ルールに反する業務処理がなされていたことが判明したため、関係者に対する厳重注意を行いました。しかし、当該従業員はその結果に納得がいかなかったようで、その後も同じような内容の通報を、通報窓口のほか、直接社長や取締役らに対して繰り返し行うようになりました。調査の結果については当該従業員に説明しており、当該従業員もそのことは認識していたものの、関係者に対する不満があり、厳重注意で終わったことを不満に思って行ったようです。このような目的で通報を行った場合、通報を行った従業員に対して、解雇あるいは懲戒処分等を行うことはできるのでしょうか。また、当該従業員が同じ内容をマスコミへ通報した場合はどうでしょうか。
>
> **A** 個人的な利益の実現のために行った通報は、労働契約における誠実義務に反するものとして解雇・懲戒処分の事由となり得ますが、解雇・懲戒処分がすべて有効となるわけではなく、解雇・懲戒処分が無効となることもあり得ます。

1　内部通報がなされた場合

　図利加害等の不正な目的で内部通報が行われた場合には、公益通報者保護法の保護対象とならないことが明文で規定されている（法2条1項本文）。もっとも、動機が不正であれ通報内容が真実であれば、自浄作用を促すことに変わりないから、あえて不正の目的による通報も処罰しないとの制度設計も一応は可能である。ただ、その場合、私益・他害による雑多な通報が増えるおそれがあり、制度の実効性を高めるためには、やはり不正の目的による通報はペナルティの対象とするのが普通であろう[11]。

　ただし、その場合、不正の目的は通報者の主観的認識の問題であることから、この立証は容易ではなく、通報者自身の日記、メモ書き、電子メール、その他通報前後の言動等、通報者本人の当時の認識を推知させる資料を収集するなど、十分な調査が必要となる。

2　外部通報がなされた場合

　外部通報が図利加害等の不正な目的で行われた場合に、公益通報者保護法の保護対象とならないことは、前述した内部通報の場合と同様である（法2条1項本文）が、通報行為を理由とした解雇・懲戒処分がすべて有効となるわけではない。

　一般に労働契約において労働者は誠実義務を負うが、一方で労働者自身も言論・表現の自由を有する。そのため、一定の範囲内においては使用者の批判等を目的とした通報行為も保護されると考えられ、その場合には、通報行

---

[11]　ボッシュ事件（東京地判平25・3・26労経速2179号14頁【参考資料1】22事件）。同判決は、通報内容について調査した結果の説明を受け、その後これ以上この問題について蒸し返さないよう注意・警告を受けたにもかかわらず、それに従わず繰り返し内部通報のメールを社長その他関係者に送信し続けるなどした事案において、事業者のコンプライアンスの増進以外の動機が存すること自体から直ちに公益通報者保護法の適用を否定するのは相当ではないとしつつ、「自らの内部通報に理由がないことを知りつつ、かつ個人的目的の実現のために通報を行ったもの」と指摘し、法2条にいう「不正の目的」に出た通報行為であると認め、同通報行為などを理由とする懲戒処分を有効と判断した。

為を理由とする解雇・懲戒処分は無効となる余地がある。

　裁判例においても、外部通報の事案において、

①　通報事実（根幹的部分）が真実ないしは真実と信ずるにつき相当な理由があるか

②　その目的が公益性を有しているか

③　労働者が企業内で不正行為の是正に努力したものの改善されないなど手段・態様が目的達成のために必要かつ相当なものであるか

などを総合考慮して、正当と認められる場合には、仮にその告発事実が就業規則の規定に違反するとしても、その違法性が阻却されるとの判断を示したものがある（学校法人田中千代学園事件（東京地判平23・1・28労判1029号59頁【参考資料1】20事件））。

　このように、①〜③に該当するような場合には、違法性が阻却される結果、通報行為を理由とした解雇・懲戒処分は無効になると考えられる。このうち、②目的の公益性（ないしは正当性）については、主たる目的が公益を図ることにあれば足りると考えられ、他の目的（私益・私怨など）を併有していたとしても主たる目的が公益性を有するものであるかが考慮される[12]。

　また、仮に、①〜③による違法性阻却が認められないとしても、解雇・懲戒処分がすべて有効となるわけではなく、客観的に合理的な理由を欠き、社会通念上相当であると認められない場合には、その権利を濫用したものとして、解雇・懲戒処分は無効となる（労働契約法15条・16条）。通報に対する懲戒処分の有効性が争われた近時の裁判例（神社本庁事件（東京地判令3・3・18労判1260号50頁【参考資料1】58事件））も、①通報内容の真実性または真実相当性、②不正の目的による通報か否か、③その他通報手段の相当性について検討し、そのすべてが充足されておらず懲戒事由に該当するとしても、そこで考慮した事情に照らして懲戒処分の合理性・相当性を判断するとの規

---

[12]　日本ボクシングコミッション事件（東京地判平27・1・23労判1117号50頁【参考資料1】52事件）では、通報に意趣返しの側面があったこともうかがわれないではないとしつつ、通報内容は理由がないものではないことなどから、目的の正当性を否定しなかった。

範を説示したうえで、通報者が真実相当性もない虚偽通報を行ったことは懲戒事由に該当するが、当該通報には不正の目的もなく通報手段が相当であった等として、懲戒解雇は量刑として重すぎるため無効と判断している。

　個々の解雇・懲戒処分の有効性については個別の事情により検討されるべきものであるが、一般に解雇の有効性の検討にあたっては、企業規模、職務内容、採用理由、勤務態度不良や規律違反行為の程度や態様、改善の余地・改善機会の有無、他事例との均衡等が考慮される[13]。また、懲戒処分に関しては、行為と処分との均衡、同種行為に対する懲戒処分の内容との均衡、弁明の機会等の手続の適正さ、などが考慮される[14]。

　本設例においても、注意・警告を経ても改善されないなど、改善の見込みがないといえるような場合には、普通解雇も有効と判断されうる。また、懲戒処分についても、通報事実に対する調査結果の報告後も繰り返し通報を続けるなど行為の悪質性が認められ、就業規則に定める弁明手続等を経たうえで、懲戒解雇を除けば有効になしうる事案と考えられる。

Q3－4　異動の内示を契機とした通報への対応

> **Ｑ**　当社の従業員に対して、東京本社から地方の支店に転居を伴う転勤の内示をしたところ、数日後に当該従業員から当該転勤先にいる上司と5年前に同一の部署で業務遂行をしたことがあり、その際パワハラを受けたとの内部通報がありました。転勤を拒否する口実をつくるために、過去のパワ

---

[13]　ボッシュ事件・前掲(10)では、解雇に先立ち懲戒処分（出勤停止）や警告書による警告を受けながらも通報を繰り返した経緯から、改善の余地はなかったものと判断し、通報者に対する普通解雇を有効としている。

　また、ジャパンシステム事件（東京地判平12・10・25労判798号85頁【参考資料１】11事件）では、従業員が会社の不正経理問題を大株主に書簡で伝え、解決ができなければ会社の株式上場に支障が出るとして、同大株主に6億5000万円を同従業員口座へ振り込むよう要求した事案につき、「故意に被告の信用を著しく傷つけ、株主であるＺ社を脅迫して不当に金員を要求し、私利を図ったことを示すもの」として、普通解雇が有効と判断された。

[14]　ボッシュ事件・前掲(10)では、意図的・確信犯的に業務命令を無視していること、業務への支障が少なくないこと、態様が悪質であること、処分歴がなかったことなどを考慮し、5日間の出勤停止の懲戒処分を有効と判断した。

ハラを通報したと思われること、また、被通報者や被通報者の現在の上司に確認したところ、被通報者は過去のパワハラを否定し、また、被通報者の現在の上司によれば当該部署では、被通報者によるパワハラが特段問題になっていないとの回答を得たことから、当該調査結果を踏まえ、転勤を命じてよいでしょうか。

A 5年前のパワハラに関する通報であって、転勤拒否の口実であることが疑われる場合であっても、公正かつ適正な調査を実施せずに転勤を命じると、転勤命令の有効性が否定されてしまう可能性があります。

1 通報に対する調査と対応

　企業にとってパワハラは、従業員の職場環境を害する行為であり、従業員の精神疾患を発症させる心理的負荷となるものである。また、労働施策総合推進法において、パワハラが定義され、かつ事業主としての措置義務が定められるに至っている（Q2-6参照）。

　このような状況において、企業は、パワハラの通報があった場合には、通報者および加害者とされている被通報者、そして必要に応じて第三者に対してヒアリングを実施し、パワハラの有無について判断し、パワハラの事実が確認された場合には、懲戒処分等の是正措置を講じるなどの適切な対応をとらなければならない。

　設例は、5年前のパワハラを内容とするものであり、かつ、転勤の内示の数日後に内部通報窓口に通報がなされていることから、転勤拒否の口実ではないかと疑いたくなるところではあるが、企業としては、そのような先入観をもつことなく、公正かつ適正な調査を実施しなければならない（ハラスメント事案における調査のポイントについては、Q2-5およびQ2-6で述べたところであるため、そちらを参照していただきたい）。

　上記のような観点からすれば、設例のように、パワハラの内部通報に対して、通報者からのヒアリング調査を行わず、被通報者やその現在の上司に対して簡単な確認を行ったのみでは、事実調査として不足があるといわざるを

得ないだろう。

2　配転命令の有効性

　本設例は、Q4-1とは異なり、東京本社から地方の支店に転勤の内示をした後に、内部通報があった事例である。そのため、通報と転勤の内示との間に因果関係はなく、特段の事情がない限りは、通報を理由とした不利益取扱いの問題は生じない。

　そこで、端的に配転命令の有効性を検討することになる。この点、転居を伴う転勤は、当該従業員の職業上または生活上の不利益を生じさせることになるため、その有効性については、①就業規則や労働協約等に配転命令に関する規定があり、労働契約上、使用者が配転命令権を有しているといえるか、②使用者が配転命令権を有しているとしても権利濫用により無効とならないか、という2段階で検討され、権利濫用に該当するか否かの判断については、東亜ペイント事件判決（最二小判昭61・7・14労判477号6頁）が示すとおりである（詳細はQ4-1参照）。

　したがって、本設例において、転居を伴う転勤につき、就業規則の根拠規定と業務上の必要性があることを前提とすると、「転勤先の上司からパワハラを受けるおそれがあること」が、通常甘受すべき程度を著しく超える不利益といえるかが転勤命令の有効性を結論付けることになる。

⑴　通報について設例記載の調査にとどまる場合

　通報内容が過去の5年前のパワハラであって、現にパワハラを受けているわけではないこと、被通報者が過去のパワハラを否定し、かつ、その現在の上司が現在の部署におけるパワハラのおそれがないと供述していることをもって、「パワハラを受けるおそれ」は抽象的な危険でしかないことを理由に、転勤を命じた場合、転勤命令の有効性が否定される可能性がある。

　なぜなら、過去のパワハラが事実であれば、通報者が異動した後に、再度、通報者に対してパワハラがなされる危険があり、かつ、過去のパワハラの内容によっては、通報者に対する心理的負荷が大きく、通常甘受すべき程

度を著しく超える不利益があるといえる可能性があるためである。

　仮に、十分な調査をせず、抽象的な危険にとどまるとして転勤命令を発令し、その後、被通報者によるパワハラによって通報者が精神疾患に罹患するような事態となれば、使用者の安全配慮義務違反（職場環境義務違反）を問われる可能性も生じてくるだろう。

(2) 通報について適切な調査を実施した場合

　設例とは異なり、通報者、被通報者、必要に応じて第三者からヒアリング等の調査を実施し、そのうえで、パワハラの具体的内容とされた事実が存在しない、もしくはたとえば上司からの指導はあったが、適切な指導の範囲であってパワハラには該当しないとの判断に至った場合、「パワハラを受けるおそれ」は抽象的な危険でしかなく、その危険の程度も低いといえる。そのため、通常甘受すべき程度を著しく超える不利益があるとはいえない可能性が高い。

　したがって、過去のパワハラに関して十分かつ適切な調査を実施したうえで、被通報者によるパワハラはないと判断した場合には、転勤命令を発令することも可能であると考えられる。

　ただし、通報者が被通報者からパワハラを受けたと通報してきた事実に鑑みれば、被通報者の上司としては、配置転換後の通報者と被通報者の関係性について注視しておく必要があるだろう。

Q3-5　社内手続違背の通報への対応

> 🇶 社内で定められた手続によらずに内部通報が行われた場合、通報者に対して、懲戒処分を行うことはできますか。また、社内規程で内部通報前置が規定されているにもかかわらず、これに反して外部通報がなされた場合、当該通報者に対して、懲戒処分を行うことはできますか。

> 🇦 たとえば直属の上司を飛び越えて直接代表者に通報した場合、その通報が公益通報にあたらない場合には懲戒処分を行うことも可能です。もっと

も、公益通報か否かの判断は容易ではなく、慎重に対応する必要があります。

　また、内部通報前置を定めた社内規程に反してなされた外部通報は、その通報が公益通報にあたらない場合、内部通報に比べて重い処分が可能な場合もあり得ます（Q1-1参照）。

1　内部通報の場合

　たとえばコンプライアンス部を通報窓口として設定しているのに通報者がこれに従わず、また第一義的に報告すべき直属の上司をも飛び越えて、会社代表者（社長・会長）に直接手紙を送りつけるなど、通報が事前に定められた様式・手順に沿っていない事例はよくみられるところである。

　もっとも、この類型は、公益通報者保護法によって保護を受ける場合が多いので注意が必要である。労務提供先への公益通報として認められる宛先は、「その団体の代表者や個人事業主本人のほか、通報対象事実について権限を有する管理職、当該通報者の業務上の指揮監督に当たる上司等の従業者も含まれる」と解され（逐条解説62頁）、労務提供先があらかじめ定めた者（いわゆる通報窓口）がこれに完全に代替することは同法の文言上できないと解される。つまり、本設例において、コンプライアンス部を無視して社長に直接通報したとしても、公益通報に該当するのであれば、ペナルティを科すことは許されない。他方、公益通報に該当しない内部通報に関しては、手続違背をもってペナルティを科すことも可能である。しかし、内部通報にとどまる限り、重大な企業秩序侵害行為となることは考えにくく、直ちに重い処分を行うことは困難と考えられる。また、公益通報に該当するか否かの判断は微妙な事例が少なくないので、制度上は一応規定しておくにしても、手続違背によるペナルティを実際に発動することは容易ではない。

　なお、関連する事項として、当該通報者の上司等で、普段は公益通報対応業務（受付、調査、是正に必要な措置のすべてまたはいずれかを主体的に行う業務および当該業務の重要部分について関与する業務）に従事していない者が内

部公益通報（１号通報）を受けたとき、当該上司は法令上の守秘義務を負う
か否かという問題がある。この守秘義務を課される「公益通報対象業務従事
者」は、①内部公益通報受付窓口において受け付ける内部公益通報に関し
て、②公益通報対応業務を行い、かつ、③当該業務に関して公益通報者を特
定させる事項を伝達される者が該当するところ、当該上司は①②に該当しな
いため法令上の守秘義務を負うことはなく、内部規程に基づいて範囲外共有
が禁止されるにとどまる。もっとも、当該上司が適切に当該通報を内部公益
通報受付窓口に伝達する等して受け付けた後、当該通報に関する調査や是正
等について当該上司が①～③を満たす業務を命じられるケースは十分想定さ
れるところであり、この場合、当該上司も個別に公益通報対応業務従事者に
命ぜられ守秘義務を負うこととなる。

2　内部通報前置を規定した社内規程に反して外部通報が行われた場合

　外部通報に先立って内部通報を行うべき手順、つまり内部通報前置が定め
られているのに、これに反して行われた外部通報については、上記１の内部
通報と同様、内部通報前置に反する外部通報が特定事由を満たす公益通報に
該当する場合には、内部通報前置という手続違反を理由に懲戒処分等を行う
ことはできないものの、この要件を満たさない場合には、手続違反を理由に
処分することはありうる。また、この場合には、企業外部に通報が行われて
いることから、内部通報と比較して、社会的評価の下落等企業秩序侵害の程
度が大きくなることが多い。したがって、より重い処分が適切な事案もあり
うる。

Q3-6　資料の収集過程に不正を伴う通報への対応

> 🅠 当社の社員が、社内の機密情報を不正に閲覧・コピーしている事案が発
> 覚しました。社員に対して理由を聞くと、会社内で行われている違法行為

について外部通報することを考えており、その証拠となる資料を集めていたとのことでした。この社員に対して懲戒処分をすることは可能でしょうか。また、集めた資料を実際には社内の通報窓口への通報に用いたような場合、収集行為自体について懲戒処分をすることは可能でしょうか。

A 資料の収集行為それ自体も、秘密保持の義務に反するものであり、懲戒処分の対象となる場合があります。もっとも、懲戒処分がすべて有効となるわけではなく、資料収集行為が個別に正当行為として違法性阻却され、懲戒処分が無効となることもあり得ます。

1　外部通報の場合

(1)　資料収集行為の懲戒事由該当性

　一般に労働契約においては、労働者は労働契約上の付随義務として、使用者の営業上の秘密を保持すべき義務を負っているとされる。また、就業規則上、あるいは労働契約上秘密保持の義務が定められている場合は、その規定に従い秘密保持の義務が発生する。

　そして、労働者が事業所内にある書類等の情報を持ち出すことは、これらの秘密保持の義務に反するものであり、就業規則等の規定に従い、懲戒処分の対象となりうる。

　なお、通報そのものではない資料の収集などの準備行為自体については、公益通報者保護法による保護の対象とはならないが、収集した資料をもとにして公益通報がなされたような場合には、公益通報に付随する行為として公益通報者保護法5条の保護の対象となりうる[15]。

(2)　懲戒処分の有効性

　以上のとおり、資料の収集行為自体は懲戒事由となりうるものの、資料の

---

[15]　大阪高判平21・10・16（判例集未登載。消費者庁消費者制度課「公益通報者保護制度に関する実態調査報告書」（平成25年6月）付属の「（参考）公益通報関連裁判例等一覧」10事件）は、司法書士に雇用されていた者が、事務所にある和解契約書の写しをとったうえで、同司法書士が非弁行為を行っている旨の通報をした事案において、通報と持ち出し行為を一体として考えたうえで、法5条の保護の対象になるとした。

収集行為を理由とした懲戒処分がすべて有効となるわけではない。

労働契約法15条では懲戒処分について「当該懲戒に係る労働者の行為の性質及び態様その他の事情に照らして、客観的に合理的な理由を欠き、社会通念上相当であると認められない場合は、その権利を濫用したものとして、当該懲戒は、無効とする」と定められている。

具体的には、行為と処分との均衡、同種行為に対する懲戒処分の内容との均衡、弁明の機会等の手続の適正さ、などが考慮されることとなる。

本設例では、外部通報の準備のために行ったとのことであるが、資料の収集行為については、懲戒事由に該当するとしても、違法行為の通報の準備という面を考慮して、違法性が阻却あるいは減殺され、懲戒処分が無効となる余地がある。

違法性が阻却あるいは減殺されるかの判断にあたっては、個別の事情を総合的に考慮せざるを得ないが、裁判例をみると、勤務していた信用金庫の顧客情報を不正に入手し、外部に漏洩したことを理由としてなされた懲戒解雇の有効性が争われた事案において、懲戒解雇を無効とする一方で、「内部の不正を糾すという観点からはむしろ被控訴人の利益に合致するところもあった」、「控訴人の各行為には出勤停止又はこれより軽い処分を科すべきと解されるものが多く、かつ上記のとおり違法性が減殺される事由も存する」と指摘し、より軽い処分内容の懲戒処分を有効とする可能性を示唆したといえる事案がある（宮崎信用金庫事件（福岡高宮崎支判平14・7・2労判833号48頁【参考資料1】36事件））。

また、勤務していた信用金庫の理事長らのメールファイルに無断でアクセスし、メールに添付された機密文書を閲覧・印刷したことを理由としてなされた懲戒解雇の有効性が争われた事案において、資料入手行為自体の公益目的の該当性について、アクセスの態様（アクセスした文書と本人が主張する目的との関連性が低いこと、アクセスの経過・頻度が本人の供述と符合しないこと）などから、目的の公益性を否定した裁判例がある（福井地判平28・3・30判時2298号132頁【参考資料1】25事件）[16]。

2　内部通報の場合

収集した資料を内部通報に用いた場合、内部にとどまるものであれば、情報の外部漏洩はないが、資料の収集方法が情報管理等に関する社内規程に違反する場合には、社内規程違反を理由とする懲戒事由に該当しうる。

ただし、その内部通報が公益通報に該当するような場合には、前述のとおり、公益通報に付随する行為として公益通報者保護法５条の保護の対象となりうる。

前述（Ｑ３-５）のとおり、公益通報に該当するか否かを判断することは通報者にとっても通報先にとっても微妙な事例が少なくなく、実際に社内規程違反を理由とした懲戒処分を発動して運用していくことは相当に難しいと思われる。

Ｑ３－７　通報内容に名誉毀損等を伴う通報への対応

> **Q** 通報対象者を名指しして横領行為に及んだとの通報が内部通報窓口に対してなされ、調査の結果、おおむね事実であったことが判明しましたが、通報時の文面には、通報者の告発意識が過激なあまり、通報対象者を罵倒し、侮辱するような文言が多くみられました。また、通報者は同僚らに対し、通報対象者が不正をしているとの噂を広めたため、職場における通報対象者を取り巻く人間関係に軋轢が生じるなど業務に不具合が生じたようです。こうした通報の不適切であった部分をとらえ、懲戒処分等によって責任を問うことはできるのでしょうか。

⒃　なお、「公益通報者保護制度の実効性の向上に関する検討会」が平成28年12月に公表した最終報告書138頁でも、「ただし、上記のとおり資料持出しに関する責任を減免する裁判例がある一方、資料持出しに係る目的や手段に関する不当性や悪質性等を理由に、当該持出しに関する責任を肯定した裁判例も存在しているところであり、かかる持出しに関する責任の減免についての判断に当たっては、各事案の個別事情を総合的に考慮せざるを得ないと考えられる。したがって、上記の検討に当たっては、更なる裁判例の収集・分析を踏まえて、責任減免が認められる事例又は認められない事例の類型化を図るとともに、上記分析の結果を逐条解説や消費者庁のホームページ等において紹介し、周知を図ることが適当である」との指摘がなされており、事案に応じて、持ち出し行為の悪質性等に着目し、懲戒処分を行う余地を認めている。

> **A** 通報に付随して別途行われた名誉毀損行為等に対しては、当然、懲戒処
> 分等のペナルティを科すことが可能です。通報の内容自体が名誉毀損を構
> 成する場合においても、少なくとも公益通報に該当しないケースであれ
> ば、懲戒処分等のペナルティを科すことが可能な場合があります。内部通
> 報と外部通報とで本質的な違いはありませんが、外部通報のほうが名誉毀
> 損が成立しやすく、被害も一般に大きいといえます。

1 名誉毀損の成否に関する一般的法律論

(1) 違法性を基礎付ける事由

名誉毀損の概念には、民事上のものと刑事上のものが存在する。

民事上の名誉毀損は刑事上の名誉毀損よりも範囲が広く、①公然と②他者
の社会的名誉を低下させることで成立する。通報対象事実は不正行為なので
あるから、通常、通報対象者の社会的名誉を低下させるものであることは明
らかであるが（②）、公然性は当然に満たされるとは限らない（①）。公然性
は、不特定または多数の者に言論が伝わる可能性があれば満たされる（名誉
毀損を伴う言論を行った相手が少数であっても、その少数から不特定または多数
の者への伝播可能性があれば公然性が認められる）。

これに対し、刑事上の名誉毀損は、民事上の名誉毀損の要件に加え、事実
を摘示することが必要である（刑法230条1項）。

(2) 違法性阻却事由

次に、違法性阻却事由は民事・刑事でおおむね解釈上共通と解されてお
り、ⓐ公共の利害に関する事実について、ⓑもっぱら公益を図る目的でなさ
れ、ⓒ真実であることが証明されるかまたは行為者が真実と誤信したことに
ついて確実な資料・根拠に照らし相当の理由がある場合、であるとされる。

上記ⓐ公共の利害に関する事実に該当するか否かは、一般論としては、
「当該摘示事実の具体的内容、当該事実の公表がなされた相手方の範囲の広
狭、その表現の方法等、右表現自体に関する諸般の事情を斟酌すると共に、
一方において右表現により毀損され、又は毀損さるべき人の名誉の侵害の程

度をも比較考量した上、以上の諸事情を参酌するもなお且、当該事実を摘示公表することが公益上必要又は有益と認められるか否かによりこれを決定すべきもの」（東京高判昭28・2・21高刑集6巻4号367頁）とされるが、起訴されていない犯罪行為に関する事実は、公共の利害に関する事実とみなされる（刑法230条の2第2項参照）。

上記ⓑもっぱら公益を図る目的とは、文字どおり公益目的が100％という趣旨ではなく、主たる動機・目的が公益にあればよいと解される。

上記ⓒ真実であることの証明（真実性）、真実と誤信したことの相当の理由（真実相当性、または単に相当性）については文字どおりの意義であるが、判断の基準時がそれぞれ異なり、真実性は事後明らかになった資料も含めて判断する一方、相当性は当時の行為者を基準に判断することとなるので注意が必要である。

2　通報行為の類型ごとの名誉毀損の成否の検討

⑴　違法性を基礎付ける事由

Ⓐ　内部通報

内部通報は、企業不祥事型であれば、「公益通報者が通報対象事実の当事者である労務提供先等に公益通報をしただけでは通報内容が外部に流布されることはなく、公益通報によって使用者の利益と密接に関わる当該労務提供先の名誉・信用が毀損されるなど使用者の正当な利益が不当に侵害されるおそれはないと考えられる」との見解もある（逐条解説103頁）。これによれば、企業不祥事型についてはそもそも社会的名誉の低下自体が起きがたいといえる。

他方、従業者不正型に関しては、「公益通報が労務提供先の従業員等の犯罪行為等を内容としている場合、その内容が真実でないときには、従業員等の名誉や信用が毀損されるなど、その正当な利益が不当に害されるおそれがある」といえよう（逐条解説103頁）。

また、公然性の要件も問題となる。内部通報においては、労務提供先があ

らかじめ定めた様式に沿った通報窓口への通報であれば、通報を受けた者は通報窓口の内部規程上の（公益通報対応業務従事者に該当する場合は、法令上の）秘密保持義務を負っており、当該通報の情報秘匿が保たれるしくみとなっていることが期待されるから、公然性を欠き名誉毀損に該当しないものと考えられる。

　他方、同じ内部通報であっても、秘匿性の保たれない方法で通報することは名誉毀損の成立可能性がある。たとえば、不特定または多数の人間がみる可能性のある職場のファクシミリに対して、上司宛という添え書きをつけて告発文書を送付したときは、職制上のレポーティングラインを通じた内部通報に該当しうるものの、伝播可能性があるため、名誉毀損にあたる可能性がある（加えて、そのファクシミリの使用状況を認識しながら送付した場合には、故意または過失も肯定される可能性がある）。仮に当該会社において、これを目にする可能性のある従業者らが内部規程に基づき範囲外共有を禁止されているとしても、直ちに伝播可能性が否定されるかには疑問がある。

⒝　外部通報

　外部通報に関しては、企業不祥事型・従業者不正型を問わず、通報対象者個人および労務提供先の名誉・信用が毀損されるといえる。

　公然性については、外部通報は、より不特定多数への伝播可能性が高いといえるが、法令上特に秘密保持義務を負うような団体等への通報であれば、名誉毀損が成立しない可能性もあろう。

⑵　違法性阻却事由

　2⑴の違法性が認められる通報行為についても、1⑵の違法性阻却事由を満たせば、刑事上・民事上の責任は問われない。

⑶　公益通報者保護法による不利益取扱い禁止と名誉毀損の違法性の関係

　問題となるのは、公益通報者保護法上の「公益通報」に該当することにより、名誉毀損の違法性が阻却される（刑事上・民事上の責任を免れる）と解することができるか否かである。

　この点、改正前の公益通報者保護法においては、公益通報の不利益取扱い

の禁止は、あくまで事業者とその雇用する通報者との間の関係にとどまり、当該通報の刑事上・民事上の違法性それ自体が直ちに阻却されるものではなかったため、個別の通報において、2(1)の違法性が認められないか、または2(2)の違法性阻却事由を備えているか等を検討してきたいといえる[17][18]。

　しかし、改正法7条は、不利益取扱い禁止の範囲に損害賠償請求を含めることを明文化した。そこで、公益通報に該当するならば、それが名誉毀損の要件を満たすか否か、違法性阻却事由を備えているか否かによらず、事業者からの損害賠償請求については常に否定されることとなろう。他方、通報対象者が通報者に対し、自己の名誉を毀損されたことに基づき損害賠償請求を行うこと等は、公益通報者保護法によって妨げられないため、引き続き、2(1)の違法性または2(2)の違法性阻却事由について検討することとなるものと考えられる。

3　名誉毀損が成立する場合の懲戒処分等

　通報がそれ自体として名誉毀損に該当し、違法性阻却事由もなく、かつ公益通報にもあたらない場合、使用者としては、懲戒処分等のペナルティを科してよいか。懲戒処分を科しうるかどうかは、あくまで企業秩序を侵害するかどうかによって判断されるが、従業者不正型の内部通報においては、通報対象者の名誉が違法に侵害されれば、職場環境は当然に害されると考えられるし、外部通報においては、労務提供先の名誉が違法に侵害されること自体が直接に企業秩序の侵害と理解しうる。そこで、刑事上または民事上の違法性を備えることイコール企業秩序を侵害することと解してよいであろう。

4　本設例のケース

(1)　通報文面自体による名誉毀損

　本設例は従業者不正型の内部通報であり、具体的な従業者の名前を特定し

---

(17)　消費者庁「法律・制度の概要 Q&A」（平成28年 3 月版）Q20も同旨。
(18)　逐条解説126頁は、損害賠償請求も法 5 条の禁じる不利益取扱いの一種にあたると例示する。

て横領行為に及んだとの通報がなされている。したがって、通報対象者の社会的名誉の低下は認められるが、本設例のケースにおいては適切な内部通報窓口に内部通報がなされている以上、そもそも公然性を欠き、名誉毀損は成立しないであろう。

　また、1(2)の違法性阻却事由を備えている可能性や、公益通報に該当する可能性も高く、ペナルティを検討すべきケースとは思われない。

(2)　通報と別途に行われている噂話等

　通報対象事実と一致する内容の噂話等、通報行為と別の態様で名誉毀損等に及んでいる場合、これに対しては公益通報に該当し得ないことは明らかであるので、1(1)および(2)の基準に従い名誉毀損該当性を検討することとなる。1(1)および(2)の基準に照らすと、本件の噂話等は、名誉毀損が成立すると解して差し支えないであろう。

5　その他、名誉毀損行為による影響

　通報者が名誉毀損行為を行っているとの事実は、内部通報が不正の目的によるか否かの検討（Ｑ３－３参照）において、通報者が通報対象者に被害を与える目的（加害目的）を有していることを推認させる要素であり、その限りにおいて、公益通報の要件充足性に間接的に影響を与えるといえよう。また、公益通報に該当しない通報についても、1(2)ⓐ～ⓒによる一般法理上の保護を否定する１つの要素となると考えられる。

第4章　通報者に対する人事措置上の留意点等

　本章では、通報者への人事措置にあたり、留意すべき事項等について説明する。

Q4－1　通報者を重要部署から配転することの有効性

> **Q**　定期的な人事異動の時期にあたり、通報者について東京本社の第一営業部（首都圏や関西圏等を担当）から地方支店の営業課に転勤してもらうことを検討しています。この場合、転勤命令が無効となり、あるいは不法行為とされる可能性はあるのでしょうか。また、どのような点に留意する必要がありますか。
>
> **A**　使用者には広範な人事権が認められ、転勤に業務上の必要性がない場合や不当な動機・目的で行われた場合に限り、転勤命令が無効とされる可能性があり、不法行為が認められる場合は悪質な場合に限られます。もっとも、内部通報への報復措置といわれるリスクは否定できませんので、事前に転勤の必要性や相当性を検討しておく必要があります。

1　配転命令の有効性

　本設例は、東京本社から地方支店への配転（転勤）の事例である。

　配転とは「従業員の配置の変更であって、職務内容または勤務場所が相当の長期間にわたって変更されるもの」であって、同一勤務地における所属部署の変更が配置転換であり、勤務地の変更が転勤である[19]。

---

(19)　菅野・前掲注(2)727頁。

　したがって、配転は、当該従業員に大なり小なりの職業上または生活上の不利益を生じさせることになるため、配転命令の有効性が争われることがある。

2　内部通報を契機に配転を行う場合は常に無効となるか

　一般に、職種や勤務地等の限定のない正社員に対する配転命令の有効性は、①就業規則や労働協約等に配転命令に関する規定があり、労働契約上、使用者が配転命令権を有しているといえるか、②使用者が配転命令権を有しているとしても権利濫用として無効とならないか、という2段階で検討される。

　そして、最高裁は、上記②の権利濫用の点については、わが国における長期雇用システムのもとでの広範な人事権を前提に、配転命令につき業務上の必要性がない場合や、業務上の必要性がある場合でも、他の不当な動機・目的をもってなされたものであるときや、労働者に対し通常甘受すべき程度を著しく超える不利益を負わせるものであるとき等の特段の事情がある場合には権利濫用として無効としているが、このような事情のない限り、有効と解している（東亜ペイント事件（最二小判昭61・7・14労判477号6頁））。

　つまり、わが国における、主として正社員を想定した長期雇用システムという雇用慣行のもとでは、企業は正社員を職種や職務内容・勤務地等を特定することなく採用し、正社員の解雇を容易になし得ない一方、いわばその見返りとして企業内での従業員の配置については、職業能力の育成や需要に応じた労働力の補充・調整のための事業部や支店の統廃合、ローテーション人事等に関する広範な人事権が認められ、こうした雇用慣行が企業の柔軟な経営を可能としてきたのであり、裁判所もかかる雇用慣行を尊重して使用者の広い裁量を肯定してきた経緯がある。

　このような配転命令の有効性に関する従来の雇用慣行等を踏まえると、単に、内部通報が契機となって配転が行われた、という事実だけで直ちに配転命令が無効となるものではないし、ましてや、不法行為における違法性まで

肯定されるものでもない。内部通報に対する報復として行われるなど、不当な動機・目的をもって配転命令が行われた悪質な場合に限り、内部通報を「理由として」行われたものと解されることとなろう。

3　関連裁判例

⑴　**オリンパス事件**（東京高判平23・8・31労判1035号42頁【参考資料1】49事件）

⒜　概　要

従業員である通報者が、内部通報窓口であるコンプライアンス室に、上司が取引先からいきすぎた従業員引抜きを行おうとしている旨内部通報したところ、コンプライアンス室が当該上司に通報内容を知らせたため、当該上司が上記通報に反感を抱き、業務上の必要性とは無関係に三度にわたって配転命令等を発出したことから、配転命令の無効確認や不法行為に基づく損害賠償の支払い等を求めて提訴した事案。

⒝　判　旨

一部認容。

裁判所は、「被控訴人……は、控訴人（引用者注：通報者）の……従業員転職に関する本件内部通報を含む一連の言動が控訴人の立場上やむを得ずされた正当なものであったにもかかわらず、これを問題視し、業務上の必要性とは無関係に、主として個人的な感情に基づき、いわば制裁的に第1配転命令をしたものと推認できる。そして、控訴人が本件内部通報をしたことをその動機の一つとしている点において、第1配転命令は、通報による不利益取扱を禁止した運用規定にも反する」として、配転命令を無効とし、「第1配転命令……は、……被控訴人……が人事権を濫用したものであり、……控訴人に……昇格・昇給の機会を事実上失わせ、人格的評価を貶めるという不利益を課すものであるから、被控訴人……の上記行為は、不法行為法上も違法というべきである」として、不法行為に基づく損害賠償請求のうち220万円を認容した。

(2)　**大王製紙事件**（東京地判平28・1・14労判1140号68頁【参考資料１】 24事件）

(A)　概　要

　従業員である通報者が、経営陣と対立する元顧問に対し、当該企業が粉飾決算、独占禁止法違反、海外でマネーロンダリングを行っていること等、事実に反する内容を告発状により伝え、業界紙等に掲載されたことから、当該企業が降格処分を行うとともに、地方の物流拠点への出向命令を発出し、これを拒否した通報者を懲戒解雇したことから、通報者が出向命令の違法無効を主張して、従業員の地位等の確認と不法行為に基づく損害賠償を求めて提訴した事案。

(B)　判　旨

　一部認容。

　裁判所は、まず、出向命令の有効性に関して、「実質的に原告を懲戒する趣旨で……出向命令を発したとの評価を免れないというべきである。そうすると、……出向命令は、その動機・目的が不当」として無効と判断しつつ、不法行為の成否については、「出向命令権や懲戒権の行使が無効であることから直ちに不法行為が成立するものではなく、別途、不法行為の成立要件を充足するか否かを検討すべきであるところ、……出向命令は、実質的に懲戒の趣旨で配置転換先を決定したと評価される点において不当というべきものであったが、他方において、その当時、原告を暫定的な配置先であった総務人事本部人事部付から配置転換する必要があったことまで否定されるものではなく、その際、原告が被告の秘密に属する情報を漏らしていたことに照らし、重要な機密情報を取り扱わない部署に配置する必要があると判断したことにも合理性が認められること、原告は懲戒事由に該当する程度の重い非行をしていたのであり、懲戒事由がない者に対して懲戒の趣旨で配置転換をした場合とは異なること、原告は……出向命令に従っておらず、出向に伴う事実上の不利益を実際に受けたわけではないことに鑑みれば、被告が……出向命令を発出し、これに従わなかったことを理由として……本件懲戒解雇をし

たことが、社会的相当性を逸脱し、不法行為法上違法であるとまでいうことはできないというべきである」として不法行為の成立を否定した。

4　本設例の事案における留意点

大王製紙事件で指摘されているように、内部通報を行った人物をその内部通報に係る事案の調査のため暫定的な部署に配置すること自体は合理性が認められやすい。また、内部通報に秘密の漏洩が伴っており、しかも事実に反するものである場合にも、将来の漏洩防止を理由に、重要な秘密を取り扱わない部署に異動させることも、合理性を認められることがあろう。

しかし、通報者を本社から地方支社に移転させる場合、オリンパス事件や大王製紙事件のように、内部通報を行ったことの報復人事である旨の主張が行われるリスクを否定できず、当該配転の必要性・合理性に十分留意する必要がある。具体的には、配転の必要性、配転先での業務内容、当該従業員の被る不利益、企業内での人事異動の実情、内部通報と配転の時期関係等を考慮して、当該配転につき合理的な説明が可能か否かを十分に検証しておく必要がある。

Q4－2　継続雇用制度と不利益取扱い

> **Q** 継続雇用制度のもと、定年後、嘱託社員として期間1年の有期契約をもって再雇用した社員から内部通報がありましたが、これは虚偽通報であり、仲の悪い同僚を陥れることを目的とした不正な通報であると疑われます。普段の勤務態度も良好とはいえないため、期間満了後は当該社員との契約は更新しない予定ですが、その際、どのような点に留意すべきでしょうか。

> **A** 継続雇用制度のもとにおいては、ほぼ常に労働契約法19条の適用を受け、契約更新拒否につき解雇に準じた合理性・相当性が必要となるため、内部通報の不適切さや勤務態度不良をもって当該合理性・相当性があると立証できるか、慎重に検討する必要があります。

1 高年齢者雇用安定法9条が定める継続雇用制度とその実態

　本設例の事案は継続雇用制度における更新拒否（雇止め）であるため、継続雇用制度の法的性質を踏まえて判断することが必要である。そこで以下、簡単に継続雇用制度について整理する。

　高年齢者雇用安定法9条1項によれば、65歳未満の定年制を維持する事業主は、雇用する労働者が希望する場合に原則として65歳まで雇用を維持する措置（継続雇用制度）を定めなければならない。

　「原則として」とは、退職事由または解雇事由がない限り雇用を維持せよという意味であるが、例外として、平成25年3月31日時点で労使協定により継続雇用制度の対象者を限定する基準を定めていた事業主については、経過措置として、〔表〕の時期に対応する年齢に達した以降は、当該限定基準を用いて対象者を絞り込むことができ、限定基準を充足しない労働者については契約期間の満了により更新拒否・契約終了させることができる。

　継続雇用制度において「雇用を維持」するとは、定年を65歳まで延長しなければならないとか、切れ目なく労働契約を連続させなければならないということではなく、定年によりいったん労働契約が解消されたあと、新たな高年齢者用の労働契約を別途締結することとしてもよいし、その締結までの間に常識的な範囲で空白期間があってもよい。

　なお、労働契約の内容は、定年前の内容（正社員契約）から変更されることもあり得、短時間あるいは有期雇用となる場合に、いわゆる「同一労働・同一賃金」（不合理な待遇の禁止（パート有期法8条）、通常の労働者と同視すべき場合における差別的取扱いの禁止（同法9条））の適用はあるものの、具体的制度設計はある程度使用者側の裁量に任せられている[20]。

〔表〕 老齢厚生年金の報酬比例部分の支給開始年齢

| 2019年4月1日から2022年3月31日まで | 63歳 |
| 2022年4月1日から2025年3月31日まで | 64歳 |

　以上を踏まえ、実務上は、大多数の企業が、60歳を定年とし、定年到達時にいったん正社員契約を終了とした後、希望者について、期間の定めのある契約を再締結し、原則65歳まで更新するしくみを採用している（加えて、定年後再契約の賃金面の待遇は定年前正社員契約の待遇よりも一定程度低下しているのが通例である）。

　本設例では、以上に述べたような典型的な定年後再雇用制度のもとで、契約の更新を65歳まで行わず、途中で雇止めをした場合の是非が問われている。

2　継続雇用制度のもとでの雇止めを規制する法理とその解釈

　雇止めは公益通報者保護法上の不利益取扱いに該当することから、公益通報をしたことを理由とする雇止めは違法無効となる（Q4-3参照）。

　また、雇止めは、労働契約法19条の定めによる一般的な規制を受けるため、反復更新により実質的に期間の定めのない労働契約と同視できる場合、または契約更新について期待することが合理的といえる場合には、更新拒否には客観的に合理的で社会通念上相当な理由が必要となる。

　1で述べたような継続雇用制度の性質および高年齢者雇用安定法の趣旨を踏まえると、一度、定年後再雇用契約を締結した労働者にとって、65歳まで当該雇用が継続し契約が更新されることについて合理的な期待が常にあるといえるから、具体的事情を検討するまでもなく、更新拒否には常に、客観的に合理的で社会通念上相当な理由が必要となる。

3　本設例における雇止めの合理性・相当性

　本設例においては、問題とする内部通報が、不正の目的による虚偽通報で

---

(20)　定年後再雇用の多くはパート有期法8条の不合理な待遇の禁止の問題となるといえる。その場合、同条において一般的に考慮される、①職務の内容、②職務の内容および配置の変更の範囲に加え、定年後再雇用であること自体が、同条における「その他の事情」として考慮されることになる。

あると疑われるとのことであり、これが立証できれば、当該虚偽通報は、企業秩序の侵害等を行ってきた非違行為の履歴を示すものであるといえる。そうした非違行為の悪質性等の度合いに応じ、更新拒否もやむを得ないほどのものと認められれば、適法に雇止めを行う余地はあるといえる。しかし、通報を主たる理由とした再雇用契約締結拒否あるいは更新拒絶は、通報者との間でトラブルになるおそれが強いことから、通報が具体的にどのように不適切なものであったのかを明らかにし、注意指導や必要に応じた懲戒処分等を行うなど、通報当時の段階で適切に対処し措置をとっておく必要がある。とりわけ、内部通報においては、不正の目的の認定は、通報者が虚偽通報であることを自ら認識していた事実の認定と実質的に同じであり、立証が基本的に困難であることを留意すべきである（Ｑ３－２・３－３参照）。

また、通報とはかかわりない別途の勤務態度不良が認められる場合、虚偽通報の問題とこれらをあわせて、合理性・相当性を吟味することとなる。

なお、勤務態度不良についても、普段のいちいちの行為は証拠に残っておらず主張立証が難しいことも少なくないので、証拠資料が揃っているか十分留意し、問題行動等については、適宜、改善指導を行い、後日のために記録に残しておくことが重要である。

Ｑ４－３　非正規従業員の内部通報の保護

> **Ｑ** 当社に違法行為があったとして、当社の契約社員が通報窓口に通報を行いました。通報を受け調査したところ、通報内容はほぼ間違いがなく、最終的に関係者に対する処分と違法行為に対する是正対応を行いました。一方で、この契約社員の労働契約期間が間もなく満了するのですが、所属部門の閉鎖を予定していることから、この契約社員も含め、所属の契約社員については労働契約の更新をせず、期間満了をもって退職してもらおうと考えています。
>
> しかし、退職の話をこの社員にしたところ、自分を退職させることは公益通報者保護法に違反するのではないかと言われました。通報とはまったく別の理由で退職してもらうこともできないのでしょうか。

> **A** 非正規従業員の労働契約の更新拒絶（雇止め）についても、公益通報者
> 保護法５条の保護は及ぶところ、他の雇止め理由がある場合、雇止めの決
> 定的動機が何かが問題となります。公益通報者保護法５条が適用されない
> 場合でも労働契約法19条の適用は及び、雇止めに客観的に合理的理由があ
> り、社会通念上相当として認められない場合には、無効となる場合があり
> ます。

1　公益通報に該当する場合における不利益取扱いの禁止

　公益通報者保護法５条は、公益通報をしたことを理由とする「不利益な取
扱い」を禁止している。同条でいう「不利益な取扱い」には、同条で例示と
してあげる降格・減給、退職金の不支給のほか、労働契約の更新拒絶のよう
な従業員たる地位の得喪に関する不利益取扱いも含まれる。

　また、公益通報者保護法上の「公益通報」を行う主体として、雇用形態に
限定はなく、期間雇用契約の場合も当然含まれる。そのため契約社員に対し
て、公益通報を行ったことを理由として雇用契約の更新を拒絶することは、
公益通報者保護法５条に違反することになる。

2　雇止め法理による保護（一般法理による保護）

　通報が公益通報に該当しない場合、本設例のような労働契約の更新拒絶は
公益通報者保護法５条に違反するものではない。しかし、この場合でも、雇
用契約の更新拒絶をまったくの無制限に行えるわけではない。

　労働契約法19条は、期間の定めのある労働契約について、反復更新により
実質的に期間の定めのない労働契約と同視できる場合（同条１号）、または
契約更新について期待することが合理的といえる場合（同条２号）には、更
新拒絶には客観的に合理的で社会通念上相当な理由が必要である旨定めてい
る。

　そして、労働契約法19条１号または２号の要件を充足し、同条が適用され
る結果、労働契約の更新拒絶に客観的に合理的で社会通念上相当な理由が必

要とされる場合に該当するかは、以下のような事情を総合的に勘案して判断
することとなる。

① 雇用の臨時性・常用性

② 契約更新の回数、雇用の通算期間

③ 契約期間・更新手続などの管理状況

④ 雇用継続の期待をもたせるような使用者の言動

⑤ 契約内容の合理性

これらの事情を総合的に勘案したうえで、実質的に期間の定めのない労働
契約と同視できる、または契約更新について合理的な期待が生じるといえる
場合には、更新拒絶には客観的に合理的で社会通念上相当な理由が必要とな
り、そのような理由が認められない場合には、契約が更新されたとみなされ
ることになる。

この場合、正当な通報をしたことを理由に雇止めをすることは、客観的に
合理的な理由があるとは認められず、契約が更新されたものとみなされるこ
とになる。

3　通報以外の事情を理由とする更新拒絶は有効か

もっとも、本設例では、通報とは別の、所属部門の閉鎖を理由として労働
契約の更新を拒絶しようとしている。

通報が「公益通報」に該当するとしても、公益通報者保護法５条は、公益
通報を行ったこと以外の理由により不利益取扱いを行う場合には適用され
ず、公益通報以外の理由により労働契約の更新を拒絶することは同条の違反
とはならない。

ただし、不利益取扱いを行ったことが公益通報を行ったことを理由とした
ものか否かは、使用者があげる理由だけにより判断されるわけではない。不
利益取扱いをするに至る経緯（通報以前に当該不利益取扱いを行うことを決定
していたか等）や、他の労働者の取扱いとの比較（通報にかかわっていない他
の労働者が同じ取扱いを受けているか等）といった要素も考慮したうえで、不

利益取扱いを行ったことの決定的な動機が公益通報を行ったことによるものかにより判断されると考えられる。

　本設例でも、所属部門の閉鎖・労働契約の更新拒絶が通報以前から決定・検討されていた、通報にかかわっていない他の契約社員も労働契約の更新拒絶の対象となっている、といった事情のある場合などには、通報を行ったことが決定的な動機になったとはいえないと考えられる。その場合には、当該社員の行った通報が公益通報に該当するとしても、公益通報を行ったことを理由とした不利益取扱いには該当せず、公益通報保護法5条の違反とはならないことになる。

第5章　通報対象者への対応

Q5-1　通報対象者に対する処分に際しての留意点

> **Q** 当社では、内部通報窓口を設置していますが、先日その窓口に寄せられ
> た通報をきっかけに社内調査を行った結果、ある支店で法令違反行為が行
> われていた事実が認められました。当該行為者に対し、どのような処分を
> すればよいのでしょうか。

> **A** 法令違反行為を行った行為者に対し、懲戒処分を行うことのほか、人事
> 権に基づいて異動や普通解雇を行うことが考えられます。また、違法行為
> によって貴社に損害が生じた場合、行為者に故意または過失があるとき
> は、行為者に対して損害賠償請求を行うことも可能です。

　本設例では、内部通報が行われた結果、法令違反行為が判明した場合の行
為者に対する懲戒処分等人事面での措置について説明する。

1　懲戒処分

(1)　意義・根拠

　従業員の規律違反行為に対する制裁として、多くの企業で懲戒処分制度が
設けられている。懲戒処分とは、通常、従業員の企業秩序違反行為に対する
制裁罰であることが明確な、労働関係上の不利益措置をいう[21]。

　使用者が懲戒権を取得するためには、就業規則に懲戒の種類および事由を
定めておく必要があるとされる（国鉄札幌運転区事件（最三小判昭54・10・30
労判329号12頁）、フジ興産事件（最二小判平15・10・10労判861号5頁））。

---

[21]　菅野・前掲注(2)700頁。

(2)　懲戒処分の量定

　そして、懲戒処分を行うに際し、実務上大きな問題となるのは、行為者に対してそもそも懲戒処分をするか否か、するとしてどの程度の処分とするか、という量定（量刑）の問題である。あまりにも重い処分や過去の処分との均衡を失する処分は、相当性を欠くものとして無効となる（労働契約法15条）。

　この点に関し、労働契約法15条は「当該懲戒に係る労働者の行為の性質及び態様その他の事情」と述べるのみであるが、これらの事情以外にも、たとえば人事院「懲戒処分の指針について」（平成12年3月31日人事院事務総長発、最終改正：令和2年4月1日）という通達では、処分の量定にあたり、以下の考慮要素が示されている。これは公務員を念頭におくものではあるが、民間企業の従業員にも参考になる。

「①　非違行為の動機、態様および結果はどのようなものであったか

②　故意または過失の度合いはどの程度であったか

③　非違行為を行った職員の職責はどのようなものであったか、その職責は非違行為との関係でどのように評価すべきか

④　他の職員および社会に与える影響はどのようなものであるか

⑤　過去に非違行為を行っているか

等のほか、適宜、日頃の勤務態度や非違行為後の対応等も含め総合的に考慮の上判断するものとする」

2　人事権の行使

(1)　人事異動・人事権の行使としての降格

　懲戒処分以外にも、法令違反行為が行われた場合に行為者に対する人事権の行使として、たとえば、行為者を他の部署や事業所に移す人事異動を行い、あるいは管理職であれば部長や課長等の職位や役職を引き下げる人事異動を行うこともある。使用者にはこうした人事権の行使に関する広範な裁量が認められるが、不当な意図に基づく場合や賃金が大幅に減少するなど行為

者の不利益が大きい場合には、権利濫用として無効とされることがある[22]。なお、人事異動は懲戒処分ではないから、戒告や減給等の懲戒処分と同時に行っても、懲戒処分の二重処分の禁止には抵触しない。

(2) 普通解雇

さらに、このような人事権の行使の一環として、当該法令違反行為の結果、当該企業の従業員たる適格性を欠いていると評価される場合には、使用者が規律違反を理由に普通解雇を行うこともある[23]。この普通解雇は、前述した懲戒解雇とは異なり、行為者に対する制裁たる性格を有していない。そのため、懲戒解雇ほど高度の規律違反が求められるものではなく、たとえば、比較的軽微な規律違反行為が反復継続され、改善の機会を付与したにもかかわらず改善されず、従業員としての適格性がないと評価される場合における労働契約解消の手法として用いられる。

もっとも、普通解雇も解雇権濫用法理の規制には服する。したがって、普通解雇が客観的に合理的な理由を欠き、社会通念上相当として認められない場合には、解雇権の濫用として無効になる（労働契約法16条）。規律違反行為で普通解雇される場合の考慮要素としては、たとえば、規律違反行為の態様（業務命令違反、職務専念義務違反、信用保持義務違反等）、程度、回数、改善の余地の有無等があげられる（山口幸雄ほか編『労働事件審理ノート〔第3版〕』26頁）。

3　損害賠償請求

(1) 損害全額の賠償請求の可否

従業員の法令違反行為により企業に損害が生じた場合の従業員の損害賠償責任については、労働基準法や労働契約法等に特にこれを制限する規定がおかれていないため、一般法理によることになる。つまり、法令違反行為により会社に損害が生じた場合、行為者に故意または過失があれば、会社は行為

---

[22]　菅野・前掲注(2)728頁。
[23]　菅野・前掲注(2)787頁。

者に対して損害賠償請求を行うことができる（民法709条・415条）。また、従業員の法令違反行為により第三者に損害が生じた場合では、使用者責任（民法715条1項）の要件を満たせば、企業が第三者に損害賠償責任を負担し、企業が賠償したときには、従業員に求償することができる（同条3項）。

　もっとも、企業が、従業員の法令違反行為による損害について、常に全額の損害賠償（求償）を従業員に求めることができるわけではない。なぜなら、企業は従業員の労働力を利用することによって利益を得ている以上、従業員の労働によって生じた損害についても負担することが公平だからである（報償責任の原理。最一小判昭51・7・8民集30巻7号689頁参照）。

(2)　まとめ

　したがって、損害賠償・求償の制限の度合いは、①従業員の帰責性（故意・過失の有無・程度）と、②労働者の地位・職務内容、③損害発生に対する使用者の寄与度（指示の適否、指導や保険加入等によるリスクの回避分散の有無等）に照らして判断することになる[24]。

　たとえば、いわゆるパワハラ等の事案において、行為者が管理職として部下の職務怠慢に注意指導をしていたが、つい指導熱心のあまり発言内容にいきすぎがあった場合のように、管理職の指導が業務の一環として行われており、管理職にのみ全部の損害を負担させることが酷である一方、会社も管理職の指導により利益を享受している場合には、損害賠償請求が信義則上一定額を限度とするよう制限される可能性がある。逆に、セクハラでは、行為者自身の帰責性が強いため、行為者に対する損害賠償請求が制限されることは少ないであろう。

---

[24]　土田・前掲注(2)195頁・196頁。

第6章　外部通報（内部告発）・内部通報に関する裁判例

Ⅰ　外部通報に関する判例法理と公益通報者保護法

　公益通報者保護法が施行された平成18年4月1日からすでに16年が経過した。

　外部通報に関しては、公益通報者保護法制定以前から判例法理による通報者保護が図られてきたが、同法の制定および改正により、その保護要件が明確化されることになった。他方、従来の判例法理（一般法理）の意味が公益通報者保護法により失われたかといえば、そうではない[25]。

　つまり、公益通報者保護法が保護対象とする通報対象事実は、法および政令で限定列挙されている特定の法令違反を内容とするものに限られる。改正法によって刑事罰のみならず行政罰の対象となっているものにまで拡張されたものの、それ以外の法律違反や、不適切ではあるものの法には抵触しない行為などは含まれない（法2条3項・別表、公益通報者保護法別表第8号の法律を定める政令）。また、公益通報者保護法の保護を受け得る通報主体は、労働者および役員ならびに退職者（退職後1年以内）に限られ、取引先は含まれない。

　むしろ、公益通報者保護法の施行以降の通報に関する近時の裁判例の傾向をみると、同法の施行以降の通報であっても必ずしも従来の判例法理に優先して同法が適用されているわけではない。裁判所が、同法の解雇無効（法3

---

[25]　平成16年5月21日の衆議院内閣委員会では、公益通報者保護法と判例法理との関係について、次の附帯決議がなされている。「本法の保護の対象とならない通報については、従来どおり一般法理が適用されるものであって、いやしくも本法の制定により反対解釈がなされてはならないとの趣旨及び本法によって通報者の保護が拡充・強化されるものであるとの趣旨を周知徹底すること」。なお、参議院内閣委員会でも、同年6月11日、ほぼ同趣旨の附帯決議がなされている。

条）や不利益取扱い禁止（法5条）等の強行法規に関する判断を示した事例
は、権利濫用等に関する判例法理が用いられた事例と比較しても、多いとは
いえない。同法に関する判断を示した裁判例は、【参考資料1】では、20事
件（学校法人田中千代学園事件（東京地判平23・1・28労判1029号59頁））、22事
件（ボッシュ事件（東京地判平25・3・26労経連2179号14頁））、25事件（福井地
判平28・3・30判時2298号132頁）、47事件（神戸地判平20・11・10判例秘書）で
あり、このうち同法違反を肯定したのは47事件のみである。

　したがって、公益通報者保護法の制定以前から裁判例によって形成されて
きた判例法理は、今日においても依然として重要といえる。それゆえ、内部
通報窓口の担当者としては、内部通報制度の適切な運用のため、内部通報や
外部通報をめぐる裁判例の傾向を正確に把握しておくことが望ましい。

　そこで、以下では、外部通報に関する判例法理を概説するとともに、公益
通報者保護法制定以降の裁判例の傾向についてもあわせて指摘する。

Ⅱ　外部通報に関する判例法理

1　主な判断要素

　外部通報は、従業員等の内部者が企業内部で入手した秘密を外部に通報す
る（暴露する）形で行われるものであるため、従業員が企業との間の雇用契
約上負担している誠実義務との衝突を引き起こす。具体的には就業規則等の
秘密保持を定める規定や、企業の信用失墜に結び付く言動を禁止する規定に
違反するものとして、外部通報者を懲戒処分の対象としたり、あるいは従業
員の適格性を欠くものとして普通解雇の対象としたり、さらには解雇には至
らなくても報復的な人事異動の対象とされることもあった。

　これに対し、裁判例は、懲戒処分や解雇等の権利濫用の判断において、正
当な外部通報については懲戒処分や解雇を権利濫用として無効にすること等
を通じて通報者の保護を図ってきた。その判断の主要な要素としては、以下
の3つをあげることができる。

① 通報内容の真実性または真実と信じるにつき相当の理由があること（真実相当性）

② 違法是正、社会的利益実現等の目的の正当性

③ 通報の手段・態様の相当性

そこで、以下では、裁判例において、どのような場合に、これらの要素を満たすと判断されているのかを検討する。

なお、①～③の事情の性質については、どれかが欠けると直ちに通報者が保護を失うといった要件的なものではなく、総合判断に用いられる要素的な位置付けであると考えられる。たとえば、懲戒処分の有効性が争われた事案において、①～③の「全てを満たさず懲戒事由に該当する場合であっても……成否を検討する際に考慮した事情に照らして、選択された懲戒処分が重すぎるというときは、労働契約法15条にいう客観的合理的な理由がなく、社会通念上相当性を欠くため、懲戒処分は無効となると解すべきである」とした裁判例がある（神社本庁事件（東京地判令３・３・18労判1260号50頁【参考資料１】58事件））。

2 通報内容の真実性または真実相当性

(1) 虚偽・誇張が混入した通報と真実性との関係

裁判例は、単に通報内容に一部虚偽が混入しているというだけで直ちに真実性を否定することはなく、通報内容の主要な部分や根幹部分が虚偽である場合にはじめて通報内容の真実性を否定する傾向がある。

たとえば、三和銀行事件（大阪地判平12・４・17労判790号44頁【参考資料１】33事件）は、労働組合に所属する同行職員が、銀行の思想差別、経営理念や労務政策を批判し、サービス残業等の労働基準法違反を指摘した出版物を出版した事案につき、不当な表現や事実に反する記載はあるが、「大半が事実を記載し、又はかかる記載をすることに相当の理由がある」などとして、戒告処分を無効とした。

これに対し、中国電力事件（広島高判平元・10・23労判583号49号、最三小判

平4・3・3労判609号10頁【参考資料1】1事件）では、電力会社の従業員が原発建設を阻止する目的で原発批判のビラを周辺住民に配布した事案につき、「社員も原発に反対しています」「社員は地元の魚は食べません」等の記載がある当該ビラに関して「主要な部分について虚偽の記載がある」などとされた。

その他の裁判例でも、個々の表現について不適当な表現や過度な歪曲、誇張、虚偽の事実があったとしても「全くの虚偽であるとまではいえ」ないとしたり（学校法人住吉学園事件（大阪地判平8・11・27労判712号47頁【参考資料1】28事件））、あるいは「全体」（学校法人敬愛学園事件（最一小判平6・9・8労判657号12頁【参考資料1】3事件））、「大半」（前掲三和銀行事件）、「根幹的部分」（大阪いずみ市民生協（内部通報）事件（大阪地堺支判平15・6・18労判855号22頁【参考資料1】39事件））、「主要な部分」（前掲中国電力事件）等に着目して、直ちには真実性を否定しない傾向がある。

これは、通報者が労働者個人の場合、その個人に十分な調査と正確な表現まで要求することは、およそ外部通報の正当性を認めることが困難となってしまうからだと考えられる。

> **［Point］ 真実性が求められる部分**
>
> 通報内容は一言一句真実であることまで求められず、主要な部分が真実であれば足りる。

---

(2) 真実相当性

通報内容が真実とは認められない場合であっても、通報者が真実と信ずることに合理的理由がある場合には、正当な通報として保護され得る。たとえば、甲社事件（東京地判平27・1・14労経速2242号3頁【参考資料1】52事件）では、「味噌汁など、汁物用のポットが細い管式のもので管の中が洗えないためカビ臭がしている」という通報内容について必ずしも事実とは認められないものの、ポットに味噌汁を入れたときの衛生管理について検討すること

といった行政指導が行われていることから、「全くの虚偽であると言い切れるかについては疑問があるし、少なくとも通報者がそのように信じたことについてはそれ相応の理由がある」として、真実相当性が肯定された。この事案のように、「虚偽であると言い切れるかについては疑問」というレベルの真実性と、「相応の理由がある」という真実相当性は実質的に等しく、両者の境界はそれほど明確なものではない。言い換えれば、裁判所が通報者の通報内容を証拠に基づいて事実として直ちに認定できる程度の心証度(確信)に達しない場合でも、真実相当性という概念を用いることにより、外部通報の正当性を根拠付けることが可能となっている。それゆえ、真実相当性は、通報内容を認定するに至る裁判所の心証度の水準を引き下げる機能を果たしているとの見方もできる。

逆に、単なる推測や伝聞に基づく通報については、真実相当性が否定されやすい(たとえば、粉飾決算やマネーロンダリングに関する外部通報が行われた大王製紙事件(東京地判平28・1・14労判1140号68頁【参考資料1】24事件))。

> **Point** **真実性と真実相当性**
>
> 真実相当性は、真実性を認定できない程度の心証度でも外部通報の正当性を肯定するという意味で救済的機能を果たすことがあり、真実と考える一定の合理性があれば肯定される可能性がある一方、単なる推測や伝聞のみでは一定の合理性ありとは認められない。

3 目的の正当性

(1) 不正な目的が認められる場合

裁判例は、私怨、権力争い、金銭目当て等明らかに不正な目的が認められる場合、通報者に対する普通解雇や、きわめて高額な損害賠償請求等厳しい処分を認める傾向がある。

たとえば、ジャパンシステム事件(東京地判平12・10・25労判798号85頁【参考資料1】11事件)では、従業員が会社の不正経理問題を大株主に書簡で伝

え、解決ができなければ会社の株式上場に支障が出るとして、同大株主に6
億5000万円を同従業員口座へ振り込むよう要求した事案につき、「故意に被
告の信用を著しく傷つけ、株主であるＺ社を脅迫して不当に金員を要求
し、私利を図ったことを示すもの」として、普通解雇が有効と判断された。

　また、千代田生命保険（退任役員守秘義務）事件（東京地判平11・2・15労
判755号15頁【参考資料1】8事件）では、退任した元役員が、週刊誌記者ら
に対し、社外秘の融資取引や社内の人事問題等に関する資料を提供した事案
につき、当該退任役員が、社長への悪感情を抱いていたこと、および会社か
ら損害賠償等の請求を受けた直後に資産隠しを行ったこと等を根拠として、
外部通報が社長の失脚および体制崩壊を意図したものと判断し、会社の2億
5000万円を超える損害賠償等の請求と、退職年金の会社負担部分の不支給措
置が認められた（なおこの事案では、外部通報の真実性は争点となっていない）。

(2)　正当な目的と不正な目的が混在している場合

　このように、外部通報の目的は私怨や報復や権力争いであることも少なく
ないが、その真の目的が表面上は隠され、あるいは混在している場合もあ
る。

　たとえば、近時の裁判例として、日本ボクシングコミッション事件（東京
地判平27・1・23労判1117号50頁【参考資料1】53事件）は、通報者と協力者
間の電子メールに通報対象者を揶揄するような表現（「妖怪退治」等）があ
り、通報者らが冷遇されていたこと等にも照らし、通報に意趣返しの側面が
あったこともうかがわれないではないとしつつ、通報内容は理由がないもの
ではないこと、これらの「メールがなされたからといって、同人らが殊更不
正の目的で同通報に及んだものとは認め難い」として、目的の正当性を否定
しなかった。

　裁判例では、外部通報に至る経緯、内容、態様、表現方法等を事後的に考
慮して、表面上隠された主たる目的が何であったかを認定している。名誉毀
損に関する裁判例では、主たる動機が公益を図るためであれば足りるとされ
ており、私益や私怨が潜在的な動機であった場合でも、公益目的の併存が認

められ、法的保護の対象となる可能性がある。さらに、必ずしも外部通報の目的に公益性が要求されているわけではなく、労働条件向上といった私益についても、外部通報の目的たりうる。公益通報者保護法も、正当な目的を要求せず、単に「不正の利益を得る目的、他人に損害を加える目的その他の不正の目的でな」いことで足りるとしている（法2条1項柱書）。

(3) 内部通報と不正な目的

以上のように、目的の正当性は、基本的に外部通報の事案で争われることが多かったが、さらに、近時の裁判例の中には、内部通報の事案でこの点が争われたものがある。つまり、通報者が、個人的な利益（法務部への転属）のために内部通報窓口への通報を繰り返した事案において、従業員について、公益通報者保護法の「不正な目的」を認定したものとして事例として、ボッシュ事件（東京地判平25・3・26労経速2179号14頁【参考資料1】22事件）がある。

同判決によれば、事業者のコンプライアンスの増進以外の動機が存すること自体から直ちに公益通報者保護法の適用を否定するのは相当ではないが、公益通報がされれば相応の対応を要求され、業務の支障となる側面があることは否定できず、少なくともいったん関係者らに対する厳重注意等という形で決着をみた通報内容につき、長期間経過後に、もっぱら他の目的を実現するため再度通報するような場合には、これを「不正の目的」に出たものと認めることには何ら問題がない、との判断を示した。

Point 不正な目的が認められるケース

・外部通報で不正な目的が肯定される場合には、懲戒解雇や高額の損害賠償請求等が認められるなど、通報者に厳しい処分等が肯定される傾向がある。

・もっとも、現実的には通報に私益目的が混在する場合が少なくなく、私益目的があるだけで直ちに目的の正当性が否定されるわけではない。

・他方、内部通報であっても、もっぱら図利加害目的といえるような場合には、処分の対象となる。

4　通報の手段・態様の相当性

⑴　内部通報を経ないで行われた外部通報

(A)　内部通報を経ないで外部通報を行った者に対する懲戒処分が争われた裁判例

(a)　従来の裁判例の傾向

従来の裁判例では、通報の手段態様に関する判断の一要素として、内部通報の努力の要否が問われてきた。

(b)　懲戒処分等の有効例

たとえば、群英学園事件（東京高判平14・4・17労判831号65頁【参考資料1】14事件）は、予備校講師らが、理事長らの不正経理を理由としてその退陣を要求し、退陣しなければマスコミ等により公表する旨を告げた事案につき、「事実の公表が控訴人の経営に致命的な影響を与えることに簡単に思い至ったはずであるから、まずは……内部の検討諸機関に調査検討を求める等の手順を踏むべきであり、こうした手順を捨象していきなりマスコミ等を通じて外部へ公表するなどという行為は、……誠実義務に違反する」として、同人らの普通解雇を有効とした。

また、首都高速道路公団事件（東京地判平9・5・22労判718号17頁【参考資料1】5事件）は、従業員が、公団の縦貫道路建設工事につき、公団における職名等を明らかにしつつ、用地確保や維持管理費等の問題をあげて、警告を受けつつ批判を繰り返した事案につき、「本件投書のように、従業員が職場外で新聞に自己の見解を発表等することであっても、……企業秩序の維持に関係を有するものであれば、例外的な場合を除き、従業員はこれを行わないようにする誠実義務を負う一方、使用者はその違反に対し企業秩序維持の観点から懲戒処分を行うことができる。そして、ここにいう例外的な場合とは、当該企業が違法行為等社会的に不相当な行為を秘かに行い、その従業員が内部で努力するも右状態が改善されない場合に、右従業員がやむなく監督官庁やマスコミ等に対し外部通報を行い、右状態の是正を行おうとする場合

等をいう」と判示している。

(c) 懲戒処分等の無効例

これに対し、医療法人毅峰会事件（大阪地決平9・7・14労判735号89頁【参考資料1】29事件）は、病院の保険申告を不正として行政機関にカルテ等のコピーを無断で持ち出し、これを提出して行政指導を求めた事務職員に対する解雇の有効性が争われた事案につき、病院側からの、事務職員の行為は「内部に問題があればまず内部において話合いをすべきであるという業務命令に違反している」との主張を、「病院の違法行為を知った病院職員が外部通報することを業務命令で禁ずることはできないと解される」などとして退け、病院が行った解雇を無効とした。

また、古沢学園事件（広島高判平14・4・24労判849号140頁、広島地判平13・3・28労判849号144頁【参考資料1】35事件）も、「改ざん資料の行政機関への提出は、到底正当な行為とは評価し得ないのであるから、原告が上司等被告内部の者に相談することなく直接通商産業大臣に対して内容証明郵便を送付したとしても、格別不当な行為であったということはできない」とした。

(d) 分 析

(c)の2件は、一見、内部通報を経ないで外部通報を行った者に対する懲戒処分は許されないとの立場をとるもののようにも思われるが、留意すべきは、問題とされた外部通報は、報道機関等の外部の第三者を通報先とするものではなく、行政機関を通報先とするものであったという点である。そのため、内部通報を経ないで報道機関等へ外部通報を行った者に対する懲戒処分の有効性が一概に否定されたわけではなく、内部通報前置を直ちに排除するものでもないという点に留意する必要がある。

(B) 実務対応の検討

公益通報者保護法は、行政機関以外の報道機関等外部の第三者に対する公益通報については、不正目的ではないことおよび真実相当性に加えて、緊急性や証拠隠滅のおそれ等の特定事由を保護要件として要求している（法3条

３号イないしホ）。また、同法制定後の裁判例でも、「労働者が企業内で不正行為の是正に努力したものの改善されないなど手段・態様が目的達成のために必要かつ相当なものであるか否か」として、内部通報前置を相当性の一要素として考慮するものがある（学校法人田中千代学園事件（東京地判平23・１・28労判1029号59頁【参考資料１】20事件））。

　このことからすれば、事業者が内部通報規程で内部通報制度を整備しつつ、現実にこれを適切に運用している実態があれば、同規程で内部通報前置を従業員に義務付けることも、大半のケースについて有効と認められると考える（ただし、たとえば、法３条３号への個人生命・身体への危害が発生し、または発生する急迫の危険があると信ずるに足りる相当の理由がある場合に関する違反については、内部通報前置を義務付けることは困難であろう）。これにより、事実上、内部通報前置に近い体制を採用することも可能といえ、実務上は、内部通報制度を適切に設計し、運用することが重要であろう。

> **Point**　内部通報前置を採用する際のポイント
>
> 　内部通報窓口を適切に設計・整備・運用することにより、その内部通報を経ずに突如として外部に通報する行為の多くについて、手段・態様の相当性を欠くものとして正当性が否定され得るため、事実上、内部通報前置に近い体制を構築することが可能となる。

⑵　通報資料の入手方法

　一方、通報資料の入手方法が違法である場合には、通報の手段の相当性を欠くものとして、懲戒処分等の有効性を基礎付けることがある。

㈠　資料入手の適法性が争われた裁判例

　たとえば、宮崎信用金庫事件（福岡高宮崎支判平14・７・２労判833号48号【参考資料１】36事件）では、従業員が不正疑惑解明のため顧客信用情報等の文書を不法に入手し、地元衆議院議員秘書や警察へ提出した事案につき、「文書を取得する行為そのものは直ちに窃盗罪として処罰される程度に悪質

なものとは解されず」、懲戒解雇の相当性の判断において、上記不正解明目的などを考慮すると「違法性が大きく減殺される」、「被控訴人らの各行為には出勤停止又はこれより軽い処分を科すべきと解されるものが多」いなどとして、懲戒解雇を有効とした第１審判決が取り消され、懲戒解雇が無効とされた（最高裁上告不受理）。

　また、そのような違法な情報漏洩行為自体に対する処分について、前掲医療法人穀峰会事件（(1)(A)(c)参照）は、事務職員が外部通報の資料として提出するためにカルテ等のコピーを無断で持ち出した行為について、「債権者がカルテやレセプトのコピーを大阪府の社会保険管理課に提出した行為については、相手方が医療保険に係わる部署であり、債務者に違法な保険請求の疑いがある場合において当該部署との約束に基づき根拠資料として提出したものであって、根拠資料の提出を禁ずればおよそ具体性のある外部通報は不可能となることに鑑みれば、債権者の申告が不当なものであったとは認められない以上、病院内の情報を不当に外部に漏らしたということはできない」として、普通解雇を無効とした。

　さらに、いずみ市民生協（内部告発）事件（大阪地堺支判平15・6・18労判855号22頁【参考資料１】39事件）は、通報者が生協の管理する文書を無断で複写して持ち出した点につき、「本件のような外部通報を行うためにはこうした行為が不可欠ともいうべきである一方、持ち出した文書の財産的価値はさほど高いものではなく、しかも原本を取得するものではないから、いずみ生協に直ちに被害を及ぼすものでもない」として、懲戒解雇を無効とした。

(B)　実務対応の検討

　上記各裁判例からすると、真実性ないし真実相当性は認められるが、通報資料の入手方法に違法な点があるという場合には、前掲宮崎信用金庫事件が出勤停止という軽い処分の可能性を認めていたように、違法な手段そのものを理由とした比較的軽い処分を行うことは可能であるものの、違法な手段を理由として、懲戒解雇または普通解雇といった労働契約解消の効果を持つ処分を行うことは躊躇せざるを得ないように思われる。あくまで手段そのもの

を理由とする以上は、実務的には、戒告、減給、出勤停止等、比較的軽い処分に限るのが穏当であろう。

　もっとも、収集した証拠の範囲および態様等に照らし、通報資料の入手という目的は乏しく、むしろ主に興味本位によるのぞき見を目的として、違法なアクセス等の証拠収集を多数回にわたって繰り返しているような場合には、もはやこれを正当化する余地はないから、懲戒解雇が有効と認められることもありうる（福井地判平28・3・30判時2298号132頁【参考資料1】25事件）。

> **Point**　**通報資料の入手方法に違法性が認められる場合の対応**
>
> ・違法な手段を用いて通報資料を入手した場合には、その違法な入手行為それ自体を処分対象とすることはあり得るが、不正な目的がなく、しかも通報に真実性または真実相当性が認められる場合には、違法性が大幅に減殺される可能性があり、行為態様に応じて出勤停止以下の軽い処分をなし得るにとどまる。
>
> ・もっとも、資料入手行為の行為態様等に照らし、公益目的とはいえず興味本位等といえる場合には、懲戒解雇が有効と認められる場合がある。

5　内部通報窓口の守秘義務に関する裁判例

　近時、内部通報窓口に取引先からの人材引抜きに関する通報を行った通報者が、窓口担当者がその守秘義務に違反して通報者名等を被通報者たる上司に漏洩した結果、報復的な配転命令等の取扱いを受けた事例で、裁判所は、「控訴人が自らの氏名等の特定情報及び通報内容の開示を承諾したと認めることはできず、コンプライアンス室の対応は本件規定第14条の守秘義務に違反したものというべきである」と、事業者が定めたコンプライアンスヘルプライン運用規定に違反したものと判断した（オリンパス事件（東京高判平23・8・31労判1035号42頁【参考資料1】50事件））。

　この事案における従前の内部通報窓口の運用状況は明らかではないが、窓口を設置しても機能しなければ意味がない。この事案でも、事業者内部で一

応の周知は行われていたと考えられ、だからこそ通報者から内部通報窓口に内部通報が行われたと考えられる。また、内部通報窓口の対応としては、通報者の通報を容れて、重要取引先から続けて2人採用することは配慮に欠けており、採用は控えるのが原則である等と通報対象者たる上司に通知する等、それなりの対応を行っていた。その限度で、窓口として機能していたと評価できる。

　しかし、問題は情報漏洩により通報への報復を招来してしまった、という点である。一口に内部通報窓口を設置して適切に運用するといっても容易なものではなく、窓口担当者には十分な知識・経験を有する適任者を選任したうえ、研修等を通じて研鑽を怠らないことが、通報者が信頼を寄せる前提として必須である。

Point　内部通報の調査担当者

　　内部通報の調査担当者には、ヒアリング等の調査の能力・経験・ノウハウが求められることから、適任者を選任したうえで研修等を通じて必要な能力の習得に努めることが重要である。

【参考資料】

【参考資料1】 判例整理：内部通報の正当性と懲戒処分等

《通報の正当性を否定した事例》
〈公益通報者保護法施行前〉

	事件名 裁判所 判決年月日	企業の業種・規模等	事 実 関 係					内部通報窓口の設置・運用状況
			通報者	通報先	通報の手段・態様	実名／匿名の別	通報内容	
1	中国電力事件 最三小判 平4・3・3 労判609号10頁 広島高判 平1・10・23 労判583号49頁 （懲戒有効） 山口地判 昭60・2・1	中国地方において電力の発電・供給を主事業とする	労働組合	原発建設予定地域の住民	就業時間外に職場外でビラを配布	実名	原発建設推進を阻止する意図で、「社員も原発に反対している」「原発の社員は地元の魚は食べない」「常に放射能がばらまかれる」等原発の安全性・必要性を否定	不明
2	大沢生コン事件 東京地判 平7・3・31 労判691号107頁	生コンの製造・販売を業とする 従業員数16名 （乗務員は13名）	労働組合	取引先付近住民	取引先に取引を停止しなければ街宣活動を行う旨を告知する教宣活動 工場や駅前等において拡声器による教宣活動、ビラ配布等	実名	品質に問題が生ずる、残ったコンクリート（残コン）を新しいコンクリートに混入して出荷した事実	不明

（本文中に記載のあるものは、太数字）

通報に対する企業の対応	裁判所の判断					
	通報目的	通報内容の真実性・真実相当性	通報手段または態様の相当性	懲戒処分等企業の対応の有効性	通報の正当性等	有効性等判断の法律構成
組合役員らに対して、休職1〜2か月減給半日	組合活動	事実に反し、虚偽である	主要な部分について虚偽の事実を記載したビラを配布し、これによって企業の社会的評価が低下し、業務に重大な支障を生じたことから、本件ビラの配布行為は、組合活動としてなされたものであっても、組合活動の正当性の範囲を逸脱している	虚偽の事実を記載したビラの配布は、企業の円滑の運営に支障をきたすおそれがあるから、懲戒を課すことは合理的理由がある	通報の正当性なし（正当な組合活動とは認められない）	懲戒権の濫用
教宣活動差止めの仮処分申立て	組合活動	現在も残コンを出荷しているとは直ちに認められず、また、そのように信じる資料も存しない。著しい誇張を加えている	本件教宣活動は、少なくとも教宣活動が開始された時期以降においては、債権者が残コンを出荷している事実は認めがたいものであるにもかかわらず十分な客観的資料を収集するでもなく、債権者代表	債務者の本件教宣活動の内容である本件残コン問題は、労働条件とは直接の関係もなく、また、債務者は、本件残コン問題について、十分な客観的資料に基づかず、残コン出荷の有無を確かめるなど債	通報の正当性なし仮処分認容（活動禁止）	教宣活動を差し止めるだけの被保全権利の有無、保全の必要性

3	学校法人敬愛学園（国学館高校）事件 最一小判 平6・9・8 労判657号12頁 仙台高秋田支判 平5・2・24 労判657号15頁 （解雇無効） 秋田地判 平2・5・18 労判657号37頁 （解雇無効）	学校を設置、経営する学校法人	教員	弁護士会 週刊誌	解雇の効力をめぐる地位保全の仮処分事件係争中に、校長の不正行為等に関する糾弾の文書を弁護士会宛に送付、週刊誌に提供	実名	解雇の不当性 不正・不当な会計処理 不当な労務管理 校長が女生徒の体に触ったり、生徒を不当に処分した	不明
4	マカオ観光局東京支社事件 東京地判 平9・2・14 労判730号89頁	マカオ政府が出資する海外法人	従業員	外国本社 担当者 マカオ観光大臣 同僚	手紙の送付 会議を開催して不正を追及	実名	東京支社長の不正経理	不明
5	首都高速道路公団事件 東京地判 平9・5・22 労判718号17頁	法令に基づき自動車専用道路について、その新設・維持・修繕	職員	新聞社	被告の名称・職名を使って投書（人事部長から警告を受けていたにもかかわらず、投書行為を繰り返した）	実名	被告が事業者となっていた縦貫道建設工事につき、用地確保、維持管理費等の観点から批判 ほかのルートに変	不明

			者の言葉を著しく誇張するなどして、現在においても債権者が残コンを出荷しているかのような教宣活動をしており、正当な言論の保障の域を逸脱する	権者の弁明を質す機会を与えることもなく、著しい誇張を加えて本件教宣活動に及んでいるので、組合活動としての保護を受けるに足りない		
普通解雇 ※業務命令違反、勤務状況不良等を理由に第一次解雇、この一次解雇をめぐる係争中に原告から週刊誌等に対する情報提供がなされた。一次解雇を撤回し就業規則の普通解雇事由に該当するとして二次解雇	明確な認定なし	虚偽の事実を織りまぜ、また事実を歪曲して学校および校長を非難攻撃し、全体としてこれを中傷誹謗した	全体として中傷誹謗したもの。さらに、通報者の週刊アキタ誌の記者に対する文書一および二の情報提供行為は、問題のある情報が同誌の記事として社会一般に広く流布されることを予見ないし意図してされた	通報者の行為は、学校の信用を失墜させかねないものというべきであって、労働契約上の信頼関係を著しく損なうものであるので、本件解雇は権利の濫用にはあたらない	通報の正当性なし 解雇有効	普通解雇権の濫用
普通解雇	通報者は、対象者の東京支社局長としての能力、公正さおよび責任感を完全に否定する考えを有していた	金銭的不正行為を行ったことを認めるに足りる証拠はない	対象者の信用および名誉を毀損するおそれの十分に存するもの	原告の指摘する被告の金銭的不正行為の事実は認められず、左記不正があると信じることが相当であると認めるに足りる事情もない	普通解雇有効	普通解雇権の濫用
停職3か月	自己の見解の発表	著しく事実に反する	地元関係者や関係各方面に多大な混乱を生じさせ、このことによって、被告の業務の遂行に支障を生ぜしめ、	職場外での投書行為であっても、これによって企業の円滑な運営に支障をきたすおそれのあるなど、企業秩	通報の正当性なし 懲戒処分有効	懲戒権の濫用

		等の業務を行う公団					更のうえ建設すべき	
6	延岡学園事件 宮崎地判 平10・6・17 労判752号60頁	学校法人	教職員組合	県当局 父兄	県当局へ行政指導申入書の提出 父兄へ上記申入書の配布	実名	常勤講師制度の教育上の弊害 違法な理事会運営 組合に対する賃金差別 組合活動の制限 就学意欲のある生徒を中退に追い込むような特待生規則問題 強制的管理教育 学校が使用している地下水から大腸菌が検出された 労働条件の劣悪等	不明
7	学校法人甲南学園事件 大阪高判 平10・11・26 労判757号59頁 神戸地判 平10・3・27 労判757号62頁 （解雇有効）	中学校、高等学校、大学を設置する学校法人	大学教授	学内 公正取引委員会 文部省 警察庁 大蔵省 会計検査院	大学掲示板に掲示 文書送付	実名	大学生協出資金の徴収方法について批判 大学当局と生協首脳部とが結託した談合であり、詐欺ないし不公正な取引慣行である	不明

			職場秩序を著しく乱したものというべき	序の維持に関係を有するものであれば、従業員はこれを行わない誠実義務を負う 使用者はその違反に対し企業秩序維持の観点から懲戒処分を行うことができる		
教職員組合執行委員長の地位にあった専任講師を懲戒解雇	組合活動（特に、組合員の雇止めの撤回）	虚偽の事実や誤解を招きかねない事実	本件申込書の中には、重大な過失によって虚偽の事実や誤解を招きかねない事実が記載されており、被告の利益を不当に侵害し、その名誉・信用を毀損あるいは失墜させるものであり、これを県当局に提出した行為および父兄等配布文書を学園の父兄に配布した行為は正当な労働組合活動の範囲を逸脱し、高度の違法性があると判断せざるを得ない	同左	通報の正当性なし 懲戒解雇有効	懲戒権の濫用
懲戒解雇	明確な認定はなし	出資金の徴収方法に問題があったことは確かであるが、談合によるものであるとか詐欺であると決めつけた文言は不穏	自らの批判内容について充分な調査を尽くすことなく、しかも左記のような不穏当、不適切な表現を用いて、関係者を名指しにした文書を監	同左	懲戒解雇有効	懲戒権の濫用

8	千代田生命保険（退任役員守秘義務）事件東京地判平11・2・15労判755号15頁	明治37年創業の生命保険事業等を目的とする相互会社平成6年3月末日現在の従業員数は約2万2000人、総資産は約6兆3166億円	元常務取締役財務本部長	週刊誌記者	社外秘にあたる情報および資料の提供	不明	特定融資先との融資取引の内容社内の人事問題経営問題に係る社内の稟議の内容	不明
9	毅峰会（吉田病院・賃金請求）事件大阪地判労判777号54頁平11・10・29	医療法人	事務職員	付近住民	匿名でビラを作成・配布	匿名	患者に対し手技料の不正請求をしている	不明

	当、不適切である	督官庁である文部省に送付したり、大学の掲示板に掲示したものであり、その行為によって、大学および生協の関係者の名誉を著しく毀損したものと認められる				
損害賠償請求 役員拠出年金中の会社負担分の不支給措置	社長の失脚等を意図して情報漏洩を行った	会社の機密事項	本件は、退任した取締役が在任中に職務上知り得た会社の内部情報について守秘義務を負うかどうかの問題であり、守秘義務違反と認められる以上、本件情報漏洩は違法といわざるを得ない	役員は退任後も信義則上在任中に知り得た会社の内部情報について守秘義務を負う 情報提供行為と記事による名誉毀損との間の相当因果関係は存在する 役員拠出年金制度は会社と役員との間に退任後も一定の信頼関係が存在することを当然の前提としていることから、本件不支給措置は不相当とはいえない	損害賠償2億4500万円、慰謝料1000万円 年金の会社負担分不支給措置相当	一般不法行為（名誉毀損）
賞与の不支給	明確な認定なし	（認定なし）	監督官庁に対して被告の不正を糾弾することはともかくとして、病院に不正行為があるとしてこれを付近住民等に流布することは何ら従業員としての正当な行為とはいえ	同左	賞与の査定において考慮し、賞与不支給とすることは正当である	賞与査定権の権利濫用

10	積水樹脂（解雇）事件 大阪地判 平12・3・15 労判793号89頁	合成樹脂製品等の製造加工販売 従業員数約1150名	従業員（部長職）	同業他社 弁護士会	係争中の訴訟に関連する文書を送付、その調査、措置を求める 係争中の訴訟に関して、依頼者である会社の意向を無視して代理人弁護士の懲戒請求を求めた	匿名	同業他社の取締役兼事業部長作成の陳述書 訴訟における受任事務に任務懈怠があった	不明
11	ジャパンシステム事件 東京地判 平12・10・25 労判798号85頁	プログラムの開発請負、受託計算サービス	従業員	大口株主	仮名を使って書簡を送付	仮名	不正経理問題 調停事件の解決ができなければ株式の上場に支障が出るとして、株主に対し6億5000万円を原告個人口座に振り込むように要求	不明
12	富国生命保険（第4回休職命令）事件 東京地八王子支判 平12・11・9 労判805号95頁	生命保険会社	従業員	役員 事務所 書籍発刊 団体機関誌	ファクシミリ送付 文書掲載	実名	原告への対応改善を求める 通報者と会社間で発生したさまざまな紛争を取り上げるとともに、それについての意見を述べる 会社のロゴマークは天皇制や軍国主	不明

			ず、その必要性もないことであるし、ビラの記載内容は、信用を害し、病院経営に悪影響を及ぼすことも明らか			
普通解雇	目的の真相は必ずしも判然としない	(認定なし)	同業他社に対し、現に係属中の訴訟における陳述書等を送付することは訴訟の帰趨や会社の信用にかかわる。訴訟進行に重大な影響を与えかねず、会社の信用も損なう	従業員としての基本的な忠実義務に違反するものであり、労使間の信頼関係を破壊し社内秩序を乱した 会社の信用を損なう行為であり、明らかに従業員としての忠実義務に違反しており、労使間の信頼関係を破壊し社内秩序を乱した	解雇有効	普通解雇権の濫用
普通解雇	故意に会社の信用を傷つけ、株主を脅迫して私利を図った	真実性なし	原告の行為は、故意に被告の信用を著しく傷つけ、株主を脅迫して不当に金品を要求し、私利を図ったものであり、社員の義務に反する	同左	解雇有効	懲戒権の濫用
主任を解く懲戒処分 書籍発刊と団体機関誌への寄稿をあわせて降格処分	明確な認定なし	誹謗中傷といえる表現が含まれているが虚偽とまではいえない 通報者と会社間で発生した紛争を取り上げるとともに意見を述べる	左記書面が被告の役員に対してのみ送付されたことをも考えれば会社の信用毀損までは認められない 書籍発刊については、誹謗中傷を内容としてお	同左 書籍発刊については懲戒事由を構成しないが、団体機関誌への寄稿のみをもっても、懲戒処分は不当とはいえない	主任を解く懲戒処分は無効 降格処分有効	懲戒権の濫用

221

							義に基づく会社体制を表している	
13	日本経済新聞社（記者HP）事件 東京地判 平14・3・25 労判827号91頁	新聞発行を業とする会社	記者	記者個人が開設したホームページ	自らが被告の新聞記者であることを明らかにしたうえで、業務上知り得た事実等を題材として作成した文書を掲載	氏名については不明ただし、被告会社の新聞記者であることは公表	取材活動で得た情報を公開 会社批判	不明

		にとどまる虚偽の事実	らず信用毀損はない 団体機関誌への寄稿については不当な誹謗中傷にあたる			
出勤停止処分 ホームページ閉鎖命令	(当初) 先進諸国からの批判が絶えない日本の記者クラブ制度や、旧態依然とした業界慣習、違法な労働実態、権力との癒着やこれによって歪められて報じられる記事について、事実に基づく自らの考えを公表することで、こうした問題点が改革されることの一助にしたいというもの (一度注意を受けて閉鎖した後の再開時) 被告がホームページに関する基準を制定しようとしないこと等から、上司の措置に納得がいかなくなったため	社外秘扱いの事実	被告が公にしてはならないとしている機密をホームページ上に掲載して公開したものというべき	個人で開設したホームページ上に就業規則に違反する内容の文書を掲載することは、私生活上の行為であっても企業秩序の維持の観点から懲戒処分の対象となる 取材先や役職名のホームページ記載は取材源秘匿とする会社の経営編集方針に違反し、「社外秘」扱いの公開は会社の機密を漏らさないことにあたり、会社批判文書の掲載は会社の秩序風紀を守るため流言してはならない旨の就業規則の規定に違反する	懲戒処分有効 ホームページ閉鎖命令は、就業規則上許されない記載部分を特定することなくホームページ全体の閉鎖を命じたものとして業務命令権を逸脱し無効	懲戒権の濫用 業務命令権の権利濫用

14	群英学園（解雇）事件 東京高判 平14・4・17 労判831号65頁 前橋地判 平12・4・28 労判794号64頁 （解雇無効）	進学予備校群馬英数学舘を経営する学校法人	講師 事務職員	理事長等 関係法人の労働組合 新聞記者	文書交付 マスコミへの告発を示唆 文書交付 記者会見	実名	理事長らの不正経理 職場環境の悪化 理事長等の退陣要求 理事長に不正経理問題があるとし、会計書類等を公表	理事会等の「内部の検討諸機関」が存在することが判示されているが、内部通報窓口としての役割を正式に担っていたかは不明
15	コニカ（東京事業場日野）事件 東京高判 平14・5・9 労判834号72頁 東京地判 平13・12・26 労判834号75頁 （解雇有効）	カラーネガフィルムをはじめとする各種感光材料、カメラ等光学用品の製造販売を主な業務とする株式会社	従業員（組合員）	雑誌記者 従業員をはじめとする不特定多数の者	取材に応じるビラ配布	不明（仮名または実名）	労働条件や残業不払い 未公開の経理情報を記載したビラを配布	不明

普通解雇	理事長ほか理事3名の即時退陣	架空工事であったとする10数年前の工事は実際には行われたとみるだけの裏付けがある 通報者らは、それを知っていたうえであえて不正経理問題として取り上げていたのではないかと疑われる	仮に不正経理が事実であるとしても、そのような事実の公表が経営に致命的な影響を与えることは思い至ったはずであるから、まずは法人内において内部の検討諸機関に調査検討を求める等の手順を踏むべきであり、いきなりマスコミ等を通じて外部へ公表するなどという行為は、雇用契約に基づく誠実義務に違背するものであり許されない	特段の事由がない限り懲戒解雇事由に該当する事実をもって普通解雇処分に付することもできる マスコミ発表行為は何ら正当性を有しないうえに、学園およびその職員に重大な損害を与えた。懲戒解雇事由にあたる	普通解雇有効	普通解雇権の濫用
懲戒解雇 (その他解雇理由として、業務妨害、上司への反抗、機密情報の持ち出し、株主総会議場の混乱等)	当時労働条件や残業代の支払いについて被告と対立関係にあった通報者が組合活動の一環として自らの処遇について問題提起するために行ったもの	認定なし ビラ記載の事実は被告の未公開情報であった	対立当事者が一方的な自己の認識を取材の場で述べてもある程度はやむを得ない。記事の内容は雑誌社の編集方針によるもので、通報者はこれに影響を与える立場にはない。会社は記事の内容について事実を示して反論することが可能であるビラの配付は自身の労働問題に関する問題提起のための組合活動の一環であ	雑誌取材に応じ、自らの労働問題について発言したことに関しては、懲戒解雇事由にあたらないビラ配布行為については、被告の未公開の営業情報を外部に公表したものであり、懲戒解雇事由にあたる	懲戒解雇有効	懲戒権の濫用

16	宮崎信用金庫事件（第１審）宮崎地判平12・9・25労判833号55頁（解雇有効）	信用金庫法に基づいて設立された信用金庫	従業員（組合副執行委員長）	衆議院秘書宮崎県警	不正疑惑追求のため、顧客信用情報等の文書を不法に入手し、通報	匿名	顧客との不正な関係の疑惑について	不明
17	甲社（２ちゃんねる書込み）事件東京地判平14・9・2労判834号86頁	貨物の運送等を業とする株式会社	元従業員	インターネット掲示板	インターネット掲示板「２ちゃんねる」への書き込み	仮名（ハンドルネームを使用）	不当解雇長時間労働自己啓発セミナーへの強制参加経営者批判	不明

				り、それ自体は正当であるが、ビラの記載内容（未公開の経営情報）は必要性・関連性がなく、公表することが手段として相当ともいえない			
懲戒解雇	不正疑惑の追及（人事の是正や被告役員の背任行為の調査の要求を被告に要求）	金融機関にとって最高機密に属する事項	原告らが被告内部の不正を糺したいとの正当な動機を有していたとしても、その実現には、社会通念上許容される限度内での適切な手段方法によるべきであり、左記行為を容認する余地はない	原告らの行為は、自己使用目的で、業務とは無関係に顧客に関する信用情報を収集したものであって、顧客の被告に対する信頼を裏切るものであり、被告の存立を脅かすに至る事態が生じかねない。原告らの行為は、金融機関の職員として、重大な規律違反行為といわざるを得ない	懲戒解雇有効	懲戒権の濫用
損害賠償請求	明確な認定なし ※ただし、主観的に名誉毀損目的で行われていなかったとしても、真実相当正当がない限り、	虚偽の内容を含んでいる。真実相当性に関する主張立証はない	インターネット上では情報の伝達が容易かつ即時に行われ、その伝播力は大きいため、文書等に比して、会社らの名誉信用をより大きく損な	会社の信用・名誉および経営者の名誉を毀損して社会的評価を低下させた不法行為にあたる	損害賠償認容 会社：100万円 経営者：各30万円	一般不法行為（名誉毀損）

| 18 | アワーズ（アドベンチャーワールド）事件 大阪地判 平17・4・27 労判897号26頁 | 動物園等の経営等を目的とする株式会社 | 従業員（ゾウの飼育には直接かかわっていない部署） | テレビ局 | 初期の厳しい調教状況について記録したビデオテープ等の資料提供、インタビューに応じる等 | 不明（ただし、テレビにおいて顔出しインタビューに応じている） | 動物園において飼育していたゾウが死亡したのはタイ人調教師らによる虐待的な調教によるものであるとの事実、および当該死亡原因を被告会社が隠蔽しているとの事実 | 不明 |

〈公益通報者保護法施行後〉

					事　実　関　係			
	事件名 裁判所 判決年月日	企業の業種・規模等	通報者	通報先	通報の手段・態様	実名／匿名の別	通報内容	内部通報窓口の設置・運用状況
19	東京地判 平21・8・31 労判995号80頁	生命保険事業を目的とする株式会社	従業員（アシスタント・マネージャー	アクサホットライン（従業員向け相談電	内部通報先への相談 上司への相談	実名	自分が希望していた研修への参加が承認されない	従業員向け相談電話、内部通報制度が

228

通報に対する企業の対応	通報目的	通報内容の真実性・真実相当性	通報手段または態様の相当性	懲戒処分等企業の対応の有効性	通報の正当性等	有効性等判断の法律構成
	違法性を欠くわけではないとの判示あり		う危険性を有している			
懲戒解雇	番組の視聴者が、本件施設においてゾウに対して虐待が行われ、それによってゾウが死亡し、被告会社がその事実を隠しているとの印象をもつであろうことを認識していた	番組において放映された初期の厳しい調教からゾウが死亡するまでに約8か月も経過していることや、調教による怪我から回復していたこと等からすると、本件調教が死亡の一因になっていると直ちに推認することはできない。その他の事情を考慮しても真実性・真実相当性があるとはいえない	本件番組をみた一般の視聴者に対し、被告会社の本件施設における動物の飼育方法を含めた経営方針に対し不審を抱かせ、被告会社の信用が著しく毀損されたものといえるから、原告の前記行為は、就業規則上の懲戒事由に該当する	同左	懲戒解雇有効	懲戒権の権利濫用

			裁　判　所　の　判　断			
通報に対する企業の対応	通報目的	通報内容の真実性・真実相当性	通報手段または態様の相当性	懲戒処分等企業の対応の有効性	通報の正当性等	有効性等判断の法律構成
経歴詐称、試用期間中の不適格事由の該当を理由とした解雇（本採用拒否）	認定なし	上司が研修への参加を承認しない旨、原告に告げた事実は認定	認定なし	本件における原告に対する調査は、被告B（原告の上司）の被告C（人事部長）への相談を	通報の正当性については認定なし（本件解雇が通報を理由としたも	懲戒権の濫用

			（係長相当））	話）内部通報者ダイレクトライン（内部通報制度）上司				ある運用状況については事実認定なし
20	学校法人田中千代学園事件 東京地判 平23・1・28 労判1029号59頁	専門学校と短期大学を開設する学校法人	従業員（総務課長。ただし、国家公務員退職後に嘱託職員として採用）	週刊誌	通報者は、偶然知り合いになった週刊誌の記者に通報した	実名	①退職金規程にないルールを、役員報酬規程の細則に設ける形で、正規の手続を経ずに策定したこと、②理事長が自ら招聘した文科省OBに理事長職を譲りながら、自らは顧問として残れるよう契約書を自分で決裁したこと	－
21	北里研究所事件 東京地判 平24・4・26 労経速2151号3頁	大学や生物製剤研究所を擁する生命科学系の教育研究機関	事務長（部長相当）	役員 教授会 週刊誌	「調査要求書」を、理事長等の役員のほか、複数の教授および名誉教授等に交付したこと、役員宛に理事長を批判する文書を	実名	役員が企業名義のクレジットカードを私的に使用していること、役員報酬基準改正が横領背任であること等	不明

				端緒としており、かつ被告Bが原告の内部告発を了知していたことを認めるに足る証拠はない	のであるとの主張は否定）	
懲戒解雇	通報者は、もっぱら自らの雇用契約上の地位を保全する意図のもと、組合関係者らの行っている文科省OB役員の退陣運動に賛同し、これに乗じて、偶然知り合いになった週刊誌の記者に内部告発を行うに至ったのであり、学校法人の経営改善等公益的要素を主たる目的として本件内部告発を実行したものとはいいがたい	真実性および真実相当性なし	雇用契約上の誠実義務がある以上、通報者はまず企業内部において当該不正行為の是正に向け努力すべきであって、これをしないまま内部告発を行うことは、誠実義務違反の評価は免れない通報者は、真剣に学校法人内部における経営問題等の改善可能性を検討した形跡はうかがわれず、積極的に偶然知り合った週刊誌の記者に通報をしており、手段・態様の相当性にも欠ける	本件内部告発は、その性質および態様等からみて誠実義務等に著しく違反し、本件懲戒解雇は、濫用とはいえない反対取材を行わない取材手法に基づき本件各記事を週刊誌上に掲載した週刊誌の記者等は、少なくとも本件に関する限り、「その者に対し当該通報対象事実を通報することがその発生又はこれによる被害の拡大を防止するために必要であると認められる者」にあたらない	通報の正当性を否定	権利濫用公益通報者保護法3条
係長への降格処分	通報者が通報に及んだ主たる目的が、学長選挙において、自らが応援する教授を支援し、理事長を当選させ	立証なし		本件各行為からうかがわれる通報者の管理職としての資質や素養の欠如、それゆえの管理職の地位から降格させる必要性に照	通報の正当性を否定	権利濫用

231

					送付したこと、週刊誌の取材に応じたこと等				
22	ボッシュ事件 東京地判 平25・3・26 労経速2179号14頁	自動車関連装置の製造販売等を業とする会社であり、日本国内に5000名を超える従業員が所属	従業員（総合職正社員）	内部通報室	当初、社内に設けられた内部統制室職員に通報 その後、対応不十分として再度社外監査役に通報し弁護士が調査 その後、弁護士の調査報告が不十分として、社長および親会社役員に通報	実名	すでに購入済みの不要なデジタルイラストが大量に発注されていること	公益通報者保護法は、通報者への不利益取扱いを禁じて保護するものであり、事業者がとるべき措置を保障するものではないし、調査結果を通報者に伝えることを保障するものでもない。通報を受けた内部通報窓口が改善措置を講じ、通報者

				らすと、懲戒処分として部長職から係長職に降格させる本件懲戒処分をしたことについては相当		
出勤停止5日間	事業者のコンプライアンスの増進以外の動機が存すること自体から直ちに公益通報者保護法の適用を否定するのは相当ではないが、公益通報がなされれば、相応の対応を要求され、業務の支障となる側面があることは否定できない。したがって、少なくともいったん関係者らに対する厳重注意等という形で決着をみた通報内容につき、長期間経過後に、もっぱら他の目的を実現するため再度通報するような場合には、これを「不正の目的」に出たものと認めることには、何ら問題	大量発注自体は真実	内部通報を繰り返した	通報者は、自らの内部通報に理由がないことを知りつつ、かつ個人的目的の実現のために通報を行ったものであって、社内のコンプライアンス維持のためにやむを得ない行為であったなどということはできず、実質的に懲戒事由該当性がないということはできないし、かつ、公益通報者保護法2条にいう不正の目的に出た通報行為であると認めざるを得ない	通報の正当性を否定	公益通報者保護法2条、5条

								に調査結果を説明する等企業のとった措置は、同法が想定するもの以上の十分なものであった
23	広島高松江支判平25・10・23判例秘書搭載【上告棄却】松江地判平23・2・2判例秘書搭載	共済生活協同組合	嘱託職員（元自治労関連団体勤務）	厚労省	通報者は、上司が席を外した隙にパソコンのデスクトップ上のファイルや上司のUSBメモリ上のファイルを通報者所有のUSBメモリに複写するなどして情報を取得した	不明	自治労共済では自動車共済契約の対象とすることができない、別居の子所有の自動車をも対象としていたこと（別居の子問題）、および自動車事故前に自動車共済契約を締結していないにもかかわらず、事故前に作成されていたかのような書類を作成し、共済金を支払ったこと（契約偽装問題）	不明

	がない					
普通解雇	通報者は、共済組合の管理しているデータ等を、本件各問題に関連するか否かとはおよそ無関係に管理者に無断で取得することを繰り返していた。通報者が本件各問題について独自の見解を展開しながら共済組合や自治労共済本部を批判し続けてきたこともあわせれば、むしろ、通報者は、共済組合に通報者の要求や意見を受け入れさせるために共済組合に不利な情報を入手することを目	真実	同左	通報者が上司のパソコンや上司のUSBメモリからデータを取得したことは、共済組合との信頼関係を失わしめるに足りる違法ないし不当なものというべきであるから、共済組合がこのような行為に及んだ通報者を解雇したことは、合理的かつ社会的相当性のあるものとして正当であると認められる	通報の正当性否定	権利濫用

24	大王製紙事件 東京地判 平28・1・14 労判1140号68頁	紙・板紙・パルプ等の製造加工並びに販売等を目的とする株式会社 資本金は約304億円、従業員数は約3000人の東証一部上場企業	従業員（経営企画部課長、右元顧問の秘書）	顧問（元社長および会長）	通報者が告発状を作成して顧問に交付した。そして、同顧問がさらに複数の役職員に告発状を交付し、業界紙にも情報提供した	実名	当該企業が粉飾決算、独占禁止法違反、海外でマネーロンダリングを行っている事実	不明（通報者の主張で一部言及がある以外は事実認定なし）
25	福井地判 平28・3・30 判時2298号132頁 【控訴】	信用金庫	従業員2名（いずれも信用金庫B支店の支店長代理で、労働組合の組合員）	雑誌	通報者らは、職務上アクセスする必要も権限もないのに、主にB支店端末から当時の理事長らの各メールファイルおよびその添付ファイルに、約1年半にわたり、少なくとも2400回以上	不明	信用金庫が取引先に0.1％という低金利で15億円の不正融資を行った事実	不明

	的として不正にデータの取得を繰り返してきたと認めることが合理的である					
①降格処分 ②地方の物流拠点への出向命令 ③出向命令拒否を理由とする懲戒解雇	経営陣と対立関係にあった元顧問が経営陣を失脚に追いつめるための材料を提供すること	告発状の内容に沿う通報者の陳述書等は、その記述の大半について、他の従業員から聞いたという伝聞や、通報者が業務上見聞きした断片的な情報に基づく推測を根拠としていて、自ら確認をしていないものであるし、直接体験したという事柄についても客観的な裏付けを欠いているので、真実性・真実相当性が認められない		通報者は、元顧問が経営陣を失脚に追いつめるための材料を提供する一環として、本件告発状を元顧問に交付し、その結果現に企業の名誉が毀損されるなどしたものであるから、懲戒事由とされた通報者の非行は、その目的において背信性が高く、その結果も重大であって、程度の重い非行というべきである	通報の正当性なく、左記①の降格処分有効 ただし、左記②は実質的に懲罰目的であり、不当な動機目的によるものとして無効であり、それに続く左記③も無効	権利濫用
懲戒解雇	左記アクセスは、不正アクセス禁止法3条違反の行為であるが、通報者らは、左記アクセスは公益通報をするための不正融資に関する資料を取得する目的で行っ	－（通報者らは、懲戒解雇後も元理事長の告発準備を進め、平成26年9月に告発が受理されたとの認定あり）	－	通報者らは、機密性の高い文書を、役員のメールファイル等へ権限なくアクセスするという不正な手段を用いて、長期間・多数回にわたり、意図的に幅広く閲覧し、大量に印刷し、その印	通報の正当性否定	公益通報者保護法3条

					通報の手段・態様			
					アクセスして閲覧し、複数のファイルを印刷し、一部をB支店から持ち出した			

《通報の正当性を肯定した事例等》
〈公益通報者保護法施行前〉

	事件名 裁判所 判決年月日	企業の業種・規模等	通報者	通報先	事　　実　　関　　係			内部通報窓口の設置・運用状況
					通報の手段・態様	実名／匿名の別	通報内容	
26	協業組合ユニカラー事件 鹿児島地判 平3・5・31 労判592号69頁	中小企業団体組織法に基づいて、印刷の全工程を全面	従業員（組合構成企業の経営者の親族に	税務署	休日の被告事務所内で他人の机の中を調べる等し、その際発見したメモのコピーを脱税の証	不明	脱税等を目的とした不正な経理操作	不明

238

たものである旨主張するが、実際のアクセスの客観的状況がこれに符合せず、公益通報目的でアクセスしたと認めるに足りる証拠はない

刷物の一部を外部に持ち出した。このような行為は、信用金庫の金融機関としての信用を損ね、事業の遂行を著しく困難ならしめる危険を有するものといえ、本件アクセス等の期間、回数、範囲等をも考慮すると、その非違行為の態様および結果は重大であり、仮に通報者らが信用金庫の不正を糺すという正当な目的・動機を有していたとしても、そのことのみをもって正当化されるものではない

		裁 判 所 の 判 断				
通報に対する企業の対応	通報目的	通報内容の真実性・真実相当性	通報手段または態様の相当性	懲戒処分等企業の対応の有効性	通報の正当性等	有効性等判断の法律構成
懲戒解雇	明確な認定なし	真実性ありメモの記載内容は脱税等を目的として不正な経理操作の存在を推測	持ち出したものはメモ1枚のみであること、実際に修正申告を余儀なくされたことからすると、	同左	通報の正当性あり懲戒解雇無効	懲戒権の濫用

		的に協業すべく設立された協業組合	あたる)		拠物件として税務署へ提供した			
27	医療法人思誠会（富里病院）事件 東京地判 平7・11・27 労判683号17頁	病院を経営する医療法人	医師	保健所	無断でカルテや報告書をメモ・コピーして持ち出し、診療方法の不適正を検証したうえで、勤務時間中に保健所へ赴き、診療内容の不適正を申告、指導改善を求めた	実名	ある特定の医師が、営利を目的とした抗生物質の過剰投与等不適正な診療方法をとっていること、病院の衛生状態等	不明
28	学校法人住吉学園事件 大阪地判 平8・11・27 労判712号47頁	学校法人	教　員 （組合員）	受験生およびその保護者	組合活動の一環として、学校説明会の際にビラを配布	実名 （組合名）	不当な経営方針（「学園の私物化」「放漫経営」等）	不明

		させるもので ある 被告は当該年 度の所得につ き修正申告を 余儀なくされ ている	搜索方法の相当 性はさておき、 懲戒解雇事由と しての秘密漏洩 に該当するよう なものとは認め られない			
普通解雇	通報対象者の 医師の診療方 法等につい て、再三その 指導改善を求 めたが変化は なく、病院が 改善をする気 がないものと 判断して、保 健所による指 導改善を期待 して通報に及 んだものであ り、不当な目 的は認められ ない 保健所への申 告内容が公表 されたり社会 一般に流布す ることを予 見・意図して いたともいえ ない	真実性あり 診療方法は、 医学的見地か ら誤りである 蓋然性が高い	許可なくカルテ のメモ、報告書 のコピーをし持 ち出したことは 就業規則の禁止 事項に該当し、 道義的にも問題 があるが、診療 方法の不適正が 患者の生命・身 体にかかわる問 題であることか らすると、これ を理由に解雇す るのは権利の濫 用にあたる	同左	告発の正当 性あり 解雇無効	普通解雇権 の濫用
普通解雇	組合活動の一 環、活動方針 の社会に対す るアピール	表現には、か なり一方的 で、誇張があ るということ ができるが、 ビラの内容は まったくの虚 偽とまではい えない	組合活動として の社会に対する アピールであれ ば、他にも方法 はあり、わざわ ざ入試説明会の 場で、受験生や 保護者にビラを 配布する必要ま ではなく、特に 受験生（中学3	ビラ配布行為は 何らかの懲戒処 分の対象になり うる 原告の教師とし ての適格性にや や疑問の余地が あるとしても、 ビラの配布行為 を理由に何らか の軽微な懲戒処	解雇無効	普通解雇権 の濫用

241

29	医療法人毅峰会事件 大阪地決 平9・7・14 労判735号89頁	医療法人	事務職員	大阪府社会保険管理課	行政指導を要請、カルテ・レセプトのコピーを提出	実名	不正な保険申告	不明
30	学校法人栴檀学園（東北福祉大学）事件 仙台地判 平9・7・15 労判724号34頁	仏教の教義および曹洞宗の精神に基づき、教育基本法に従って学校を設立することを目的とする学校法人	専任講師	マスコミ 学内 検察庁	新聞記者との接触 大学に対する中傷文書（学外への公表を予定しているとみられるもの）を作成 刑事告発	不明	特待生制度による入学 学長、理事長に背任および業務上横領の嫌疑	不明

			年生）に対しビラ配布をしたことは著しく配慮に欠ける	分を発することはともかく、それのみをもって原告を解雇することは過酷にすぎ、解雇権の濫用にあたる		
普通解雇	不正と考えて告発	結果として行政指導は行われなかったが、法規に定められた本来の保険請求のあり方と異なる点があった	事前に病院内部で問題提起をしていなかったとは考えがたい。現実に行政指導等は行われなかったため病院に重大な不利益をもたらしていない カルテ・レセプトのコピーについては、相手方が医療保険に係わる部署であり、根拠資料の提出を禁ずればおよそ具体性のある内部告発は不可能になるから、不当とまではいえない	行政指導要請が全体として不当なものであったとはいえない。カルテ等のコピーを提出した行為についても、相手方が医療保険にかかわる部署であり、病院内の情報を不当に外部に漏らしたという解雇理由には該当しない	正当であるとまではいえないが、不当性は認められない解雇無効	普通解雇権の濫用
教授会出席停止処分 講義担当停止処分（新聞記者との接触・中傷文書の存在等をあわせて）その後、刑事告発等を理由に加え懲戒解雇	明確な認定なし	学外への公表を予定していた内容に関しては明確な認定なし 本件においては、まったく合理的根拠がないということはできない	特に認定なし 刑事告発を行う者は、犯罪の嫌疑をかけるのに相当な合理的資料があることを確認すべき注意義務を負う 本件告発は弁護士との相談のうえ行ったこと、罪証隠滅のおそれから、被告本	本件大学運営上の問題について、マスコミ等に対して情報提供を行う具体的なおそれがある場合に、本件教授会要綱に基づいて教授会出席停止処分を行うことは可能であり、本件はそのおそれがある場	教授会出席停止処分有効 講義担当停止処分有効（出欠簿一括押印、無断欠勤等を理由として）懲戒解雇無効	懲戒権の濫用

31	吉福グループほか事件 福岡地判 平10・10・14 労判754号63頁	運送業取扱業および貨物運送業等を目的とする株式会社	従業員	警察	過積載を自己申告 取調べを受けた	実名	営業次長に刑事処分を受けさせる目的で営業次長を過積載の責任者であると供述	不明
32	ユリヤ商事事件 大阪地決 平11・8・11 労判782号84頁	靴および装身具一般の販売を目的とする株式会社	従業員 (組合員)	雑誌	組合の方針に基づいて取材に応じた会社名等は出さないことを条件に取材に応じたが、雑誌記者の判断で店舗名、店舗の写真が掲載された	匿名	職場環境等の労働問題	不明
33	三和銀行事件 大阪地判 平12・4・17 労判790号44頁	全国に支店をもつわが国有数の都市	従業員 (組合員)	出版物	手記を記載した書籍を出版	不明	原告らに対する思想差別 被告の経営理念批判、労務政策批判、	不明

			人に事情を確認することは困難といえる場合もあることから考えると、原告が、本件告発を行うにあたり、嫌疑をかけるのに相当な合理的資料があることの確認を著しく怠ったということはできない	合に該当する刑事告発については懲戒解雇事由には該当しない 他の懲戒解雇事由はすでに教授会出席停止等の処分を受けたものと重複しており、一事不再理の原則に基づき懲戒事由とはなりえない		
普通解雇	営業次長に刑事処分を受けさせる目的で虚偽の事実の申告をしたと直ちに推認することはできない	対象者が営業部次長であると供述したことのほか、何を供述したかは証拠上明らかでない	認定なし	営業次長の名前をあげたこと以外の供述内容は証拠上明らかではないため、営業次長に刑事処分を受けさせる目的で虚偽の事実を申告したと推認することはできないことから、解雇事由と認められない	解雇無効	普通解雇権の濫用
会社と同僚を中傷誹謗したとして普通解雇（その他解雇理由として、販売職不適格、協調性欠如、販売実績不足等）	組合の方針に基づく組合活動の一環	疎明される事実と大きく異なるものではない	組合活動として、職場環境等の労働問題について社会の理解を得るために、その実態を公表したり、意見を述べることは、特段の事情がない限り、正当な組合活動に含まれる	雑誌の取材に応じたことは、正当な組合活動の範囲にとどまるものである（その他の理由も解雇理由とはならない）	解雇無効	普通解雇権の濫用
戒告処分	労働条件の改善等	真実であると信じる相当の理由あり 労働者が使用	本件出版物の出版は、形式的には懲戒事由に該当するが、主と	本件出版物の記載の中の大部分の記載については、原告らが自	戒告処分無効	懲戒権の濫用

		銀行					サービス残業の指摘等	
34	富士見交通事件 横浜地小田原支判 平12・6・6 労判788号29頁	タクシー等の旅客運送業を営むことを目的とする株式会社	タクシー乗務員（組合副支部長）	労働基準監督署 関東陸運局	他の労働組合支部役員には秘して告発	実名	労働基準法違反の連続勤務 乗務員記録の書換等の違法な運行管理体制	不明

		者に対してする正当な批判行為である	して労働条件の改善等を目的とする出版物については、当該記載が真実である場合、真実と信じる相当の理由がある場合、あるいは労働者の使用者に対する批判行為として正当な行為と評価されるものについては、これを懲戒の対象とするのは相当でない	ら体験した事実をもとに記載されており、左記事実について、被告の経営方針等に反対する活動を長年行ってきた原告らなりの評価を記載したものであり、真実と信じる相当の理由があったことから、問題とすべき部分はわずかにとどまる 加えて、被告ではユニオンショップ制がとられていることから、原告らは組合内の少数派として活動するよりほかなかったこと、原告らの寄稿・出版協力の目的が主として労働条件の改善をめざしたものであることを総合考慮すれば、本件戒告処分は、処分の相当性を欠き、懲戒権を濫用したもので、無効である		
懲戒解雇（解雇理由は、職場離脱行為）	会社の違法な運行管理体制の是正	真実性あり	特に認定なし	本件懲戒解雇は、組合役員として労基署への告発をなした原告の組合活動を嫌悪し会社から排除する意図で	不当労働行為として懲戒解雇無効	懲戒権の濫用

35	古沢学園事件 広島高判 平14・4・24 労判849号140頁 広島地判 平13・3・28 労判849号144頁	学校法人	講師	通商産業大臣	内容証明郵便の送付	実名	行政機関の立入検査に備えた出席簿等の資料改竄	不明
36	宮崎信用金庫事件（控訴審） 福岡高宮崎支判 平14・7・2 労判833号48頁	信用金庫法に基づいて設立された信用金庫	従業員（組合副執行委員長）	衆議院秘書 宮崎県警	不正疑惑追求のため、顧客信用情報等の文書を不法に入手 ※外部に漏洩したとの点は最終的に認定に至らず	匿名	顧客との不正な関係の疑惑	不明
37	西尾家具工芸社事件 大阪地判 平14・7・5 労判837号11頁	家具の製造販売等を主たる目的とする株式会社	従業員	社内会議	経理資料を会議にて会社に無断で配布	実名	会社の経営状況を懸念し、再建案を作成、これを検討する会議を開催し、決算関係の書類、資金繰表を配布した	不明

				なされたと推認できる		
解雇	明確な認定なし	真実性あり	改竄資料の行政機関への提出は、到底正当な行為とは評価し得ないのであるから、原告が上司等被告内部の者に相談することなく直接通商産業大臣に対して内容証明郵便を送付したとしても、格別不当な行為ではない	同左	解雇無効	普通解雇権の濫用
懲戒解雇	不正疑惑の追及（人事の是正や被告役員の背任行為の調査の要求を被告に要求）	金融機関にとって最高機密に属する事項	第三者に機密を開示したことまでは認定できない 機密文書を取得した行為そのものは形式的には窃盗にあたるといえなくはない行為であるが、財産的価値や実害の点からも直ちに窃盗罪として処罰される程度に悪質なものとは解されない	懲戒規定に照らし、機密文書を取得した行為だけでは懲戒解雇事由には該当しない 会社内部の不正疑惑を解明する目的からなされた行為は、会社の利益に合致するところもあり、懲戒解雇の相当性判断においては当該行為の違法性は大きく減殺される	懲戒解雇無効	懲戒権の濫用
懲戒解雇	会社の指示に従って再建案を作成し、検討を行っていたにすぎない	機密資料とはいえない	決算関係書類等は株主や民間機関に対しても開示されており、原告は被告の指示に従って再建案を作成したにすぎない	決算関係書類等は株主や民間機関に対しても開示されており、原告は被告の指示に従って再建案を作成したにすぎないのであって、懲戒解雇事由には該当	懲戒解雇無効	懲戒権の濫用

【参考資料1】判例整理：内部通報の正当性と懲戒処分等

| 38 | 杉本石油ガス（退職金）事件
東京地判
平14・10・18
労判837号11頁 | 石油ガスの配送・充填、米の販売等を業とする株式会社
従業員数約70名 | 従業員（組合員） | 顧客 | 文書送付
社長自宅前、本社前、取引銀行前においての集会 | 匿名（ただし組合名ありとうかがわれる） | 古米を混ぜて販売するなどの米の販売方法についての告発 | 不明 |
| 39 | 大阪いずみ市民生協（内部告発）事件
大阪地堺支判
平15・6・18
労判855号22頁 | 消費生活協同組合法に基づき設立された生活協同組合
組合員数は約29万世帯 | 生協職員 | 総代のほぼ全員（530名）その他生協関係者 | 文書送付 | 匿名 | 役員の生協施設の私的利用、背任・横領等不正の是正 | 不明 |

				しない			
退職金不支給	不正販売を告発する目的 賞与額の団体交渉における対抗措置（組合活動）を補助	主要な点において真実	本件文書の送付は、被告が行う米の販売業務に少なからず支障をきたしたものであり、組合活動の一環として行ったものであることを考慮しても、手段の相当性において問題がある	労働組合支部が行った行為は問題がないとはいいがたいが、被告が不正販売をしてきたことは真実であり、不正告発には相応の理由があること、原告は支部の平組合員として組合の方針に従ったにすぎないこと等を勘案すると、原告個人につき、被告に対する永年の勤労の功を抹消するほどの背信行為とはいえない	退職金不支給無効	退職金没収の法理（退職金額決定権の権利濫用）
懲戒解雇	公共性の高い生協における不正の打破や運営等の改善であり、きわめて正当	真実であると信じるについて相当の理由あり	氏名を明らかにして告発を行えば、処分を受けることは容易に想像され、本件内部告発前にも、被告らが批判を許さない態度を示していたことも考えると、匿名による告発もやむを得なかった 役員らに期待できない場合総代会に問題提起をするのは当然であり相当性を欠くものではない	内部告発の内容は、生協内部の上位者の不正行為を明らかにする重要なもので、高い公益目的があり、手段全体としては相当性を著しく欠くとはいえず、生協において一定の改善がなされ有益であったことなどからすれば、内部告発は正当である	内部通報正当 懲戒解雇無効	懲戒権の濫用

40	カテリーナビルディング（日本ハウズイング）事件 東京地判 平15・7・7 労判862号78頁	不動産の売買、賃貸および仲介等を業とする株式会社 従業員数は原告を含めて1、2名	従業員	日本証券業協会 監査法人 公認会計士	文書送付	実名	出向先の労働基準法違反の実態等	不明
41	メリルリンチ・インベストメント・マネージャーズ事件 東京地判 平15・9・17 労判858号57頁	機関投資家に対する資産運用および投資信託の設定・運用などを主たる業務とする株式会社	従業員	弁護士	顧客リスト、社内メール、営業日報等を相談に際して交付	実名	上司による自己や他の社員への嫌がらせ等の職場差別	被告HRマネージャー

懲戒解雇	労働基準法の遵守や労働条件の改善を目的としたもの	認定なし	原告が交付した文書は「平成のタコ部屋」「愚劣な判断により経営が行われている」などと過激な表現により出向先の経営姿勢を厳しく非難するものであり、上司から諌められても同様の行動を継続したことからすると、企業秩序維持の観点からも問題があり、従業員として不適切な行為といわざるを得ない	原告の行為は、主に労働基準法の遵守や労働条件の改善を目的としたものと認められ、その方法、態様が相当とはいえないことを考慮しても、相応の合理性を有する	懲戒解雇無効	懲戒権の濫用
懲戒解雇	嫌がらせ等に関する自分自身の権利救済を求めるための弁護士との相談の一環（不当な目的とはいえないとの評価）	本件各書類には、被告の企業機密に関する情報が少なからず含まれていた	被告の許可なしに企業機密を含む本件各書類を業務以外の目的で使用したり、第三者に開示、交付することは、特段の事情のない限り秘密保持義務違反であって許されないが、弁護士が高度の守秘義務を有すること、第三者に書類をみせないとの確約書を取得していたこと等からすれば、特段の事情があり、義務違反はないというべき	被告が本件各書類を弁護士に開示、交付した目的、態様などからすれば、本件懲戒解雇は、懲戒解雇事由を欠くか、または軽微な懲戒解雇事由に基づくものであり、被告に無断で企業秘密を弁護士に開示したこと、書類の返還要請に応じなかったこと、被告が企業機密のさらなる拡散を防止するために時間、費用、労力を要したことは認められるが、それらを考慮してもな	懲戒解雇無効	懲戒権の濫用

42	生駒市衛生社事件 大阪高判 平17・2・9 労判890号86頁	一般廃棄物や産業廃棄物の収集、運搬および処分業等を目的とする株式会社 おおむね事務職4名、従業員36名 生駒市の家庭ゴミを収集する唯一の会社	従業員	市議会議長 記者クラブ	控え室での面談 記者会見の実施	実名	事業ごみと家庭ごみを混載し、家庭ごみとしてリレーセンターに搬入して事業ごみの代金を免れるよう組織ぐるみで指示していたとの不正行為	不明
43	トナミ運輸事件 富山地判 平17・2・23 労判891号12頁	貨物自動車運送事業等を営む株式会社 従業員5812名、路線事業所117か所等を有する大手貨物運送会社	従業員	新聞社 公正取引委員会 外部労働組合 運輸省等	方法について具体的認定なし	実名	会社が同業者との間で、認可運賃枠内での最高運賃収受や荷主移動（顧客争奪）禁止を内容とするヤミカルテル（本件ヤミカルテル）を締結していること	不明（ただし、通報者は、副社長や営業所長らに、本件ヤミカルテルそのものではない

				お、懲戒解雇権の濫用であるというべき		
懲戒解雇	不正を正すべきは正すという目的で記者会見に列席したにとどまる	被告は、混載の問題を認識しつつ有効な対処をとらず、したがって結果的にこれを黙認していたものとして、生駒市に支払うべき事業ごみの料金を正当な理由なく免れたととられてもやむを得ない状況であった ただし、混載を指示したとか、混載について口止めした等、実際の事実関係よりも不正を誇張して記者に伝達したことがうかがわれる	通報者らは積極的に上記の誇張に荷担したとまではいえないし、摘示した事実関係の主要な部分である混載および不正の利益については事実の伝達といわざるをえない 他の参加者との比較からしても、上記事情が直ちに懲戒解雇事由や非違行為にあたるとまではいい切れない	各行為は、いずれもいささか軽率な面があったものの、もとは混入を黙認しこれを回避すべき体制をつくってこなかった会社にも責任の一端があるというべきであり、この点をさしおいて、通報者らのみが不利益を被ることは不均衡、不合理というほかない	懲戒解雇無効	懲戒権の権利濫用
長期間にわたり通報者を昇格させなかったり、不当な異動を命じて個室に隔離したうえ雑務に従事させたりするなどの不利益な取扱い	およそ会社を加害するとか、告発によって私的な利益を得る目的があったとは認められない。なお、一部の内部告発については、会社に対する感情的な反発もあったことがうかがわれ	大筋において真実に合致していることは明らか 内部告発に係る事実関係は真実であったか、少なくとも真実であると信ずるに足りる合理的な理由があった	報道機関への告発は本件ヤミカルテルの是正を図るために必要といういうものの、内容が不特定多数に広がることが容易に予測され、少なくとも短期的には会社に打撃を与えることからすると、労働契約上の信頼関係維	内部告発をしたことを理由に、これに対する報復として、通報者を異動させたうえ、業務上の必要がないのに2階の個室において他の職員との接触を妨げ、それまで営業の一線で働いていた通報者をきわめて補助的で特	損害賠償請求認容	一般不法行為（人事権の裁量の範囲内か否か）

255

								が関連事項について直訴するなどしていた)
44	D大学事件 広島地福山支判 平17・7・20 裁判所ウェブサイト	大学を設置する学校法人	大学講師（なお、組合委員長でもある）	記者クラブ	記者会見における資料を示しての公表（学生が特定されないように黒塗りを施すなどした）	実名	スポーツ推薦学生につき、被告大学経済学部では、担当教官に知らされることなく、①不合格である者を合格点まで嵩上げする、②当該教科を受験していない者に合格点を与える、③ある教科を別の教科に読み替える、という内容の指示が学部長名	不明（ただし、判決では、教授会や団体交渉の場においてまず問題に取り上げるべきであっ

	るが、仮にこのような感情が併存していたとしても、基本的に公益を実現する目的であったと認める妨げとなるものではない		持の観点から、ある程度会社の不利益にも配慮することが必要。そして、通報者本人が会社内部で事前に行ってきた是正のための努力はやや不十分であったといわざるを得ないただし、当時の状況を考慮すると、通報者が内部努力をしたとしても本件ヤミカルテルの廃止に向けて動いた可能性はきわめて低かったことから、十分な内部努力をしないまま外部の報道機関に通報したことは無理からぬことであり、方法が不当であるとまではいえない	に名目もない雑務に従事させたこと、昭和50年10月から平成4年6月までという長期間にわたって昇格させないという不利益な取扱いをしたこと、退職強要行為をしたことが明らかに認められる以上の不利益取扱いは人事権の裁量を逸脱する違法なものであって、期待的利益について不法行為に基づき損害賠償義務がある		
普通解雇	大学当局の目をそらし組合の前委員長に対する懲戒処分に対抗し、ひいては組合自体を防衛する目的があったといわざるを得ない（不当な目的として認定）	事前の調査が不十分であったため、担当教員の了解の有無など、原告が公表した事実には真実と異なる内容を含んでいた点において問題がある	外部に公表するという行為は、問題にしている内容が一見して違法あるいは不適切であることが明確な場合や大学内部での是正が期待できないような緊急性が認められる場合などの例外的場合を除いて、最終的な手段と	スポーツ推薦学生の成績評価について問題意識をもちその改善を望んだこと自体は理解できるところがあるまた原告は組合委員長の肩書で「学生へのお詫び」と題する書面を作成して大学に提出し、自己の軽率な行為	普通解雇無効	普通解雇権の濫用

257

							でなされていること	たと認定している）

〈公益通報者保護法施行後〉

	事件名 裁判所 判決年月日	企業の業種・規模等	通報者	通報先	事　　実　　関　　係				内部通報窓口の設置・運用状況
					通報の手段・態様	実名／匿名の別	通報内容		
45	福岡高判 平19・4・27 判タ1252号285頁 福岡地判 平18・3・7 判タ1252号90頁	クリーニング業を営む会社子会社含むグループ全体で38工場、720店舗を有する	元従業員（業務部営業開発課長）	週刊誌	通報者は、通報先の週刊誌編集部に、文書で通報 その後、同週刊誌に対し内部文書を示しながら、取材に応じた 通報を受けた週刊誌は、会社の	実名	クリーニングを受けるにあたり、追加料金が発生するサービス付で注文を受けながら、実際には同サービス付でのクリーニングを行っていない。		不明

	考えるべきである 原告は、学内の自浄作用には期待できない状態にあったと主張するが、被告は、条件さえ整えば団体交渉に応じる姿勢を当初より示していたものであり、その条件も特に不当なものとは認められない 原告のとった方法は、まず尽くすべき他の手段を講じていないとの非難を免れない	について反省し謝罪している これらの事情を総合して考えると、普通解雇事由があるとまではいえない	

通報に対する企業の対応	裁判所の判断					
	通報目的	通報内容の真実性・真実相当性	通報手段または態様の相当性	懲戒処分等企業の対応の有効性	通報の正当性等	有効性等判断の法律構成
損害賠償請求	（原審）原告のクリーニング業務の実態を社会に知らせることを目的として執筆されたもので、公益を図ることにあったと認めることができ	（原審）原告において、100円を売り物にして客を集め、客にさらに汚れがよく落ちる洗い方として「オゾン＆アクアドライ」を勧めて追加	被控訴人が意図的に控訴人に不利益な虚偽の内容の記事を掲載させようとした事実はもとより、掲載前の本件記事のゲラを同被控訴人がチェックするなどしていたもの	（原審）原告において、100円を売り物にして客を集め、客にさらに汚れがよく落ちる洗い方として「オゾン＆アクアドライ」を勧めて追加料金（100円）を取り	通報の不法行為該当性を否定	損害賠償請求を棄却

					取り扱う商品の実態やクリーニング効果に関する記事を掲載した			
46	愛媛県警事件 高松高判 平20・9・30 判タ1293号108頁	愛媛県	地方公務員（警察官）	記者（各種報道機関）	通報者は、愛媛県弁護士会館において、支援する弁護士らとともに、報道機関の前で記者会見を行った	実名	通報者が所属したすべての警察署で、裏金づくりの手段として捜査費等の偽造領収書の作成を依頼され、これを拒否すると昇任することができないこと	―
47	神戸司法書士事務所事件 神戸地判 H20・11・10 判例秘書（自由と正義60巻11号72頁参照）	司法書士	事務員	法務局	法務局への相談	実名	債務者の代理人として、140万円を超える債務につき和解契約を締結し、あるいは140万円を超える売買代金の返還を求めた行為（非弁行為）	なし

	る（控訴審）被控訴人（注：通報者）が作成したメモやノートの信憑性を慎重に判断すべきであるとしても、これらが虚偽の内容を掲載したものとまで認めるに足る証拠はない	料金（100円）を取りながら、実際は「オゾン＆アクアドライ」をせず、普通のドライクリーニングをするだけであったと信じたことには相当の理由があった	と認めるべき証拠もないことからすれば、本件記事の内容によって、控訴人に社会的評価の低下等の損害が生じていたとしても、そのことについて、被控訴人に控訴人に対する不法行為が成立するものということはできない	ながら、実際は「オゾン＆アクアドライ」をせず、普通のドライクリーニングをするだけであったと信じたことには相当の理由があったということができ、被告についても、故意または過失を認めることはできない（控訴審）左記のとおり		
配置換え等	捜査費等不正支給問題の実態を明らかにすること	（真実を前提）	―	本件配置換えは、職務上・人事上の必要性や合理性とはまったく無関係に、本件記者会見に端を発して実施されたものであり、捜査費等不正支出問題に対する県警側の組織的対応とは別の行動をとった通報者に対する嫌がらせ等のためと推認され、違法	通報の正当性を肯定し、慰謝料請求認容（100万円）	不法行為
通報者の行為が違法であったと自認する内容の確認書の作成させ、不利益を示唆する通知書の交付し、使用するパソコンをネットワー	本件通報の背景事情は分かりにくいが、有給休暇をとるや、退職するよう示唆を受けた経緯に照らし、被告の姿勢に不満を抱いて通報	犯意という点は別にして、非弁行為がされた事実は存在するから、通報者は、犯罪行為として非弁行為がされたと「信ずるに足る相	認定なし	被告は、過失によって、公益通報者保護法が禁ずる違法な行為（本件不利益取扱い）をしたものであるから、民法709条により、本件不利益取扱いによって	通報の正当性を肯定し、慰謝料請求認容（150万円）	不法行為

| 48 | 骨髄移植推進財団事件 東京地判 平21・6・12 労判991号64頁 | 骨髄移植を仲介する事業を行うために設立された財団法人 | 従業員（総務部長） | 理事長 | 通報者は、常務理事兼事務局長のパワハラに関する報告書を理事長に提出したところ、降格処分を受けたことから、他の支援者らとともに、厚労省に処分凍結等を求めた新聞でも「新聞に「骨髄バンク〝迷走〟」「骨髄バンクセクハラ厚労省に調査要請へ」と報道された | 実名 | 常務理事が従業員に対してセクハラ・パワハラと評価される言動を行ったこと | ― |
| 49 | 松下プラズマディスプレイ事件 最二小判 平21・12・18 判タ1316号121頁 大阪高判 平20・4・25 判タ1268号94頁 大阪地判 | プラズマディスプレイパネルの製造を業とする株式会社 | 請負会社従業員 | 大阪労働局 | 同労働局への申告 | 実名 | 上告人茨木工場における勤務実態は業務請負ではなく労働者派遣であり、職業安定法44条、労働者派遣法に違反する行為である | 事実認定なし |

262

クから遮断し、補助者としての仕事を一切与えない措置	に至ったとしても不自然ではなく、不当な目的でなされたと疑うことはできない	当の理由」の下に、それら事実を通報したものと認めるのが相当。		原告に生じた損害を賠償すべき責任を負う。		
降格、諭旨解雇 理事長の面談調査 内部調査委員会による調査 東京弁護士会から推薦を受けた弁護士3名による外部調査委員による外部調査報告書	通報者の目的が、常務理事の更迭にあったとしても、現実に不適切な言動を繰り返していた常務理事を職場から遠ざけること（更迭）を目的として活動することが違法になるわけではない	本件報告書に記載された具体的なパワハラ、セクハラと解される事項として記載された7名の職員に関する事柄については、不正確な部分もないではないが、基本的に、本件報告書に指摘に沿った事実が存在し、基本的に真実性のある文書と評価するのが相当	常務理事兼事務局長の不適切な行動について記載されたを総務部長たる通報者がトップの理事長に提出すること自体、その職責を果たすもので、何ら問題のある行為ではないもっとも、本件報告書が流出し、報道されたことについては、通報者が情報管理義務に反して、本来、前記情報を保持すべきでない多数の者に、本件報告書に記載された情報を伝達していたといわざるを得ない	本件報告書についての情報管理が不十分であったことと、これにより財団の社会的信用が毀損され財団運営に重大な支障が生じた事実が認められるが、通報者の行為にも相応の理由があるうえ、かかる事態を招来したことについては、財団にも責任があること等からすれば、これを理由とする諭旨解雇は重きに失する	通報の正当性を肯定し、諭旨解雇無効損害賠償請求認容（50万円）	権利濫用不法行為
リペア作業（端子に付着した異物を除去して不良PDPを再生利用可能にする作業）への従事を命じる雇用契約期間の満了をもって雇用契約が	事実認定なし	パスコ（請負会社）によって上告人に派遣されていた派遣労働者の地位にあったということができるこれは労働者派遣法の規定に違反してい	認定なし	雇止めについては、期間の定めのない契約と実質的に異ならない場合にも、期間満了後の雇用関係が継続されるものと期待することに合理性が認められる場合にもあたら	申告の正当性については認定なし雇止めに至る一連の行為については、申告に対する報復として、不法行為に該当すると判	雇止めは有効リペア作業を命じたことおよび雇止めに至る一連の行為については、不法行為に該当

	平19・4・26 労判941号5頁							
50	オリンパス事件 東京高判 平23・8・31 労判1035号42頁 東京地判 平22・1・15 労判1035号70頁	デジタルカメラ、医療用内視鏡、顕微鏡、NDT等の製造販売を主たる業とする株式会社	従業員（営業チームリーダー）	企業内のコンプライアンス室	通報者は、当初IMS事業部事業部長に通報したところ、「大間違い」と言われた。その後、通報者はコンプライアンス室に通報した	実名	取引先からの人材引抜き行為	コンプライアンス室長らは、事業部長に対し通報者名を明らかにしたうえで事情聴取し、事業部長に対する是正勧告を内容とする電子メールを、通報者とともに送信

終了する旨通告		たといわざるを得ない		ず、有効 リペア作業については、当時行っていなかったリペア作業をあえて行わせたものであり、申告に対する報復等の動機によるものと推認。雇止めに至る会社の行為も労働局への申告に起因する不利益な取扱いと評価せざるを得ず、不法行為に該当する	断	
3度にわたる配転命令 外部との接触禁止	取引先からの人材引抜きにより信用失墜を防ぐ	通報者の危惧は相当の根拠をもつものであった	コンプライアンス室への内部通報	第1配転命令は、事業部長が通報者の内部通報等に反感を抱いて、本来の業務上の必要性とは無関係にしたものであって、その動機において不当なもので、内部通報による不利益取扱いを禁止した運用規定にも反する 第2および第3配転命令も、いわばその延長線上で業務上の必要性とは無関係で、人選にも一部疑問があり、通報者に相当な経済的・精神的不利益を与えたから、いずれも	通報の正当性を肯定	権利濫用

								した
51	大阪市（河川事務所職員・懲戒免職）事件 大阪地判 平24・8・29 労判1060号37頁	大阪市	地方公務員（河川事務所職員）	市議会議員 報道機関	同僚職員が清掃業務中に収得した現金を領得する行為を撮影し、市議会委員や報道機関に提供	実名	河川事務所ぐるみで清掃業務中に物色・領得行為が行われてきたこと	市は条例に則って公益通報窓口を設置して広く通報を受け付け、事実調査や是正を図ってきた。平成21年度369件の内部通報が行われているが、通報を理由に不利益等の取扱いや懲戒処分をしたことは一切ない（市の主張）
52	甲社事件 東京地判 平27・1・14 労経速2242号3頁	高齢者に弁当を配達する配食サービス業者、都内に数店舗経営	従業員（パートの女性厨房スタッフ）	保健所	通報者が、保健所の職員に対し、電話および立入検査に際して対面で告知	実名	企業について不衛生な状況がみられる、食中毒の危険があるとして、具体的には、味噌汁など汁物用ポットが細い管式のもの	不明

				人事権の濫用		
（通報者も業務遂行中に拾得物を領得していたこと等を理由に）懲戒免職 市は、本件内部告発の直後から、河川事務所の全職員にヒアリング調査を行い、報道されるや、特別の調査チームを編成して徹底的に事案の解明に努め、その過程において、通報者が特定されないように配慮して事情聴取をした（市の主張）	ー	真実	ー	通報者の領得行為の背景には長年の河川事務所ぐるみの物色・領得行為があり、市に帰責事由があること、通報者の内部告発により不適切な公務の是正が図られたことは有利な事情と考慮すべきことが明らかであること等から、懲戒処分歴のない通報者に更生の機会を与えることなく直ちに懲戒免職とした本件処分は重きに失する	通報の正当性肯定	裁量権の逸脱
懲戒解雇	私怨を晴らす目的があったとまで認めることはできず、食中毒を発生させないという公益を	通報内容について、事実が認められないものが多くあるものの、立入検査の結果、15項目の	確かに、通報先としては、被告における上司等に話して対応を求めるという方法もあり得たところであるが、	通報者の通報が、解雇理由として客観的に合理的なものとは認められない	通報の正当性あり	権利濫用

267

							で、管の中が洗えないため、カビ臭がしている等の事実	
53	日本ボクシングコミッション事件 東京地判 平27・1・23 労判1117号50頁	日本のプロボクシングを統括する機関として、試合の管理、承認および試合に関する諸規則の制定等を行う法人本部事務局のほか、全国に4つの地区事務局があり、合計14名の職員が在籍	従業員	代表者	―	実名	被通報者たる専務理事の損金処理が不当に行われた事実	不明

	図る目的があったといえる	衛生指導が行われるなど、通報者の行った通報の根幹部分たる不衛生な状況がみられ、食中毒の危険があること等について、まったくの虚偽とまではいえず、少なくとも真実相当性がある	原告がパートタイマーであったことからすれば、通報先として世田谷保健所を選んだことについて、不相当とまではいいがたい			
懲戒解雇（通報以外にも、職務怠慢や物品持出し等の非違行為も、懲戒理由としてあげている）	確かに、通報者のメールの表現に「妖怪退治」等の表現があり、また冷遇されていたこと等に照らすと、通報に意趣返しの側面があったことは否定できないが、通報内容自体、まったく理由なしとするものではないことから、ことさら不正の目的で通報に及んだものとは認めがたい	ボクシングジム間における選手の移籍問題に関する、被通報者たる理事が委員長を務めていた苦情処理委員会の裁定書では、一方のボクシングジムの他方に対する解決金の支払いについての定めはあるが、当該団体の立替払いについては言及がなく、現に当該団体が立替払いをした立替金200万円のうち、大半の185万円が実際に未収であったこと等に照らし、通報者が、その当時におい		通報者につき、懲戒解雇事由があるとはいえない	通報がいわゆる内部通報にとどまり、ことさら外部に喧伝したものではないことも考慮して、通報の正当性を肯定	懲戒解雇事由不該当（「公益通報者保護法上の公益通報に該当するか否かの点を措いても」）

54	公立大学法人岡山県立大学ほか事件 岡山地判 H29・3・29労判1164号54頁	公立大学法人	教授	報道機関	不明	実名	平成23年度及び平成24年度入試において、センター試験の成績不良者を合格させないため、実技試験の得点を低く変更する操作が行われたこと。	不明
55	A住宅福祉協会事件 東京高判 H26・7・10労判1101号51頁	厚生年金保険の被保険者に対する被保険者住宅資金の転貸事業等を行うことを目的とする一般財団法人	従業員（団信保険の保険金請求を担当）	厚生労働省年金局	不明	実名	団信保険の請求時期を調整した事実はない旨を記載した本件回答書の記載内容は虚偽であること、及び年金局のヒアリング時におけるメモの提出。	不明
56	京都市（児童相談署職員）事件 大阪高判 R2・6・19労判1230号56頁 京都地判R1・8・8労判1217号67頁（最決R3・1・28上告不受理決定）	地方公共団体	児童相談所職員	公益通報処理窓口である弁護士	電子メール（1回目）、面談（2回目）	実名	児童養護施設における児童虐待事案について、児童相談所が対応をしておらず、そのことを隠蔽している可能性があること等。	あり。外部弁護士が相談員として、1回目及び2回目も受理し、調査結

		て、上記立替金に関し不透明な処理がなされていると思料したとしても、不合理とはいいがたい				
停職３か月の懲戒処分 授業等禁止命令	認定なし	得点操作を直ちに認定するまでには至らないとしても、少なくとも原告が目撃した事実は、得点操作が行われた事実を疑わしめるに足りるものであった。	認定なし	本件停職処分はその前提である処分事由の重要な部分を欠くものであり、もはや相当性を肯定することができない。	停職処分無効	懲戒権の濫用
懲戒解雇	認定なし	上司の命令により団信保険の請求調整を行ったとする被控訴人の主張に事実と基本的に異なる点はない。	認定なし	本件調整問題に関する被控訴人の言動を捉えて、就業規則上の懲戒事由に当たるとすることはできない。	懲戒処分無効	懲戒権の濫用
停職３日	児童相談所が虐待通告として受理すべきであった相談を受理せず、市長にも報告していない対応は問題だと考え、問題提起することで児童相談所の	認定なし	児童の個人情報が記載された本件複写記録の自宅への持出し行為は、２回目の内部通報に付随するものであり、職務上の関心に起因し、かつ重要な証拠を手元に置いてお	本件行為２（複写記録の自宅持帰り）に対する停職３日の懲戒処分は重きに失する。	懲戒処分無効	裁量逸脱

								果の回答も行った。
57	学校法人國士舘ほか（戒告処分等）事件 東京地判 R2・11・12 労判1238号30頁	学校法人	教授ら	理事長 監査室長	書面提出	実名	①教授への昇格が検討されている教員が二重投稿を認めたこと、②通報者と常任理事との面談で常任理事が上記教員を処分してもよいと述べたこと、③公益通報について、通報後のと通報者と常任理事との面談で特に指示を受けていないこと。	不明。但し、本件では監査室長にも通報がなされている。
58	神社本庁事件 東京高判 R3・9・16 判例秘書 東京地判 R3・3・18 労判1260号50頁	宗教法人	部長ら	理事2名	文書交付	実名	被告所有の土地建物の売買に関して、被告の役職員が関与した背任行為である事実を摘示し、背任行為には会長が中心となって関与し、総長も関与しているとの印象を与えるもの。	不明

			きたいという証拠保全ないし自己防衛の目的を持っていたから、その原因や動機において強く非難すべきとはいえない。			
戒告	認定なし	①~③のいずれも真実と認められる。	認定なし	無効 本件各処分は違法であり、…少なくとも過失が認められる。以上から、本件各処分について、被告法人には不法行為が成立する	懲戒処分無効 不法行為	懲戒事由に該当せず
懲戒解雇	被告の評議員の多数決によって選ばれる総長の地位について、多数派を形成し選挙で人事を一新しようとすることは正当。	本件売買の価格が一般的な取引価格より低額であること、価格決定及び承認過程に不自然な点があること、役員と長年の付き合いのある買主への売却示唆を受けたこと等から、真実相当性を肯定した。	被告の職員に対する通報によるのでは、証拠が隠滅又は偽造・変造されるおそれや、自分が懲罰を受けるおそれや、調査が実施されないおそれがあったことから、被告の理事2名に本件文書を交付し、被告の理事、評議員及び職員に伝達されるよう期待したもので、その手段はやむを得ない相当なもの	公益通報者を保護し公益通報の機会を保障することが国民生活の安定などに資するとの公益通報者保護法の趣旨などに照らし、違法性が阻却され懲戒すべき行為に当たらないというべきである。	懲戒処分無効	違法性阻却

【参考資料２】公益通報者保護法第11条第１項及び第２項の規定に基づき事業者がとるべき措置に関して、その適切かつ有効な実施を図るために必要な指針（令和３年内閣府告示第118号）

第１　はじめに

　この指針は、公益通報者保護法（平成16年法律第122号。以下「法」という。）第11条第４項の規定に基づき、同条第１項に規定する公益通報対応業務従事者の定め及び同条第２項に規定する事業者内部における公益通報に応じ、適切に対応するために必要な体制の整備その他の必要な措置に関して、その適切かつ有効な実施を図るために必要な事項を定めたものである。

第２　用語の説明

　「公益通報」とは、法第２条第１項に定める「公益通報」をいい、処分等の権限を有する行政機関やその他外部への通報が公益通報となる場合も含む。

　「公益通報者」とは、法第２条第２項に定める「公益通報者」をいい、公益通報をした者をいう。

　「内部公益通報」とは、法第３条第１号及び第６条第１号に定める公益通報をいい、通報窓口への通報が公益通報となる場合だけではなく、上司等への報告が公益通報となる場合も含む。

　「事業者」とは、法第２条第１項に定める「事業者」をいい、営利の有無を問わず、一定の目的をもってなされる同種の行為の反復継続的遂行を行う法人その他の団体及び事業を行う個人であり、法人格を有しない団体、国・地方公共団体などの公法人も含まれる。

　「労働者等」とは、法第２条第１項に定める「労働者」及び「派遣労働者」をいい、その者の同項に定める「役務提供先等」への通報が内部公益通報となり得る者をいう。

　「役員」とは、法第２条第１項に定める「役員」をいい、その者の同項に定める「役務提供先等」への通報が内部公益通報となり得る者をいう。

　「退職者」とは、労働者等であった者をいい、その者の法第２条第１項に定める「役務提供先等」への通報が内部公益通報となり得る者をいう。

　「労働者及び役員等」とは、労働者等及び役員のほか、法第２条第１項に定める「代理人その他の者」をいう。

　「通報対象事実」とは、法第２条第３項に定める「通報対象事実」をいう。

「公益通報対応業務」とは、法第11条第１項に定める「公益通報対応業務」をいい、内部公益通報を受け、並びに当該内部公益通報に係る通報対象事実の調査をし、及びその是正に必要な措置をとる業務をいう。

　「従事者」とは、法第11条第１項に定める「公益通報対応業務従事者」をいう。

　「内部公益通報対応体制」とは、法第11条第２項に定める、事業者が内部公益通報に応じ、適切に対応するために整備する体制をいう。

　「内部公益通報受付窓口」とは、内部公益通報を部門横断的に受け付ける窓口をいう。

　「不利益な取扱い」とは、公益通報をしたことを理由として、当該公益通報者に対して行う解雇その他不利益な取扱いをいう。

　「範囲外共有」とは、公益通報者を特定させる事項を必要最小限の範囲を超えて共有する行為をいう。

　「通報者の探索」とは、公益通報者を特定しようとする行為をいう。

第３　従事者の定め（法第11条第１項関係）

１　事業者は、内部公益通報受付窓口において受け付ける内部公益通報に関して公益通報対応業務を行う者であり、かつ、当該業務に関して公益通報者を特定させる事項を伝達される者を、従事者として定めなければならない。

２　事業者は、従事者を定める際には、書面により指定をするなど、従事者の地位に就くことが従事者となる者自身に明らかとなる方法により定めなければならない。

第４　内部公益通報対応体制の整備その他の必要な措置（法第11条第２項関係）

１　事業者は、部門横断的な公益通報対応業務を行う体制の整備として、次の措置をとらなければならない。

（1）　内部公益通報受付窓口の設置等

　　内部公益通報受付窓口を設置し、当該窓口に寄せられる内部公益通報を受け、調査をし、是正に必要な措置をとる部署及び責任者を明確に定める。

（2）　組織の長その他幹部からの独立性の確保に関する措置

　　内部公益通報受付窓口において受け付ける内部公益通報に係る公益通報対応業務に関して、組織の長その他幹部に関係する事案については、これらの者からの独立性を確保する措置をとる。

（3）　公益通報対応業務の実施に関する措置

　　内部公益通報受付窓口において内部公益通報を受け付け、正当な理由がある場合を除いて、必要な調査を実施する。そして、当該調査の結果、通報対象事実に係る法令違反行為が明らかになった場合には、速やかに是正に必要な措置をとる。また、是正に必要な措置をとった後、当該措置が適切に機能

しているかを確認し、適切に機能していない場合には、改めて是正に必要な措置をとる。

(4) 公益通報対応業務における利益相反の排除に関する措置

内部公益通報受付窓口において受け付ける内部公益通報に関し行われる公益通報対応業務について、事案に関係する者を公益通報対応業務に関与させない措置をとる。

2 事業者は、公益通報者を保護する体制の整備として、次の措置をとらなければならない。

(1) 不利益な取扱いの防止に関する措置

イ 事業者の労働者及び役員等が不利益な取扱いを行うことを防ぐための措置をとるとともに、公益通報者が不利益な取扱いを受けていないかを把握する措置をとり、不利益な取扱いを把握した場合には、適切な救済・回復の措置をとる。

ロ 不利益な取扱いが行われた場合に、当該行為を行った労働者及び役員等に対して、行為態様、被害の程度、その他情状等の諸般の事情を考慮して、懲戒処分その他適切な措置をとる。

(2) 範囲外共有等の防止に関する措置

イ 事業者の労働者及び役員等が範囲外共有を行うことを防ぐための措置をとり、範囲外共有が行われた場合には、適切な救済・回復の措置をとる。

ロ 事業者の労働者及び役員等が、公益通報者を特定した上でなければ必要性の高い調査が実施できないなどのやむを得ない場合を除いて、通報者の探索を行うことを防ぐための措置をとる。

ハ 範囲外共有や通報者の探索が行われた場合に、当該行為を行った労働者及び役員等に対して、行為態様、被害の程度、その他情状等の諸般の事情を考慮して、懲戒処分その他適切な措置をとる。

3 事業者は、内部公益通報対応体制を実効的に機能させるための措置として、次の措置をとらなければならない。

(1) 労働者等及び役員並びに退職者に対する教育・周知に関する措置

イ 法及び内部公益通報対応体制について、労働者等及び役員並びに退職者に対して教育・周知を行う。また、従事者に対しては、公益通報者を特定させる事項の取扱いについて、特に十分に教育を行う。

ロ 労働者等及び役員並びに退職者から寄せられる、内部公益通報対応体制の仕組みや不利益な取扱いに関する質問・相談に対応する。

(2) 是正措置等の通知に関する措置

書面により内部公益通報を受けた場合において、当該内部公益通報に係る通報対象事実の中止その他是正に必要な措置をとったときはその旨を、当該内部公益通報に係る通報対象事実がないときはその旨を、適正な業務の遂行

及び利害関係人の秘密、信用、名誉、プライバシー等の保護に支障がない範囲において、当該内部公益通報を行った者に対し、速やかに通知する。

(3) 記録の保管、見直し・改善、運用実績の労働者等及び役員への開示に関する措置

　イ　内部公益通報への対応に関する記録を作成し、適切な期間保管する。

　ロ　内部公益通報対応体制の定期的な評価・点検を実施し、必要に応じて内部公益通報対応体制の改善を行う。

　ハ　内部公益通報受付窓口に寄せられた内部公益通報に関する運用実績の概要を、適正な業務の遂行及び利害関係人の秘密、信用、名誉、プライバシー等の保護に支障がない範囲において労働者等及び役員に開示する。

(4) 内部規程の策定及び運用に関する措置

　この指針において求められる事項について、内部規程において定め、また、当該規程の定めに従って運用する。

【参考資料３】公益通報者保護法に基づく指針（令和３年内閣府告示第118号）の解説

第１　はじめに

Ⅰ　本解説の目的

　公益通報者保護法（平成16年法律第122号。以下「法」という。）第11条第１項及び第２項は、公益通報対応業務従事者を定めること及び事業者内部における公益通報に応じ、適切に対応するために必要な体制の整備その他の必要な措置をとることを事業者（国の行政機関及び地方公共団体を含む。）に義務付け（以下「公益通報対応体制整備義務等」という。）、内閣総理大臣は、これらの事項に関する指針を定め（同条第４項）、必要があると認める場合には事業者に対して勧告等をすることができる（法第15条）。

　事業者がとるべき措置の具体的な内容は、事業者の規模、組織形態、業態、法令違反行為が発生する可能性の程度、ステークホルダーの多寡、労働者等及び役員や退職者の内部公益通報対応体制の活用状況、その時々における社会背景等によって異なり得る。そのため、法第11条第４項に基づき定められた「公益通報者保護法第11条第１項及び第２項の規定に基づき事業者がとるべき措置に関して、その適切かつ有効な実施を図るために必要な指針」[1]（令和３年内閣府告示第118号。以下「指針」という。）においては、事業者がとるべき措置の個別具体的な内容ではなく、事業者がとるべき措置の大要が示されている[2]。

　事業者がとるべき措置の個別具体的な内容については、各事業者において、指針に沿った対応をとるためにいかなる取組等が必要であるかを、上記のような諸要素を踏まえて主体的に検討を行った上で、内部公益通報対応体制を整備・運用することが必要である。本解説は、事業者におけるこのような検討を後押しするため、「指針を遵守するために参考となる考え方や指針が求める措置に関する具体的な取組例」を示すとともに、「指針を遵守するための取組を超えて、事業者が自主的に取り組むことが期待される推奨事項に

　関する考え方や具体例」についても併せて示すものである[3][4]。

---

(1)　指針において定める事項は、法第11条第１項及び第２項に定める事業者の義務の内容を、その事業規模等にかかわらず具体化したものである。

(2)　常時使用する労働者数が300人以下の事業者については、事業者の規模や業種・業態等の実情に応じて可能な限り本解説に記載の事項に従った内部公益通報対応体制を整備・運用するよう努める必要がある。

Ⅱ　事業者における内部公益通報制度の意義

　事業者が実効性のある内部公益通報対応体制を整備・運用することは、法令遵守の推進や組織の自浄作用の向上に寄与し、ステークホルダーや国民からの信頼の獲得にも資するものである。また、内部公益通報制度を積極的に活用したリスク管理等を通じて、事業者が適切に事業を運営し、充実した商品・サービスを提供していくことは、事業者の社会的責任を果たすとともに、ひいては持続可能な社会の形成に寄与するものである。

　以上の意義を踏まえ、事業者は、公正で透明性の高い組織文化を育み、組織の自浄作用を健全に発揮させるため、経営トップの責務として、法令等を踏まえた内部公益通報対応体制を構築するとともに、事業者の規模や業種・業態等の実情に応じて一層充実した内部公益通報対応の仕組みを整備・運用することが期待される。

第2　本解説の構成

　本解説は、「公益通報者保護法に基づく指針等に関する検討会報告書」（令和3年4月21日公表）（以下「指針等検討会報告書」という。）の提言内容を基礎に、事業者のコンプライアンス経営への取組強化と社会経済全体の利益確保のために、法を踏まえて事業者が自主的に取り組むことが推奨される事項を記載した「公益通報者保護法を踏まえた内部通報制度の整備・運用に関する民間事業者向けガイドライン」（平成28年12月9日公表）（以下「民間事業者ガイドライン」という。）の規定を盛り込んだものである。

　そのため、本解説には、公益通報対応体制整備義務等及び指針を遵守するために必要な事項に加え、そのほかに事業者が自主的に取り組むことが推奨される事項が含まれている。指針の各規定の解説を記載した「第3　指針の解説」（構成は下記のとおり。）では、両者の区別の明確化のため、前者は『指針を遵守するための考え方や具体例』の項目に、後者は『その他の推奨される考え方や具体例』の項目にそれぞれ記載した。

　前述のとおり、指針を遵守するために事業者がとるべき措置の具体的な内容は、事業者の規模、組織形態、業態、法令違反行為が発生する可能性の程度、ステークホルダーの多寡、労働者等及び役員や退職者の内部公益通報対応体制の活

---

(3)　本解説は、法第2条第1項に定める「事業者」を対象とするものである。本解説では、一般的な用語として用いられることの多い「社内調査」「子会社」等の表現を用いているが、これらが典型的に想定する会社形態の営利企業のみならず、同様の状況にあるその他の形態の事業者においても当てはまるものである。

(4)　本解説では、法が定める内部公益通報への対応体制等について記載しているが、内部公益通報には該当しない、事業者が定める内部規程等に基づく通報についても、本解説で規定する内容に準じた対応を行うよう努めることが望ましい。

項目	概要
① 『指針の本文』	指針の規定を項目ごとに記載した項目
② 『指針の趣旨』	指針の各規定について、その趣旨・目的・背景等を記載した項目
③ 『指針を遵守するための考え方や具体例』	指針を遵守するために参考となる考え方（例：指針の解釈）や指針が求める措置に関する具体的な取組例を記載した項目
④ 『その他の推奨される考え方や具体例』	指針を遵守するための取組を超えて、事業者が自主的に取り組むことが期待される推奨事項に関する考え方や具体例を記載した項目

用状況、その時々における社会背景等によって異なり得る。公益通報対応体制整備義務等が義務付けられている事業者は、従業員数300名程度の事業者から５万人を超えるグローバル企業まで多種多様であるところ、指針及び本解説において画一的に事業者がとるべき措置を定め、一律な対応を求めることは適切ではなく、また、現実的ではない。そのため、本解説は、指針に沿った対応をとるに当たり参考となる考え方や具体例を記載したものであり、本解説の具体例を採用しない場合であっても、事業者の状況等に即して本解説に示された具体例と類似又は同様の措置を講ずる等、適切な対応を行っていれば、公益通報対応体制整備義務等違反となるものではない。

　事業者においては、まずは『指針を遵守するための考え方や具体例』に記載されている内容を踏まえつつ、各事業者の状況等を勘案して指針に沿った対応をとるための検討を行った上で、内部公益通報対応体制を整備・運用することが求められる。他方で、『その他の推奨される考え方や具体例』に記載されている内容についても、法の理念の達成や事業者の法令遵守の観点からは重要な考え方や取組であり、事業者がこれらの事項について取り組むことで、事業者のコンプライアンス経営の強化や社会経済全体の利益の確保がより一層促進することが期待される。

　なお、本解説に用いる用語の意味は、本解説本文で定義している用語以外については指針において用いられているものと同様である。

第3　指針の解説
I　従事者の定め（法第11条第１項関係）
1　従事者として定めなければならない者の範囲
　① 指針本文

> 　事業者は、内部公益通報受付窓口において受け付ける内部公益通報に関して公益通報対応業務を行う者であり、かつ、当該業務に関して公益通報者を特定させる事項を伝達される者を、従事者として定めなければならない。

② 指針の趣旨

　公益通報者を特定させる事項の秘匿性を確保し、内部公益通報を安心して行うためには、公益通報対応業務のいずれの段階においても公益通報者を特定させる事項が漏れることを防ぐ必要がある。

　また、法第11条第2項において事業者に内部公益通報対応体制の整備等を求め、同条第1項において事業者に従事者を定める義務を課した趣旨は、公益通報者を特定させる事項について、法第12条の規定により守秘義務を負う従事者による慎重な管理を行わせるためであり、同趣旨を踏まえれば、内部公益通報受付窓口において受け付ける[(5)]内部公益通報に関して、公益通報者を特定させる事項[(6)]を伝達される者を従事者として定めることが求められる。

③ 指針を遵守するための考え方や具体例[(7)]

● 　内部公益通報の受付、調査、是正に必要な措置の全て又はいずれかを主体的に行う業務及び当該業務の重要部分について関与する業務を行う場合に、「公益通報対応業務」に該当する。

● 　事業者は、コンプライアンス部、総務部等の所属部署の名称にかかわらず、上記指針本文で定める事項に該当する者であるか否かを実質的に判断して、従事者として定める必要がある。

● 　事業者は、内部公益通報受付窓口において受け付ける内部公益通報に関して公益通報対応業務を行うことを主たる職務とする部門の担当者を、従

---

(5) 内部公益通報を「受け付ける」とは、内部公益通報受付窓口のものとして表示された連絡先（電話番号、メールアドレス等）に直接内部公益通報がされた場合だけではなく、例えば、公益通報対応業務に従事する担当者個人のメールアドレス宛てに内部公益通報があった場合等、実質的に同窓口において内部公益通報を受け付けたといえる場合を含む。

(6) 「公益通報者を特定させる事項」とは、公益通報をした人物が誰であるか「認識」することができる事項をいう。公益通報者の氏名、社員番号等のように当該人物に固有の事項を伝達される場合が典型例であるが、性別等の一般的な属性であっても、当該属性と他の事項とを照合させることにより、排他的に特定の人物が公益通報者であると判断できる場合には、該当する。「認識」とは刑罰法規の明確性の観点から、公益通報者を排他的に認識できることを指す。

(7) 実効性の高い内部公益通報制度を運用するためには、公益通報者対応、調査、事実認定、是正措置、再発防止、適正手続の確保、情報管理、周知啓発等に係る担当者の誠実・公正な取組と知識・スキルの向上が重要であるため、必要な能力・適性を有する者を従事者として配置することが重要である。

事者として定める必要がある。それ以外の部門の担当者であっても、事案により上記指針本文で定める事項に該当する場合には、必要が生じた都度、従事者として定める必要がある[8]。

④ その他に推奨される考え方や具体例

● 必要が生じた都度従事者として定める場合においては、従事者の指定を行うことにより、社内調査等が公益通報を端緒としていることを当該指定された者に事実上知らせてしまう可能性がある。そのため、公益通報者保護の観点からは、従事者の指定をせずとも公益通報者を特定させる事項を知られてしまう場合を除いて、従事者の指定を行うこと自体の是非について慎重に検討することも考えられる。

2 従事者を定める方法

① 指針本文

> 事業者は、従事者を定める際には、書面により指定をするなど、従事者の地位に就くことが従事者となる者自身に明らかとなる方法により定めなければならない。

② 指針の趣旨

従事者は、法第12条において、公益通報者を特定させる事項について、刑事罰により担保された守秘義務を負う者であり、公益通報者を特定させる事項に関して慎重に取り扱い、予期に反して刑事罰が科される事態を防ぐため、自らが刑事罰で担保された守秘義務を負う立場にあることを明確に認識している必要がある。

③ 指針を遵守するための考え方や具体例

● 従事者を定める方法として、従事者に対して個別に通知する方法のほ

---

(8) 公益通報の受付、調査、是正に必要な措置について、主体的に行っておらず、かつ、重要部分について関与していない者は、「公益通報対応業務」を行っているとはいえないことから、従事者として定める対象には該当しない。例えば、社内調査等におけるヒアリングの対象者、職場環境を改善する措置に職場内において参加する労働者等、製造物の品質不正事案に関する社内調査において品質の再検査を行う者等であって、公益通報の内容を伝えられたにとどまる者等は、公益通報の受付、調査、是正に必要な措置について、主体的に行っておらず、かつ、重要部分について関与していないことから、たとえ調査上の必要性に応じて公益通報者を特定させる事項を伝達されたとしても、従事者として定めるべき対象には該当しない。ただし、このような場合であっても、事業者における労働者等及び役員として、内部規程に基づき（本解説本文第３．Ⅱ．3．⑷「内部規程の策定及び運用に関する措置」参照）範囲外共有（本解説本文第３．Ⅱ．2．⑵「範囲外共有等の防止に関する措置」参照）をしてはならない義務を負う。

か、内部規程等において部署・部署内のチーム・役職等の特定の属性で指定することが考えられる。後者の場合においても、従事者の地位に就くことを従事者となる者自身に明らかにする必要がある。

● 従事者を事業者外部に委託する際においても、同様に、従事者の地位に就くことが従事者となる者自身に明らかとなる方法により定める必要がある。

Ⅱ 内部公益通報対応体制の整備その他の必要な措置（法第11条第2項関係）

1 部門横断的な公益通報対応業務を行う体制の整備

(1) 内部公益通報受付窓口の設置等

① 指針本文

内部公益通報受付窓口を設置し、当該窓口に寄せられる内部公益通報を受け、調査をし、是正に必要な措置をとる部署及び責任者を明確に定める。

② 指針の趣旨

事業者において、通報対象事実に関する情報を早期にかつ円滑に把握するためには、内部公益通報を部門横断的に受け付ける[9]窓口を設けることが極めて重要である。そして、公益通報対応業務が責任感を持って実効的に行われるためには、責任の所在を明確にする必要があるため、内部公益通報受付窓口において受け付ける内部公益通報に関する公益通報対応業務を行う部署及び責任者[10]を明確に定める必要がある。このような窓口及び部署は、職制上のレポーティングライン[11]も含めた複数の通報・報告ラインとして、法令違反行為を是正することに資するものであり、ひいては法令違反行為の抑止にもつながるものである。

③ 指針を遵守するための考え方や具体例

● ある窓口が内部公益通報受付窓口に当たるかは、その名称ではなく、部門横断的に内部公益通報を受け付けるという実質の有無により判断される。

● 調査や是正に必要な措置について内部公益通報受付窓口を所管する部署や責任者とは異なる部署や責任者を定めることも可能である。

● 内部公益通報受付窓口については、事業者内の部署に設置するのではなく、事業者外部（外部委託先、親会社等）に設置することや、事業者の内部と外部の双方に設置することも可能である。

---

(9) 「部門横断的に受け付ける」とは、個々の事業部門から独立して、特定の部門からだけではなく、全部門ないしこれに準ずる複数の部門から受け付けることを意味する。

(10) 「部署及び責任者」とは、内部公益通報受付窓口を経由した内部公益通報に係る公益通報対応業務について管理・統括する部署及び責任者をいう。

(11) 「職制上のレポーティングライン」とは、組織内において指揮監督権を有する上長等に対する報告系統のことをいう。職制上のレポーティングラインにおける報告（いわゆる上司等への報告）やその他の労働者等及び役員に対する報告についても内部公益通報に当たり得る。

- ● 組織の実態に応じて、内部公益通報受付窓口が他の通報窓口（ハラスメント通報・相談窓口等）を兼ねることや、内部公益通報受付窓口を設置した上、これとは別に不正競争防止法違反等の特定の通報対象事実に係る公益通報のみを受け付ける窓口を設置することが可能である。
- ● 調査・是正措置の実効性を確保するための措置を講ずることが必要である。例えば、公益通報対応業務の担当部署への調査権限や独立性の付与、必要な人員・予算等の割当等の措置が考えられる。

④ その他に推奨される考え方や具体例[12]

- ● 内部公益通報受付窓口を設置する場合には、例えば、以下のような措置等を講じ、経営上のリスクにかかる情報を把握する機会の拡充に努めることが望ましい。
  - ▶ 子会社や関連会社における法令違反行為の早期是正・未然防止を図るため、企業グループ本社等において子会社や関連会社の労働者等及び役員並びに退職者からの通報を受け付ける企業グループ共通の窓口を設置すること[13]
  - ▶ サプライチェーン等におけるコンプライアンス経営を推進するため、関係会社・取引先を含めた内部公益通報対応体制を整備することや、関係会社・取引先における内部公益通報対応体制の整備・運用状況を定期的に確認・評価した上で、必要に応じ助言・支援をすること
  - ▶ 中小企業の場合には、何社かが共同して事業者の外部（例えば、法律事務所や民間の専門機関等）に内部公益通報受付窓口を委託すること
  - ▶ 事業者団体や同業者組合等の関係事業者共通の内部公益通報受付窓口を設けること
- ● 人事部門に内部公益通報受付窓口を設置することが妨げられるものではないが、人事部門に内部公益通報をすることを躊躇（ちゅうちょ）する者が存在し、そのことが通報対象事実の早期把握を妨げるおそれがあること

---

[12] 経営上のリスクに係る情報が、可能な限り早期にかつ幅広く寄せられるようにするため、内部公益通報受付窓口の運用に当たっては、敷居が低く、利用しやすい環境を整備することが望ましい。また、実効性の高い内部公益通報対応体制を整備・運用するとともに、職場の管理者等（公益通報者又は公益通報を端緒とする調査に協力した者の直接又は間接の上司等）に相談や通報が行われた場合に適正に対応されるような透明性の高い職場環境を形成することが望ましい。

[13] 子会社や関連会社において、企業グループ共通の窓口を自社の内部公益通報受付窓口とするためには、その旨を子会社や関連会社自身の内部規程等において「あらかじめ定め」ることが必要である（法第２条第１項柱書参照）。また、企業グループ共通の窓口を設けた場合であっても、当該窓口を経由した公益通報対応業務に関する子会社や関連会社の責任者は、子会社や関連会社自身において明確に定めなければならない。

にも留意する。
(2)　組織の長その他幹部からの独立性の確保に関する措置
①　指針本文

> 　内部公益通報受付窓口において受け付ける内部公益通報に係る公益通報対応業務に関して、組織の長その他幹部に関係する事案については、これらの者からの独立性を確保する措置をとる。

②　指針の趣旨
　組織の長その他幹部[14] が主導・関与する法令違反行為も発生しているところ、これらの者が影響力を行使することで公益通報対応業務が適切に行われない事態を防ぐ必要があること、これらの者に関する内部公益通報は心理的ハードルが特に高いことを踏まえれば、組織の長その他幹部から独立した内部公益通報対応体制を構築する必要がある[15]。
③　指針を遵守するための考え方や具体例[16]
● 　組織の長その他幹部からの独立性を確保する方法として、例えば、社外取締役や監査機関（監査役、監査等委員会、監査委員会等）にも報告を行うようにする、社外取締役や監査機関からモニタリングを受けながら公益通報対応業務を行う等が考えられる。
● 　組織の長その他幹部からの独立性を確保する方法の一環として、内部公益通報受付窓口を事業者外部（外部委託先、親会社等）に設置することも考えられる[17]。単一の内部公益通報受付窓口を設ける場合には当該窓口を通じた公益通報に関する公益通報対応業務について独立性を確保する方法のほか、複数の窓口を設ける場合にはそれらのうち少なくとも一つに関する公益通報対応業務に独立性を確保する方法等、事業者の規模に応じた方法も考えられる。

---

[14]　「幹部」とは、役員等の事業者の重要な業務執行の決定を行い又はその決定につき執行する者を指す。

[15]　上記指針本文が求める措置は、内部公益通報受付窓口を事業者の外部に設置すること等により内部公益通報の受付に関する独立性を確保するのみならず、調査及び是正に関しても独立性を確保する措置をとることが求められる。

[16]　法第11条第 2 項について努力義務を負うにとどまる中小事業者においても、組織の長その他幹部からの影響力が不当に行使されることを防ぐためには、独立性を確保する仕組みを設ける必要性が高いことに留意する必要がある。

[17]　事業者外部への内部公益通報受付窓口の設置においては、本解説第 3 . Ⅱ. 1 . (4)④の 2点目及び 3 点目についても留意する。

④　その他に推奨される考え方や具体例
- ●　組織の長その他幹部からの独立性を確保するために、例えば、以下のような措置等をとることが考えられる。
  - ▶　企業グループ本社等において子会社や関連会社の労働者等及び役員からの通報を受け付ける企業グループ共通の窓口を設置すること[18]
  - ▶　関係会社・取引先を含めた内部公益通報対応体制を整備することや、関係会社・取引先における内部公益通報対応体制の整備・運用状況を定期的に確認・評価した上で、必要に応じ助言・支援をすること
  - ▶　中小企業の場合には、何社かが共同して事業者の外部（例えば、法律事務所や民間の専門機関等）に内部公益通報窓口を委託すること
  - ▶　事業者団体や同業者組合等の関係事業者共通の内部公益通報受付窓口を設けること

(3)　公益通報対応業務の実施に関する措置

①　指針本文

> 　内部公益通報受付窓口において内部公益通報を受け付け、正当な理由がある場合を除いて、必要な調査を実施する。そして、当該調査の結果、通報対象事実に係る法令違反行為が明らかになった場合には、速やかに是正に必要な措置をとる。また、是正に必要な措置をとった後、当該措置が適切に機能しているかを確認し、適切に機能していない場合には、改めて是正に必要な措置をとる。

②　指針の趣旨
　法の目的は公益通報を通じた法令の遵守にあるところ（法第１条）、法令の遵守のためには、内部公益通報に対して適切に受付、調査が行われ、当該調査の結果、通報対象事実に係る法令違反行為が明らかになった場合には、是正に必要な措置がとられる必要がある。また、法令違反行為の是正後に再度類似の行為が行われるおそれもあることから、是正措置が機能しているか否かを確認する必要もある。少なくとも、公益通報対応業務を組織的に行うことが予定されている内部公益通報受付窓口に寄せられた内部公益通報については、このような措置が確実にとられる必要がある。

---

[18]　子会社や関連会社において、企業グループ共通の窓口を自社の内部公益通報受付窓口とするためには、その旨を子会社や関連会社自身の内部規程等において「あらかじめ定め」ることが必要である（法第２条第１項柱書参照）。また、企業グループ共通の窓口を設けた場合であっても、当該窓口を経由した公益通報対応業務に関する子会社や関連会社の責任者は、子会社や関連会社自身において明確に定めなければならない（脚注13再掲）。

③ 指針を遵守するための考え方や具体例

● 内部公益通報対応の実効性を確保するため、匿名の内部公益通報も受け付けることが必要である[19]。匿名の公益通報者との連絡をとる方法として、例えば、受け付けた際に個人が特定できないメールアドレスを利用して連絡するよう伝える、匿名での連絡を可能とする仕組み（外部窓口[20]から事業者に公益通報者の氏名等を伝えない仕組み、チャット等の専用のシステム[21]等）を導入する等の方法が考えられる。

● 公益通報者の意向に反して調査を行うことも原則として可能である。公益通報者の意向に反して調査を行う場合においても、調査の前後において、公益通報者とコミュニケーションを十分にとるよう努め、プライバシー等の公益通報者の利益が害されないよう配慮することが求められる。

● 調査を実施しない「正当な理由」がある場合の例として、例えば、解決済みの案件に関する情報が寄せられた場合、公益通報者と連絡がとれず事実確認が困難である場合等が考えられる。解決済みの案件か否かについては、解決に関する公益通報者の認識と事業者の認識が一致しないことがあるが、解決しているか否かの判断は可能な限り客観的に行われることが求められる。また、一見、法令違反行為が是正されたように見えても、案件自体が再発する場合や、当該再発事案に関する新たな情報が寄せられる場合もあること等から、解決済みといえるか、寄せられた情報が以前の案件と同一のものといえるかについては慎重に検討する必要がある。

● 是正に必要な措置が適切に機能しているかを確認する方法として、例えば、是正措置から一定期間経過後に能動的に改善状況に関する調査を行う、特定の個人が被害を受けている事案においては問題があれば再度申し出るよう公益通報者に伝える等が考えられる。

● 調査の結果、法令違反等が明らかになった場合には、例えば、必要に応じ関係者の社内処分を行う等、適切に対応し、必要があれば、関係行政機関への報告等を行う。

④ その他に推奨される考え方や具体例

● コンプライアンス経営を推進するとともに、経営上のリスクに係る情報の早期把握の機会を拡充するため、内部公益通報受付窓口の利用者及び通

報対象となる事項の範囲については、例えば、以下のように幅広く設定し、内部公益通報に該当しない通報についても公益通報に関する本解説の定めに準じて対応するよう努めることが望ましい。

> ▶ 通報窓口の利用者の範囲：法第２条第１項各号に定める者のほか、通報の日から１年より前に退職[22]した労働者等、子会社・取引先の従業員（退職した者を含む）及び役員

> ▶ 通報対象となる事項の範囲：法令違反のほか、内部規程違反等

● 内部公益通報受付窓口を経由しない内部公益通報を受けた労働者等及び役員においても、例えば、事案の内容等に応じて、自ら事実確認を行い是正する、公益通報者の秘密に配慮しつつ調査を担当する部署等に情報共有する等の方法により、調査や是正に必要な措置を速やかに実施することが望ましい。

● 例えば、内部公益通報対応体制の運営を支える従事者の意欲・士気を発揚する人事考課を行う等、コンプライアンス経営の推進に対する従事者の貢献を、積極的に評価することが望ましい。

● 法令違反等に係る情報を可及的速やかに把握し、コンプライアンス経営の推進を図るため、法令違反等に関与した者が、自主的な通報や調査協力をする等、問題の早期発見・解決に協力した場合には、例えば、その状況に応じて、当該者に対する懲戒処分等を減免することができる仕組みを整備すること等も考えられる。

● 公益通報者等[23]の協力が、コンプライアンス経営の推進に寄与した場合には、公益通報者等に対して、例えば、組織の長等からの感謝を伝えること等により、組織への貢献を正当に評価することが望ましい。なお、その際においても、公益通報者等の匿名性の確保には十分に留意することが必要である。

(4)公益通報対応業務における利益相反の排除に関する措置

① 指針本文

> 内部公益通報受付窓口において受け付ける内部公益通報に関し行われる公益通報対応業務について、事案に関係する者を公益通報対応業務に関与させない措置をとる。

---

[22] なお、事業者への通報が内部公益通報となり得る退職者は、当該通報の日前１年以内に退職した労働者等である（法第２条１項）。

[23] 「公益通報者等」とは、公益通報者及び公益通報を端緒とする調査に協力した者（以下「調査協力者」という。）をいう。

② 指針の趣旨

　　内部公益通報に係る事案に関係する者[24] が公益通報対応業務に関与する場合には、中立性・公正性を欠く対応がなされるおそれがあり（内部公益通報の受付や調査を行わない、調査や是正に必要な措置を自らに有利となる形で行う等）、法令の遵守を確保することができない。少なくとも、内部公益通報受付窓口に寄せられる内部公益通報については、実質的に公正な公益通報対応業務の実施を阻害しない場合を除いて、内部公益通報に係る事案に関係する者を公益通報対応業務から除外する必要がある。

③ 指針を遵守するための考え方や具体例

● 「関与させない措置」の方法として、例えば、「事案に関係する者」を調査や是正に必要な措置の担当から外すこと等が考えられる。受付当初の時点では「事案に関係する者」であるかが判明しない場合には、「事案に関係する者」であることが判明した段階において、公益通報対応業務への関与から除外することが必要である。ただし、「事案に関係する者」であっても、例えば、公正さが確保できる部署のモニタリングを受けながら対応をする等、実質的に公正な公益通報対応業務の実施を阻害しない措置がとられている場合には、その関与を妨げるものではない。

④ その他に推奨される考え方や具体例

● 想定すべき「事案に関係する者」の範囲については、内部規程において具体的に例示をしておくことが望ましい。

● いわゆる顧問弁護士を内部公益通報受付窓口とすることについては、顧問弁護士に内部公益通報をすることを躊躇（ちゅうちょ）する者が存在し、そのことが通報対象事実の早期把握を妨げるおそれがあることにも留意する。また、顧問弁護士を内部公益通報受付窓口とする場合には、例えば、その旨を労働者等及び役員並びに退職者向けに明示する等により、内部公益通報受付窓口の利用者が通報先を選択するに当たっての判断に資する情報を提供することが望ましい。

● 内部公益通報事案の事実関係の調査等通報対応に係る業務を外部委託する場合には、事案の内容を踏まえて、中立性・公正性に疑義が生じるおそれ又は利益相反が生じるおそれがある法律事務所や民間の専門機関等の起

---

[24] 「事案に関係する者」とは、公正な公益通報対応業務の実施を阻害する者をいう。典型的には、法令違反行為の発覚や調査の結果により実質的に不利益を受ける者、公益通報者や被通報者（法令違反行為を行った、行っている又は行おうとしているとして公益通報された者）と一定の親族関係がある者等が考えられる。

用は避けることが適当である。

2　公益通報者を保護する体制の整備[25]

(1)　不利益な取扱いの防止に関する措置

①　指針本文

> イ　事業者の労働者及び役員等が不利益な取扱いを行うことを防ぐための措置をとるとともに、公益通報者が不利益な取扱いを受けていないかを把握する措置をとり、不利益な取扱いを把握した場合には、適切な救済・回復の措置をとる。
>
> ロ　不利益な取扱いが行われた場合に、当該行為を行った労働者及び役員等に対して、行為態様、被害の程度、その他情状等の諸般の事情を考慮して、懲戒処分その他適切な措置をとる。

②　指針の趣旨

　　労働者等及び役員並びに退職者が通報対象事実を知ったとしても、公益通報を行うことにより、不利益な取扱いを受ける懸念があれば、公益通報を躊躇（ちゅうちょ）することが想定される。このような事態を防ぐためには、労働者及び役員等による不利益な取扱いを禁止するだけではなく、あらかじめ防止するための措置が必要であるほか、実際に不利益な取扱いが発生した場合には、救済・回復の措置をとり、不利益な取扱いを行った者に対する厳正な対処をとることを明確にすることにより、公益通報を行うことで不利益な取扱いを受けることがないという認識を十分に労働者等及び役員並びに退職者に持たせることが必要である。

③　指針を遵守するための考え方や具体例

● 「不利益な取扱い」の内容としては、法第３条から第７条までに定めるものを含め、例えば、以下のようなもの等が考えられる。

  ▶ 労働者等たる地位の得喪に関すること（解雇、退職願の提出の強要、労働契約の終了・更新拒否、本採用・再採用の拒否、休職等）

  ▶ 人事上の取扱いに関すること（降格、不利益な配転・出向・転籍・長期出張等の命令、昇進・昇格における不利益な取扱い、懲戒処分等）

  ▶ 経済待遇上の取扱いに関すること（減給その他給与・一時金・退職金等における不利益な取扱い、損害賠償請求等）

  ▶ 精神上・生活上の取扱いに関すること（事実上の嫌がらせ等）

---

[25]　（公益通報者だけでなく、）調査協力者に対しても、調査に協力をしたことを理由として解雇その他の不利益な取扱いを防ぐ措置をとる等、本項の定めに準じた措置を講ずることが望ましい。

● 不利益な取扱いを防ぐための措置として、例えば、以下のようなもの等が考えられる。
 ▶ 労働者等及び役員に対する教育・周知
 ▶ 内部公益通報受付窓口において不利益な取扱いに関する相談を受け付けること[26]
 ▶ 被通報者が、公益通報者の存在を知り得る場合には、被通報者が公益通報者に対して解雇その他不利益な取扱いを行うことがないよう、被通報者に対して、その旨の注意喚起をする等の措置を講じ、公益通報者の保護の徹底を図ること
● 不利益な取扱いを受けていないかを把握する措置として、例えば、公益通報者に対して能動的に確認する、不利益な取扱いを受けた際には内部公益通報受付窓口等の担当部署に連絡するようその旨と当該部署名を公益通報者にあらかじめ伝えておく等が考えられる。
● 法第2条に定める「処分等の権限を有する行政機関」や「その者に対し当該通報対象事実を通報することがその発生又はこれによる被害の拡大を防止するために必要であると認められる者」に対して公益通報をする者についても、同様に不利益な取扱いが防止される必要があるほか、範囲外共有や通報者の探索も防止される必要がある。
④ その他に推奨される考え方や具体例
● 関係会社・取引先からの通報を受け付けている場合[27]において、公益通報者が当該関係会社・取引先の労働者等又は役員である場合には、通報に係る秘密保持に十分配慮しつつ、可能な範囲で、当該関係会社・取引先に対して、例えば、以下のような措置等を講ずることが望ましい。
 ▶ 公益通報者へのフォローアップや保護を要請する等、当該関係会社・取引先において公益通報者が解雇その他不利益な取扱いを受けないよう、必要な措置を講ずること
 ▶ 当該関係会社・取引先において、是正措置等が十分に機能しているかを確認すること
● 公益通報者を特定させる事項を不当な目的に利用した者についても、懲戒処分その他適切な措置を講ずることが望ましい。
(2) 範囲外共有等の防止に関する措置
① 指針本文

---

[26] 本解説本文第3．Ⅱ．3．(1)③〈仕組みや不利益な取扱いに関する質問・相談について〉参照
[27] 本解説本文第3．Ⅱ．1．(1)④参照

> イ　事業者の労働者及び役員等が範囲外共有を行うことを防ぐための措置をとり、範囲外共有が行われた場合には、適切な救済・回復の措置をとる。
>
> ロ　事業者の労働者及び役員等が、公益通報者を特定した上でなければ必要性の高い調査が実施できないなどのやむを得ない場合を除いて、通報者の探索を行うことを防ぐための措置をとる。
>
> ハ　範囲外共有や通報者の探索が行われた場合に、当該行為を行った労働者及び役員等に対して、行為態様、被害の程度、その他情状等の諸般の事情を考慮して、懲戒処分その他適切な措置をとる。

② 指針の趣旨

　　労働者等及び役員並びに退職者が通報対象事実を知ったとしても、自らが公益通報したことが他者に知られる懸念があれば、公益通報を行うことを躊躇（ちゅうちょ）することが想定される。このような事態を防ぐためには、範囲外共有や通報者の探索をあらかじめ防止するための措置が必要である[28]。特に、実際に範囲外共有や通報者の探索が行われた場合には、実効的な救済・回復の措置を講ずることが困難な場合も想定されることから、範囲外共有や通報者の探索を防ぐ措置を徹底することが重要である。また、そのような場合には行為者に対する厳正な対処を行うことにより、範囲外共有や通報者の探索が行われないという認識を十分に労働者等及び役員並びに退職者に持たせることが必要である。

③ 指針を遵守するための考え方や具体例

● 範囲外共有を防ぐための措置として、例えば、以下のようなもの等が考えられる[29]。

▶ 通報事案に係る記録・資料を閲覧・共有することが可能な者を必要最小限に限定し、その範囲を明確に確認する

▶ 通報事案に係る記録・資料は施錠管理する

▶ 内部公益通報受付窓口を経由した内部公益通報の受付方法としては、電話、FAX、電子メール、ウェブサイト等、様々な手段が考えられるが、内部公益通報を受け付ける際には、専用の電話番号や専用メールアドレスを設ける、勤務時間外に個室や事業所外で面談する

▶ 公益通報に関する記録の保管方法やアクセス権限等を規程において明

---

[28]　範囲外共有及び通報者の探索を防止すべき「労働者及び役員等」には内部公益通報受付窓口に関する外部委託先も含む。また、外部委託先も従事者として定められる場合があり得る。

[29]　当該措置の対象には、外部窓口も含む。

確にする

▶ 公益通報者を特定させる事項の秘匿性に関する社内教育を実施する

● 公益通報に係る情報を電磁的に管理している場合には、公益通報者を特定させる事項を保持するため、例えば、以下のような情報セキュリティ上の対策等を講ずる。

▶ 当該情報を閲覧することが可能な者を必要最小限に限定する

▶ 操作・閲覧履歴を記録する

● 通報者の探索を行うことを防ぐための措置として、例えば、通報者の探索は行ってはならない行為であって懲戒処分その他の措置の対象となることを定め、その旨を教育・周知すること等が考えられる。

● 懲戒処分その他適切な措置を行う際には、範囲外共有が行われた事実の有無については慎重に確認し、範囲外共有を実際に行っていない者に対して誤って懲戒処分その他の措置を行うことのないよう留意する必要がある。

● 内部公益通報受付窓口の担当者以外の者（いわゆる上司等）も内部公益通報を受けることがある。これら内部公益通報受付窓口の担当者以外の者については、従事者として指定されていないことも想定されるが、その場合であっても、事業者において整備・対応が求められる範囲外共有等を防止する体制の対象とはなるものであり、当該体制も含めて全体として範囲外共有を防止していくことが必要である。

④ その他に推奨される考え方や具体例

〈受付時の取組等について〉

● 外部窓口を設ける場合、例えば、公益通報者を特定させる事項は、公益通報者を特定した上でなければ必要性の高い調査が実施できない等のやむを得ない場合を除いて[30]、公益通報者の書面や電子メール等による明示的な同意がない限り、事業者に対しても開示してはならないこととする等の措置を講ずることも考えられる。

● 公益通報の受付時には、例えば、範囲外共有を防ぐために、通報事案に係る記録・資料に記載されている関係者（公益通報者を含む。）の固有名詞を仮称表記にすること等も考えられる。

● 公益通報者本人からの情報流出によって公益通報者が特定されることを防止するため、自身が公益通報者であること等に係る情報管理の重要性を、公益通報者本人にも十分に理解させることが望ましい。

〈調査時の取組等について〉

● 公益通報者を特定した上でなければ必要性の高い調査が実施できない等

---

(30) 指針本文第４．２．(2)ロ

のやむを得ない場合[31]、公益通報者を特定させる事項を伝達する範囲を必要最小限に限定する（真に必要不可欠ではない限り、調査担当者にも情報共有を行わないようにする）ことは当然のこととして、例えば、以下のような措置等を講じ、公益通報者が特定されないよう、調査の方法に十分に配慮することが望ましい。

▶ 公益通報者を特定させる事項を伝達する相手にはあらかじめ秘密保持を誓約させる

▶ 公益通報者を特定させる事項の漏えいは懲戒処分等の対象となる旨の注意喚起をする

● 調査等に当たって通報内容を他の者に伝える際に、調査等の契機が公益通報であることを伝えなければ、基本的には、情報伝達される相手方において、公益通報がなされたことを確定的に認識することができず、公益通報者が誰であるかについても確定的に認識することを避けることができる。その場合、結果として、公益通報者を特定させる事項が伝達されるとの事態を避けられることから、必要に応じて従事者以外の者に調査等の依頼を行う際には、当該調査等が公益通報を契機としていることを伝えないことが考えられる。調査の端緒が内部公益通報であることを関係者に認識させない工夫としては、例えば、以下のような措置等が考えられる。

▶ 抜き打ちの監査を装う

▶ 該当部署以外の部署にもダミーの調査を行う

▶ （タイミングが合う場合には、）定期監査と合わせて調査を行う

▶ 核心部分ではなく周辺部分から調査を開始する

▶ 組織内のコンプライアンスの状況に関する匿名のアンケートを、全ての労働者等及び役員を対象に定期的に行う

〈その他〉

● 特に、ハラスメント事案等で被害者と公益通報者が同一の事案においては、公益通報者を特定させる事項を共有する際に、被害者の心情にも配慮しつつ、例えば、書面[32]による等、同意の有無について誤解のないよう、当該公益通報者から同意を得ることが望ましい。

3　内部公益通報対応体制を実効的に機能させるための措置

(1)　労働者等及び役員並びに退職者に対する教育・周知に関する措置

①　指針本文

---

(31)　指針本文第４．２．(2)ロ

(32)　電子的方式、磁気的方式その他人の知覚によっては認識することができない方式で作られる記録を含む。

> イ　法及び内部公益通報対応体制について、労働者等及び役員並びに退
> 　　職者に対して教育・周知を行う。また、従事者に対しては、公益通報
> 　　者を特定させる事項の取扱いについて、特に十分に教育を行う。
> ロ　労働者等及び役員並びに退職者から寄せられる、内部公益通報対応
> 　　体制の仕組みや不利益な取扱いに関する質問・相談に対応する。

② 指針の趣旨

　内部公益通報が適切になされるためには、労働者等及び役員並びに退職者
において、法及び事業者の内部公益通報対応体制について十分に認識してい
る必要がある。

　また、公益通報対応業務を担う従事者は、公益通報者を特定させる事項に
ついて刑事罰で担保された守秘義務を負うことを踏まえ、法及び内部公益通
報対応体制について、特に十分に認識している必要がある。

　そして、労働者等及び役員並びに退職者の認識を高めるためには、事業者
の側において能動的に周知するだけではなく、労働者等及び役員並びに退職
者が質問や相談を行った際に、適時に情報提供ができる仕組みも必要である。

③ 指針を遵守するための考え方や具体例[33]

〈労働者等及び役員並びに退職者に対する教育・周知について〉

● 公益通報受付窓口及び受付の方法を明確に定め、それらを労働者等及び
　役員に対し、十分かつ継続的に教育・周知することが必要である[34]。

● 教育・周知に当たっては、単に規程の内容を労働者等及び役員に形式的
　に知らせるだけではなく、組織の長が主体的かつ継続的に制度の利用を呼
　び掛ける等の手段を通じて、公益通報の意義や組織にとっての内部公益通
　報の重要性等を労働者等及び役員に十分に認識させることが求められる。
　例えば、以下のような事項について呼び掛けること等が考えられる。

　▶ コンプライアンス経営の推進における内部公益通報制度の意義・重要
　　性

　▶ 内部公益通報制度を活用した適切な通報は、リスクの早期発見や企業
　　価値の向上に資する正当な職務行為であること

　▶ 内部規程や法の要件を満たす適切な通報を行った者に対する不利益な
　　取扱いは決して許されないこと

---

[33] 実効性の高い内部公益通報制度を整備・運用することは、組織内に適切な緊張感をもたら
　し、通常の報告・連絡・相談のルートを通じた自浄作用を機能させ、組織運営の健全化に資す
　ることを、労働者等及び役員に十分に周知することが重要である。
[34] 法に定める退職後1年以内の退職者についても教育・周知が必要である。

> ▶　通報に関する秘密保持を徹底するべきこと
> ▶　利益追求と企業倫理が衝突した場合には企業倫理を優先するべきこと
> ▶　上記の事項は企業の発展・存亡をも左右し得ること

● 内部公益通報対応体制の仕組みについて教育・周知を行う際には、単に内部公益通報受付窓口の設置先を形式的に知らせるだけではなく、例えば、以下のような内部公益通報対応体制の仕組み全体の内容を伝えること等が求められる。

> ▶　内部公益通報受付窓口の担当者は従事者であること[35]
> ▶　職制上のレポーティングライン（いわゆる上司等）においても部下等から内部公益通報を受ける可能性があること
> ▶　内部公益通報受付窓口に内部公益通報した場合と従事者ではない職制上のレポーティングライン（いわゆる上司等）において内部公益通報をした場合とでは公益通報者を特定させる事項の秘匿についてのルールに差異があること[36]等

● 法について教育・周知を行う際には、権限を有する行政機関等への公益通報も法において保護されているという点も含めて、法全体の内容を伝えることが求められる。

● 教育・周知を行う際には、例えば、以下のような実効的な方法等を各事業者の創意工夫により検討し、実行することが求められる。

> ▶　その内容を労働者等及び役員の立場・経験年数等に応じて用意する（階層別研修等）
> ▶　周知のツールに多様な媒体を用いる（イントラネット、社内研修、携行カード・広報物の配布、ポスターの掲示等）
> ▶　内部公益通報対応体制の内容、具体例を用いた通報対象の説明、公益通報者保護の仕組み、その他内部公益通報受付窓口への相談が想定される質問事項等をFAQにまとめ、イントラネットへの掲載やガイドブックの作成を行う

● 組織の長その他幹部に対しても、例えば、内部公益通報対応体制の内部統制システムにおける位置付け、リスク情報の早期把握がリスク管理に資する点等について教育・周知することが求められる。

---

[35] 内部公益通報をする先が従事者であることが分かれば、公益通報者を特定させる事項がより慎重に取り扱われるといった安心感により内部公益通報を行いやすくする効果が期待できる。

[36] 具体的には、内部公益通報受付窓口に内部公益通報した場合においては、刑事罰付の守秘義務を負う従事者が対応することとなること、職制上のレポーティングライン（いわゆる上司等）への報告や従事者以外の労働者等及び役員に対する報告も内部公益通報となり得るが従事者以外は必ずしも刑事罰で担保された守秘義務を負うものでないこと、従事者以外の者については社内規程において範囲外共有の禁止を徹底させていること等が考えられる。

● 退職者に対する教育・周知の方法として、例えば、在職中に、退職後も公益通報ができることを教育・周知すること等が考えられる。

〈従事者に対する教育について〉

● 従事者に対する教育については、例えば、定期的な実施や実施状況の管理を行う等して、通常の労働者等及び役員と比較して、特に実効的に行うことが求められる。法第12条の守秘義務の内容のほか、例えば、通報の受付、調査、是正に必要な措置等の各局面における実践的なスキルについても教育すること等が考えられる。

● 従事者に対する教育については、公益通報対応業務に従事する頻度等の実態に応じて内容が異なり得る。

〈仕組みや不利益な取扱いに関する質問・相談について〉

● 内部公益通報対応体制の仕組みの質問・相談（不利益な取扱いに関する質問・相談を含む。）については、内部公益通報受付窓口以外において対応することや、内部公益通報受付窓口において一元的に対応することのいずれも可能である。

④ その他に推奨される考え方や具体例

● 内部公益通報対応体制の利用者を労働者等及び役員以外に対しても広く認めている場合には（例：企業グループ共通のホットラインを設ける。）、その体制の利用者全て（例：子会社の労働者等及び役員）に対して教育・周知を行うことが望ましい。

(2) 是正措置等の通知に関する措置

① 指針本文

> 書面により内部公益通報を受けた場合において、当該内部公益通報に係る通報対象事実の中止その他是正に必要な措置をとったときはその旨を、当該内部公益通報に係る通報対象事実がないときはその旨を、適正な業務の遂行及び利害関係人の秘密、信用、名誉、プライバシー等の保護に支障がない範囲において、当該内部公益通報を行った者に対し、速やかに通知する。

② 指針の趣旨

内部公益通報をした者は、事業者からの情報提供がなければ、内部公益通報について是正に必要な措置がとられたか否かについて知り得ない場合が多いと考えられ、行政機関等に公益通報すべきか、調査の進捗を待つべきかを判断することが困難である。そのため、利害関係人のプライバシーを侵害するおそれがある等[37]、内部公益通報をした者に対してつまびらかに情報を明らかにすることに支障がある場合を除いて、内部公益通報への対応結果を内

部公益通報をした者に伝える必要がある。

③　指針を遵守するための考え方や具体例[38]

●　通知の態様は一律のものが想定されているものではなく、通知の方法として、例えば、公益通報者個人に通知をする、全社的な再発防止策をとる必要がある場合に労働者等及び役員全員に対応状況の概要を定期的に伝える等、状況に応じた様々な方法が考えられる。

●　事業者は、内部公益通報受付窓口の担当者以外の者（いわゆる上司等）が内部公益通報を受ける場合においても、例えば、公益通報者の意向も踏まえつつ当該内部公益通報受付窓口の担当者以外の者が内部公益通報受付窓口に連絡するように教育・周知する等、適正な業務の遂行等に支障がない範囲において何らかの通知[39]がなされるようにすることが求められる。

④　その他に推奨される考え方や具体例

●　通知するまでの具体的な期間を示す（受付から20日以内に調査開始の有無を伝える[40]等）、是正措置等の通知のほかに、例えば、内部公益通報の受付[41]や調査の開始についても通知する[42]等、適正な業務の遂行等に支障が生じない範囲内において、公益通報者に対してより充実した情報提供[43]を行うことが望ましい。

(3)　記録の保管、見直し・改善、運用実績の労働者等及び役員への開示に関する措置

①　指針本文

---

[37]　調査過程において誰が何を証言したか、人事処分の詳細な内容等はプライバシーに関わる場合もあるため、公益通報者に内部公益通報への対応結果を伝えるべきではない場合も想定される。

[38]　是正措置等の通知を行わないことがやむを得ない場合としては、例えば、公益通報者が通知を望まない場合、匿名による通報であるため公益通報者への通知が困難である場合等が考えられる。

[39]　例えば、内部公益通報を受けた者が公益通報者の上司等である場合において、公益通報者から単なる報告ではなく公益通報であるとしてその受領の通知を求められている場合には、公益通報者のプライバシー等に配慮しつつ内部公益通報受付窓口にその通報内容を伝え、公益通報者本人にこれを行った旨を通知することも考えられる。

[40]　書面により内部公益通報をした日から20日を経過しても、事業者から通報対象事実について調査を行う旨の通知がない場合等には、報道機関等への公益通報を行った者は、解雇その他不利益な取扱いからの保護の対象となる（法第３条第３号ホ）。

[41]　内部公益通報受付窓口を経由する内部公益通報について、書面や電子メール等、公益通報者が通報の到達を確認できない方法によって通報がなされた場合には、速やかに公益通報者に対し、通報を受領した旨を通知することが望ましい。

[42]　公益通報者が通知を望まない場合、匿名による通報であるため公益通報者への通知が困難である場合その他やむを得ない理由がある場合はこの限りではない。

> イ　内部公益通報への対応に関する記録を作成し、適切な期間保管する。
> ロ　内部公益通報対応体制の定期的な評価・点検を実施し、必要に応じて内部公益通報対応体制の改善を行う。
> ハ　内部公益通報受付窓口に寄せられた内部公益通報に関する運用実績の概要を、適正な業務の遂行及び利害関係人の秘密、信用、名誉、プライバシー等の保護に支障がない範囲において労働者等及び役員に開示する。

② 指針の趣旨

　　内部公益通報対応体制の在り方は、事業者の規模、組織形態、業態、法令違反行為が発生するリスクの程度、ステークホルダーの多寡、労働者等及び役員並びに退職者の内部公益通報対応体制の活用状況、その時々における社会背景等によって異なり得るものであり、状況に応じて、継続的に改善することが求められる。そのためには、記録を適切に作成・保管し、当該記録に基づき、評価・点検を定期的に実施し、その結果を踏まえ、組織の長や幹部の責任の下で、対応の在り方の適切さについて再検討する等の措置が必要である。

　　また、内部公益通報が適切になされるためには、内部公益通報を行うことによって法令違反行為が是正されることに対する労働者等及び役員の期待感を高めることが必要であり、そのためには、個人情報の保護等に十分配慮しつつ、事業者の内部公益通報対応体制が適切に機能していることを示す実績を労働者等及び役員に開示することが必要である。

③ 指針を遵守するための考え方や具体例[44]

● 記録の保管期間については、個々の事業者が、評価点検や個別案件処理の必要性等を検討した上で適切な期間を定めることが求められる。記録には公益通報者を特定させる事項等の機微な情報が記載されていることを踏

⒀　内部公益通報受付窓口にて通報を受け付けた場合、調査が必要であるか否かについて、公正、公平かつ誠実に検討し、今後の対応についても、公益通報者に通知するよう努めることが望ましい。また、調査中は、調査の進捗状況について、被通報者や調査協力者等の信用、名誉及びプライバシー等に配慮しつつ、適宜、公益通報者に通知するとともに、調査結果について可及的速やかに取りまとめ、公益通報者に対して、その調査結果を通知するよう努めることが望ましい。

⒁　内部公益通報対応体制の整備・運用に当たっては、労働者等及び役員の意見・要望を反映したり、他の事業者の優良事例を参照したりする等、労働者等及び役員並びに退職者が安心して通報・相談ができる実効性の高い仕組みを構築することが望ましい。

まえ、例えば、文書記録の閲覧やデータへのアクセスに制限を付す等、慎重に保管する必要がある。
- 定期的な評価・点検[45]の方法として、例えば、以下のようなもの等が考えられる。
  - ▶ 労働者等及び役員に対する内部公益通報対応体制の周知度等についてのアンケート調査（匿名アンケートも考えられる。）
  - ▶ 担当の従事者間における公益通報対応業務の改善点についての意見交換
  - ▶ 内部監査及び中立・公正な外部の専門家等による公益通報対応業務の改善点等（整備・運用の状況・実績、周知・研修の効果、労働者等及び役員の制度への信頼度、本指針に準拠していない事項がある場合にはその理由、今後の課題等）の確認
- 運用実績とは、例えば、以下のようなもの等が考えられる。
  - ▶ 過去一定期間における通報件数
  - ▶ 是正の有無
  - ▶ 対応の概要
  - ▶ 内部公益通報を行いやすくするための活動状況

なお、開示の内容・方法を検討する際には、公益通報者を特定させる事態が生じないよう十分に留意する必要がある。
- 運用実績の労働者等及び役員への開示に当たっては、公益通報とそれ以外の通報とを厳密に区別する必要はない。

④ その他に推奨される考え方や具体例
- 各事業者における内部公益通報対応体制の実効性の程度は、自浄作用の発揮を通じた企業価値の維持・向上にも関わるものであり、消費者、取引先、労働者等・役員、株主・投資家、債権者、地域社会等のステークホルダーにとっても重要な情報であるため、運用実績の概要や内部公益通報対応体制の評価・点検の結果を、CSR報告書やウェブサイト等を活用して開示する等、実効性の高いガバナンス体制を構築していることを積極的に対外的にアピールしていくことが望ましい。

⑷ 内部規程の策定及び運用に関する措置
① 指針本文

> この指針において求められる事項について、内部規程において定め、また、当該規程の定めに従って運用する。

---

[45] 評価・点検の対象には、外部窓口も含む。

② 指針の趣旨

　　事業者において、指針に沿った内部公益通報対応体制の整備等を確実に行うに当たっては、指針の内容を当該事業者において守るべきルールとして明確にし、担当者が交代することによって対応が変わることや、対応がルールに沿ったものか否かが不明確となる事態等が生じないようにすることが重要であり、その観点からはルールを規程として明確に定めることが必要となる。調査の権限が定められていなければ、例えば、調査の対象者において調査に従うべきか疑義が生じ、実効的な調査が実施できない場合もある。また、規程に沿って運用がされなければ規程を定める意味がない。

③ その他に推奨される考え方や具体例

● 内部公益通報の受付から調査・是正措置の実施までを適切に行うため、幹部を責任者とし、幹部の役割を内部規程等において明文化することが望ましい。

● 労働者等及び役員は、例えば、担当部署による調査に誠実に協力しなければならないこと、調査を妨害する行為はしてはならないこと等を、内部規程に明記することが望ましい。

執筆者略歴

本多　広和（ほんだ　ひろかず）

阿部・井窪・片山法律事務所パートナー

1995年　東京大学法学部卒業

1997年　弁護士登録

2003年　米国カリフォルニア大学デービス校卒業

2004年　米国ニューヨーク州弁護士登録

原田　崇史（はらだ　たかふみ）

阿部・井窪・片山法律事務所パートナー

1994年　慶應義塾大学法学部法律学科卒業

1996年　慶應義塾大学大学院法学研究科修士課程修了

2000年　弁護士登録

藤松　文（ふじまつ　あや）

阿部・井窪・片山法律事務所パートナー

1997年　慶應義塾大学法学部法律学科卒業

2001年　弁護士登録

須崎　利泰（すざき　としやす）

阿部・井窪・片山法律事務所パートナー

1999年　東京大学法学部卒業

2002年　弁護士登録

柊木野　一紀（ひらぎの　かずのり）

石嵜・山中総合法律事務所パートナー

1998年　早稲田大学法学部卒業

2003年　弁護士登録

土屋　真也（つちや　しんや）

石嵜・山中総合法律事務所パートナー

2001年　東京大学法学部卒業

2006年　弁護士登録

仁野　直樹（にの　なおき）

石嵜・山中総合法律事務所パートナー

2006年　東京大学法学部卒業

2010年　弁護士登録

平井　彩（ひらい　あや）

石嵜・山中総合法律事務所ヴァイスパートナー

2006年　東北大学教育学部卒業

2009年　慶應義塾大学法務研究科修了

2011年　弁護士登録

事務所紹介

阿部・井窪・片山法律事務所

　国内外のメーカー、金融機関、流通業、建設業、サービス業等の企業法務を扱う法律事務所として、弁護士、弁理士およびスタッフあわせて約170名の体制で様々な分野の法的ニーズに対応している。訴訟案件、倒産・事業再生案件、知的財産法、コンプライアンスをはじめ、渉外法務、M&A、金融法、独禁法、不動産法、薬事・医療関係法等の専門分野を有している。

〒100-6613　東京都千代田区丸の内1-9-2

　　　　　　グラントウキョウサウスタワー13階

　　　　　　電話番号：03-5860-3640　　FAX 番号：03-5860-3639

石嵜・山中総合法律事務所

　労働法（使用者側）を専門分野とする事務所として、労働問題のあらゆる分野において十分な知識・経験を有し、訴訟・労働審判の対応、就業規則の作成・見直し、人事・賃金制度の設計・変更、労働基準監督署の指導等に対する対応、事業縮小等に伴うリストラクチャリング、労働組合との団体交渉出席等、依頼者の幅広いニーズに対応できる体制を整えている。

〒104-0031　東京都中央区京橋3-1-1　東京スクエアガーデン11階

　　　　　　電話番号：03-3272-2821　　FAX 番号：03-3272-2991

〔リスク管理実務マニュアルシリーズ〕
内部通報・内部告発対応実務マニュアル〔第2版〕

令和4年8月2日　第1刷発行
令和6年9月18日　第2刷発行

編　者　　阿部・井窪・片山法律事務所

　　　　　石嵜・山中総合法律事務所

発　行　　株式会社　民事法研究会

印　刷　　藤原印刷株式会社

発行所　株式会社　民事法研究会

〒150-0013　東京都渋谷区恵比寿3-7-16

　　　　　〔営業〕TEL 03(5798)7257　FAX 03(5798)7258

　　　　　〔編集〕TEL 03(5798)7277　FAX 03(5798)7278

　　　　　http://www.minjiho.com/　　info@minjiho.com

落丁・乱丁はおとりかえします。　　　　ISBN978-4-86556-514-0

カバーデザイン：関野美香

広範なリスクを網羅し、豊富な書式・記載例とともに詳解！

〈リスク管理実務マニュアルシリーズ〉

法務リスク・コンプライアンスリスク 管理実務マニュアル〔第2版〕
―基礎から緊急対応までの実務と書式―

阿部・井窪・片山法律事務所　編

A5判・730頁・定価 7,700 円（本体 7,000 円＋税 10％）

▶会社法、個人情報保護法、働き方改革関連法、独占禁止法、公益通報者保護法などの法改正、裁判例やESG投資などの最新の実務動向等も踏まえて約6年ぶりに改訂！

▶企業リスク管理を「法務」「コンプライアンス」双方の視点から複合的に分析・解説！

▶偽装、製品事故、取引先リスク、税務・会計、M＆A、カルテル、下請法、インサイダー、知財管理、労務管理、反社対応、環境問題、名誉毀損、クレーム対応など、企業が抱えるリスクを網羅！

▶企業不祥事の予防・対応につき、要因の分析から、管理指針、発生時の広報対応、信頼回復に向けた取組みまで、豊富な書式例とともに解説した必携手引！

本書の主要内容

発行　民事法研究会

〒150-0013　東京都渋谷区恵比寿 3-7-16
（営業）TEL. 03-5798-7257　FAX. 03-5798-7258
http://www.minjiho.com/　info@minjiho.com